A INSANIDADE *de* DEUS

Nik Ripken
Gregg Lewis

A INSANIDADE *de* DEUS

Uma verídica e impactante história
sobre a perseguição aos cristãos

SÃO PAULO, 2017

A insanidade de Deus: uma verídica e impactante história sobre a perseguição aos cristãos
The Insanity of God: A True Story of Faith Ressurrected
Copyright © 2013 by Nik Ripken
Copyright © 2017 by Editora Ágape Ltda.

COORDENAÇÃO EDITORIAL Rebeca Lacerda	**REVISÃO** Patrícia Murari
TRADUÇÃO Rosana Godoi	**CAPA E DIAGRAMAÇÃO** Rebeca Lacerda
PREPARAÇÃO Tássia Carvalho	

COORDENADOR EDITORIAL Vitor Donofrio	**AQUISIÇÕES** Renata de Mello do Vale Solange Monaco
EDITORIAL João Paulo Putini Nair Ferraz Rebeca Lacerda	**ASSISTENTE DE AQUISIÇÕES** Talita Wakasugui

Texto de acordo com as normas do Novo Acordo Ortográfico da Língua Portuguesa (1990), em vigor desde 1º de janeiro de 2009.

Dados Internacionais de Catalogação na Publicação (CIP)

Ripken, Nik
    A insanidade de Deus: uma verídica e impactante história sobre a perseguição aos cristãos / Nik Ripken, Gregg Lewis ; tradução de Rosana Godoi -- Barueri, SP : Ágape, 2017.

    Título original: The Insanity of God: A True Story of Faith Ressurrected

    1. Ripken, Nik - Vida cristã 2. Missões 3. Perserverança (Teologia) 4. Perseguição religiosa I. Título II. Lewis, Gregg III. Godoi, Rosana

17-0958	CDD-234

Índice para catálogo sistemático:
    1. Perserverança (Teologia)   234

EDITORA ÁGAPE LTDA.
Alameda Araguaia, 2190 – Bloco A – 11º andar – Conjunto 1112
CEP 06455-000 – Alphaville Industrial, Barueri – SP – Brasil
Tel.: (11) 3699-7107 | Fax: (11) 3699-7323
www.editoraagape.com.br | atendimento@agape.com.br

Eu não trocaria nossos filhos, nossos três meninos, por nada no mundo. Shane, Tim e Andrew se juntam a mim para dedicar este livro à sua mãe, minha esposa, mentora, reflexo de Jesus, minha melhor amiga… à Ruth.

Prefácio

A conclusão da Grande Comissão[*] incluirá grande sofrimento, mas a eternidade provará que vale a pena pagar o preço. Essa afirmação assume três verdades significativas nas Escrituras.

A primeira é que a Grande Comissão um dia estará completa. Um dia, os discípulos terão sido feitos, e as igrejas terão sido multiplicadas em todas as nações e entre todos os grupos de pessoas do planeta. Milhares desses grupos de pessoas permanecem inalcançados hoje, mas um dia (espero que em breve) serão alcançados. Nas palavras de Jesus, "este evangelho do Reino será pregado em todo o mundo como testemunho a todas as nações" (Mt 24:14). De acordo com o apóstolo João, um dia uma grande multidão, que ninguém poderá contar, de todas as nações, tribos, povos e línguas, estará diante do trono e perante o Cordeiro. E clamarão em alta voz: "a salvação pertence ao nosso Deus que está sentado no trono e ao Cordeiro!" (Ap 7:9,10). Essas palavras de Jesus e de João nas Escrituras são a nossa garantia. Pelo poder do Espírito Santo, por meio do testemunho de sua igreja, Cristo será proclamado como Salvador entre todos os povos do mundo.

A segunda verdade é que a tarefa de proclamar Cristo a todos os povos incluirá grande sofrimento. Jesus também nos assegurou isso. Antes de sua promessa em Mateus 24, o Evangelho proclamado a todas as nações, Ele disse a seus discípulos: "eles os entregarão para serem perseguidos e condenados à morte" (Mt 24:9). "Se me perseguiram, também perseguirão vocês", disse Ele em João 15:20. Então não é uma surpresa ver o sofrimento do povo de Deus na implantação da igreja, em Atos, e na história da igreja desde então.

---

[*] A Grande Comissão é a missão que Jesus deixou aos seus discípulo em Mateus 28:18-20, de ir e fazer discípulos por todo o mundo.

O sofrimento é um dos meios ordenados de Deus para o crescimento de sua igreja. Ele trouxe a salvação ao mundo por meio de Cristo, nosso Salvador sacrificado, e agora Ele expande a salvação pelo mundo por meio dos cristãos, como santos perseguidos. Nas palavras de Paulo, "todos os que desejam viver piedosamente em Cristo Jesus serão perseguidos" (2Tm 3:12). Claramente, há um sentido no qual o perigo em nossas vidas aumenta em proporção à profundidade do nosso relacionamento com Cristo.

A terceira verdade bíblica da afirmação inicial é que a eternidade provará que tal sofrimento vale o preço. O livro Apocalipse prevê o dia em que o pecado e Satanás serão finalmente derrotados, e os seguidores de Cristo que sofreram perseguição neste mundo reinarão com Deus para todo o sempre. Como essa derrota surgiu? Por meio dos cristãos que "venceram [Satanás] pelo sangue do Cordeiro e pela palavra do testemunho que deram; diante da morte, não amaram a própria vida" (Ap 12:11). Homens e mulheres que sabiamente amam o Evangelho e a glória de Deus mais do que amam suas próprias vidas entrarão no Reino dos Céus e experimentarão a vida eterna, onde o próprio Deus apagará cada lágrima de seus olhos e habitará com eles para sempre.

O livro que você está segurando em suas mãos está encharcado com essas realidades bíblicas e globais. Os Ripkens sabem que, desde a época da Palavra de Deus até hoje ao redor do mundo, esta terra está cheia de pecado, tristeza e sofrimento. Eles sabem que seguir Jesus, de muitas maneiras, realmente aumenta o sofrimento em vez de diminuí-lo. Mas eles também sabem que Jesus é melhor que todos os prazeres, posses e ambições deste mundo. Espero e oro para que, ao ler as páginas adiante, você se torne mais ciente das necessidades do mundo, mais confiante na Palavra de Deus e mais empenhado em divulgar o Evangelho pelo mundo, sem se importar com o preço... Porque você entendeu que a recompensa de Deus é muito maior do que qualquer coisa que este mundo possa oferecer.

David Platt

Seja fiel até a morte...
(Apocalipse 2:10)

Sumário

Prólogo · 13
|| 1 || Descida ao inferno · 17
|| 2 || País em crescimento · 26
|| 3 || A face do mal · 33
|| 4 || Mas eu queria ser veterinário · 43
|| 5 || Quebrantado por um sorriso · 53
|| 6 || Presente de Deus: Ruth · 65
|| 7 || "Leve meu bebê!" · 72
|| 8 || Os mosquitos venceram · 82
|| 9 || Por que não fiquei de boca fechada? · 89
|| 10 || Chegue logo, por favor · 97
|| 11 || O cantor Bubba · 105
|| 12 || Lágrimas por Somália · 116
|| 13 || Acabado e vazio · 123
|| 14 || Caro demais · 131
|| 15 || Quando o seu melhor não é suficiente · 138
|| 16 || A morte nos acompanhou até em casa · 142
|| 17 || Um novo trajeto · 151

|| 18 || Buscando respostas na URSS · 159
|| 19 || O cárcere canta · 170
|| 20 || Genealogia da fé · 178
|| 21 || Aprendendo a Viver;
Aprendendo a Morrer · 186
|| 22 || Medo ou liberdade? · 195
|| 23 || Ficar em silêncio, jamais! · 203
|| 24 || Pontos de encontros secretos · 214
|| 25 || Uma cueca a mais · 229
|| 26 || O poder da prisão · 238
|| 27 || A viagem pelas estradas da China · 244
|| 28 || Preparando para a perseguição · 257
|| 29 || Repreendido por Deus · 267
|| 30 || Sonhos e visões · 277
|| 31 || O homem mais corajoso do mundo · 288
|| 32 || Louvores do Coração · 301
|| 33 || E se ele estiver vivo? · 313
|| 34 || É tudo milagre... E a jornada se inicia · 324
Agradecimentos · 334

Prólogo

Primeiramente, tenho algo a confessar. Meu verdadeiro nome não é Nik Ripken. A razão pela qual escrevi sob pseudônimo ficará evidente mais adiante. No entanto, não tenha dúvida, minha história e as pessoas citadas aqui são bem reais. Muitas, até hoje, enfrentam verdadeiros perigos, e a minha intenção é proteger a identidade delas. Nesta história, adotei um nome diferente. Para mim e para elas também.

Este relato é verdadeiro e de minha total responsabilidade. Relato de longa jornada pessoal. Compartilho tal história não como um grande ato heroico. Na verdade, interpreto parte significativa desta peregrinação como contínuos desastres, obstáculos, caminhos sem rumo, tentando encontrar uma saída em meio ao caos da escuridão. A história a seguir teve começo certo e um final incerto. Talvez seja mais correto dizer que a história a seguir começa de um jeito e, no final, começa de outro.

Ao encontrar a graça de Deus na minha juventude, eu a recebi de braços abertos. Minha confiança em Deus era inocente e pura. A história sobre o amor de Deus e o presente da salvação conquistou meu coração. Ao ler na Bíblia sobre o amor de Deus ao mundo, entendi fazer parte daquele mundo. Ao ouvir sobre o presente da salvação, não tive dúvida, o presente era meu. Quando soube do desejo de Deus de alcançar o mundo inteiro com sua graça, decidi de imediato assumir a responsabilidade pessoal de colocar em prática tal missão. Ao abrir e ler o livro de Atos, observei o desejo de Deus de alcançar as nações e concluí, de modo bem simples, que Deus desejava me ver agindo nessa área.

Já muito jovem, a mensagem era bastante clara para mim: É isso que Deus oferece aos seus. Essa é a intenção de Deus para os seus; Deus espera isso dos seus, e os seus, claro, serão obedientes e confiantes. Não estou dizendo que sempre acertei em tudo, não mesmo. Porém, ainda assim, obedecer e confiar me parecia óbvio. O dever de obedecer estava acima de qualquer questão.

Não me lembro de ter dito isso audivelmente, mas, além de entender a obediência, também "entendi" que a obediência ao chamado de Deus traria segurança e proteção. Obedecer é igual a ministério eficaz, resultados consideráveis e até mesmo sucesso, tudo estava implícito. "O lugar mais seguro é o centro da vontade de Deus", ouvi essa frase mais de uma vez, e soava verdadeira e tranquilizadora.

No entanto, confesso minha surpresa quando, muitos anos depois, me vi vivendo cheio de inseguranças e nada tranquilo. Fiquei chocado quando, apesar do meu entendimento sobre a vida de obediência sacrificial, pude citar pouquíssimas situações que consideraria "eficazes" em meu ministério. Apenas não havia resultados a serem considerados. E *sucesso* seria a palavra à qual jamais recorreria para descrever o que eu realizara.

Pode ser, e de fato é, seguro estar no centro da vontade de Deus, mas seria sábio pensar no significado de "estar seguro". Acredito ter atendido ao chamado de Deus. Em vez de um ministério eficaz, resultados consideráveis e a avaliação de meu trabalho como um sucesso, tive de enfrentar muitas perdas, desgostos e fracassos.

Qual Deus permitiria isso tudo acontecer?

Tal questionamento quase me levou ao completo desespero. Fui forçado a questionar muito daquilo em que cria e do que tinham me ensinado. Uma intensa luta espiritual. Jamais tinha enfrentado tanto desespero.

Já o desânimo não me era estranho. Na verdade, fui informado logo no início da minha conversão de que o desânimo surgiria de vez em quando durante a minha caminhada com Jesus. Mas agora era diferente, alguma coisa jamais enfrentada antes por mim, e descobri não ter as ferramentas para lidar com a situação. Nada no meu passado me equipara para lidar com o desespero. Faltavam-me até mesmo palavras para descrevê-lo.

Assim como Jó no Antigo Testamento, eu sabia que meu redentor vive, porém não conseguia descobrir o motivo por que Deus se mantinha tão calado; isso me doía demais. Estava desesperado por respostas, mas minhas indagações pairavam no ar.

Deus, de fato, oferece segurança aos seus filhos?

Tem certeza de que tudo sempre acaba dando certo aos obedientes?

Deus pede mesmo para nos sacrificarmos, e sacrificar tudo?

Qual é a consequência quando as melhores intenções e os ideais mais criativos não bastam?

Deus está trabalhando nos lugares mais difíceis? Estaria Ele nos convocando a um trabalho conjunto?

Será possível amar a Deus e continuar a viver da mesma maneira?

Qual o significado para Deus quando nos diz que seus caminhos não são os nossos?

Deus permitiria aos que o amam de todo coração chegarem ao fracasso? Em caso positivo, seria Deus capaz de usar até mesmo "santo fracasso" para alcançar seus propósitos?

A minha fé estava em crise, não tinha como negar. Um dia me deparei com a consequência da minha escolha. Escolheria, mais uma vez, confiar num Deus impossível de ser controlado por mim? Escolheria andar com este Deus cujos caminhos são tão diferentes? Escolheria, mais uma vez, depositar minha fé neste Deus que faz exigências impossíveis e em troca promete apenas a presença dele?

Esta é a história da minha jornada.

Por favor, entenda isto: Não tenho resposta para todas as minhas indagações. Na verdade, ainda não sei até onde a minha jornada chegará, mas sei de uma coisa: vale a pena questioná-lo, e tenho certeza que Deus é um professor paciente, duro e, por vezes, bastante exigente.

Não tenho certeza do final da minha história. Porém, acredito que o início foi uma viagem de avião ao inferno... Claro, não tinha a menor ideia de aonde chegaríamos na época. Ninguém havia escrito "INFERNO" no avião principal.

Para ser sincero, não tinha a menor ideia de muitas situações ao andar na pista de pouso e subir num avião bimotor da Cruz Vermelha no aeroporto Wilson, de Nairóbi, numa ensolarada manhã de fevereiro em 1992. As "reservas" haviam sido feitas apenas dez minutos antes de me aproximar do ocidental com ar de oficial, vestido com um macacão da Cruz Vermelha, pessoa que concluí ser o piloto, e investiguei:
– Para onde o senhor está indo?
Ele respondeu que iria entregar remédios em Somalilândia. Balancei a cabeça olhando para a pilha de caixas no chão perto dele e perguntei:
– Precisa de ajuda?
– É sempre muito bom receber ajuda – ele respondeu.

Enquanto colocávamos as caixas na área de carga do avião, na parte de trás da cabine com seis assentos, apresentei-me e expliquei o porquê do meu interesse nos voos de ida e volta a Somalilândia. Expus minhas intenções de trabalho ali. Enfim, arrisquei:
– Então, poderia me dar uma carona até lá?

O homem balançou os ombros e concordou com a cabeça, um pouco resistente:
– Posso levá-lo sem problemas. Só não posso prometer quando conseguiremos buscá-lo.

As idas e vindas eram baseadas em tentativas incertas e bastante flexíveis, pois tudo dependia das condições climáticas e dos conflitos naquela região.

– Talvez eu consiga voltar lá na semana que vem – concluiu –, mas podem demorar três semanas ou até mesmo um mês. A situação fica louca por lá de vez em quando. Não dá para fazer planos definitivos.

UM

Descida ao inferno

O percurso do voo naquele dia nos levou das colinas verdes de Nairóbi, detalhadas tão idilicamente no romance *Entre dois amores*, para o território ressecado do nordeste do Quênia, e depois para as montanhas proibidas e o deserto inabitável do sul da Etiópia. Por fim, "caímos" do céu e aterrissamos no inferno, na bombardeada pista de pouso de mão única do aeroporto local, em meio à paisagem poeirenta da cidade Hargeisa, antiga capital regional da era colonial conhecida como Somalilândia Britânica.

Apenas alguns anos antes, a região havia se declarado independente e tentara se separar da República Democrática da Somália. A situação instigou o presidente sitiado da Somália a solicitar à força aérea bombardear a segunda maior cidade de seu próprio país e forçá-la à rendição.

Após poucos minutos de minha chegada ali, percebi que jamais estivera ou até mesmo imaginara qualquer lugar tão reprimido quanto aquele. A pista, que acabara de passar por uma reforma, apresentava remendos grosseiros tapando crateras e buracos mais profundos.

Todos os homens que vi trabalhando ou andando pelo aeroporto carregavam uma arma automática. Próximo a um hangar, observei uma mulher e crianças muito fracas cutucando pilhas de refugos em busca de alimento.

Dentro do hangar, coberto por um telhado destruído por uma bomba e murado em apenas três lados, dois guardas somalis tiravam uma soneca em cima das embalagens empilhadas de granadas, armas AK-47, granadas-foguete, minas terrestres e vários outros tipos de materiais bélicos e munições. Aquela pilha de arsenais, provavelmente dezoito metros de largura, quatro de profundidade e três de altura, aos meus olhos inexperientes, parecia capaz de armazenar pólvora suficiente para derrubar um país em desenvolvimento de tamanho considerável. E talvez, um dia, acontecesse exatamente isso.

Depois de arranjar um carro particular para me "taxiar" até a Hargeisa, agradeci a equipe da Cruz Vermelha a carona. O piloto lembrou-me da possível demora de uma a quatro semanas para retornar. Disse que tentaria avisar no aeroporto antes de partir.

****

A *destruição* em minha volta era descomunal e difícil de descrever, perpassando desde a saída do aeroporto até a cidade naquele dia. O que deveria ser uma rápida e agradável viagem de cinco quilômetros transformou-se em uma longa e perturbadora travessia em meio à total destruição. Se algum dia precisasse de uma imagem para ilustrar o termo "dizimado pela guerra", a cena diante dos meus olhos a ilustraria muito bem, pois a destruição estava presente por onde meu olhar passasse. Os poucos indivíduos avistados na rua pareciam divagar, e não andar. Eram pessoas levando a vida, quase sem esperança, sem propósitos e destinos certos. Meu motorista disse que 70 mil pessoas ainda chamavam aquela cidade torturada de lar. Contou também que, das 7 mil casas em Hargeisa, apenas 7 ainda tinham telhados intactos.

O pior momento da guerra na região da Somalilândia já havia se encerrado muitos meses antes. Após a série de bombardeios se encerrar, uma sequência incessante de ataques de morteiro e granada-foguete começou a atingir a cidade. Com tal punição, as tropas reais do governo tinham voltado sua atenção novamente ao sul a fim de dar continuidade à batalha contra os rebeldes clãs para tomar o controle de Mogadíscio e do restante do país.

A insurreição dos clãs sulistas, por fim, teve êxito, e o perdurável ditador fugiu para o exílio. Logo a colisão rebelde desintegrou-se e antigos aliados entraram em violento atrito visando determinar quais facções seriam fortes para assumir o controle definitivo e governar o país.

O pior da guerra pode ter se mudado para outro lugar, mas morte e destruição forjaram por anos o que restou de Hargeisa.

Enquanto meu motorista, com muito cuidado, escolhia o caminho desviando dos destroços de construções e escapando das crateras provocadas por bombas nas ruas, fui informado de que os moradores ainda encontravam cerca de cinquenta minas por dia. Descobriam muitos dos explosivos apenas quando animais ou crianças, brincando na rua, pisavam neles e eram acionados, acidentalmente.

Este era o quadro da Somalilândia no início dos anos de 1990, uma terra castigada pela fatal estiagem jamais vista antes. Pior ainda, esse horroroso desastre natural chegara com toda força logo após a brutal guerra civil, a mais violenta e desumana comparada a qualquer outro conflito da história da humanidade. Contudo, tragicamente, inúmeros meses passariam e inúmeras mortes ainda aconteceriam antes da total dimensão miserável do país estropiado chegar ao radar da tela internacional, assim incomodando a consciência de todos e chocando a comunidade internacional a ponto de começarem a reagir.

****

Não conhecia uma alma sequer em Somalilândia quando aterrissei em Hargeisa. Um conhecido que trabalhara antes da guerra civil no país, não sei como, entrou em contato com um amigo e falou de mim. O amigo era um jovem europeu e que na época trabalhava com uma enfermeira alemã e uma holandesa que tomavam conta de um orfanato em Hargeisa havia muitos anos. Esses eram meus únicos contatos em toda a cidade. Felizmente, o motorista *por acaso* sabia onde encontrar os ocidentais que cuidavam do orfanato. Eles graciosamente ofereceram fazer de sua "residência" minha base de operações o tempo em que eu permanecesse na Somalilândia.

Os três levavam vida simples nos cômodos intactos de uma estrutura vazia de uma casa alugada a algumas quadras do orfanato que abrigava cerca de trinta crianças, das quais cuidavam com auxílio de alguns funcionários somalis. Sem eletricidade, água encanada e mobília ocidental, meus anfitriões usavam um pequeno fogão de cerâmica para preparar o jantar, que se resumia a pedaços de carne emborrachada de bode cozido em água fervente, acompanhado com batatas e verduras também cozidas. Sentamo-nos todos no chão para compartilhar minha primeira refeição em Somalilândia, e assim permanecemos numa longa conversa após o jantar.

A paixão e a compaixão expressas ao falarem dos desafios do orfanato e das crianças com as quais trabalhavam me sensibilizaram. Seus cuidados não se limitavam apenas aos meninos e às meninas, mas também a todos os desesperados da Somalilândia, jovens ou idosos, que por muito tempo vinham sofrendo.

Cresci numa fazenda na região central dos EUA, fui o segundo da família a ingressar numa faculdade, trabalhei como pastor em algumas igrejas pequenas ali, já estava na África havia sete anos e trabalhava, até pouco tempo, em dois países africanos, implantando igrejas e cuidando delas.

Pude notar preocupação e também interesse no semblante dos ouvintes. Sem demora deixei claro entender jamais ser possível realizar na Somalilândia o mesmo tipo de trabalho que realizara em Malawi e na África do Sul. Regulamentações rigorosas tinham comprometido sobremaneira a vida dos ocidentais de qualquer tipo de afiliação religiosa, dificultando-lhes até mesmo a permissão de entrarem no país. Naquela época, logo após a recente guerra civil, isso se tornara quase impossível.

De acordo com minha pesquisa, as melhores estimativas indicavam que, considerando toda a Somália (cuja população era de 7 milhões de pessoas), o número de cristãos encheria apenas os bancos de uma pequena igreja do interior, como aquelas em Kentucky. Claro, não havia ao menos uma igreja ou número suficiente de cristãos concentrados numa única região da Somália para formar nem mesmo uma congregação caseira.

Tendo isso em conta, assegurei aos meus anfitriões que Ruth e eu éramos representantes de várias organizações seculares interessadas em prover o alívio muito necessário no país. Presumivelmente, como cristãos, nossa esperança era a de que os esforços do trabalho humanitário que realizávamos pudessem demonstrar o amor de Deus ao tentarmos ser obedientes ao ensinamento de Jesus: Seus discípulos deveriam servir "aos mais pequeninos". Almejávamos obedecer ao chamado de Cristo para dar água aos sedentos, vestimenta aos despidos, abrigo aos desabrigados e perdidos, cuidados aos doentes, visitas àqueles destituídos da liberdade. Assim como o bom samaritano na parábola de Jesus, desejávamos atar as feridas e com generosidade suprir as necessidades de qualquer "próximo".

Mesmo naquela fase inicial, estávamos bem conscientes de que as "formas" do cristianismo, tais como construções, ordenação de clero e seminários, eram intransferíveis a lugares tão hostis como a Somália. Palavras como *igreja*, *missionário* e *cristão* eram apenas alguns dos poucos vocábulos capazes de prejudicar o testemunho e impedir o trabalho num contexto como este.

Se meus três companheiros de jantar me consideraram um americano ingênuo, estavam certos. Mas me ouviram cordialmente e me garantiram que, tão logo começasse fazer o reconhecimento de área na Hargeisa, não teria problema algum em encontrar uma multidão de "próximos" com muito mais necessidades do que eu pensava.

****

Naquela mesma noite, deitado em cima de um saco de dormir esticado no chão de concreto, fiz a retrospectiva de tudo que vira, ouvira e aprendera em apenas poucas horas. Já podia sentir a sobrecarga sensorial. Tinha certeza de que aquilo tudo era apenas a ponta do iceberg.

Naquele momento, minha oração foi mais reclamação: *Senhor Deus, por que eu? Por que aqui?* Caso Deus tivesse esquecido, ressaltei que nada em minha formação ou experiência profissional havia me preparado para atuar em lugares como a Somália. Minha oração naquela noite estava carregada de exigências: *O que será que Deus quer que eu faça aqui? Não existem igrejas e quase nenhum cristão somali. Não há pastores, diáconos, anciões, escola dominical nem estudos bíblicos. Nada aqui me é familiar! Nada do que sei posso aplicar aqui! Estou desesperado e perdido. Estou sozinho por trás das linhas inimigas. Jesus, por favor, tire-me daqui!* Esqueça os meses de planejamento e preparação que antecederam a viagem! Se tivesse uma maneira de contatar o piloto da Cruz Vermelha e convencê-lo a retornar no dia seguinte, estaria pronto para subir no avião e nunca mais voltar para a Somália.

****

A *visita* ao orfanato no dia seguinte me animou, apesar de o caminho até lá ter sido mais uma aventura angustiante. Era difícil e perigoso para qualquer um andar por Hargeisa. Uma caminhada por oito quarteirões duraria alguns minutos, mas não foi tão simples assim e, obviamente, nada seguro. Segui meus anfitriões ao andarmos a passos firmes pelos becos despovoados e desviarmos totalmente dando voltas em outros quarteirões onde sabiam que as ruas haviam sido minadas e ainda não estavam liberadas. Quando chegamos ao destino, tive a sensação de ter andado até o fim do mundo.

Contudo, o orfanato parecia um oásis de alegria e esperança naquele vasto deserto de desespero. Aglomeradas naquele pequeno complexo, estavam as crianças mais bem alimentadas da Somália.

A casa tinha influência arquitetônica árabe, comum em muitas cidades do Chifre da África: casa térrea, telhado de estrutura plana, paredes feitas com tijolos de adobe e cobertas com gesso e cal no exterior e interior. Os raios do sol brilhavam por entres os vãos das grades nas janelas, todas sem tela ou vidraça. As paredes externas estavam crivadas de buracos de balas. À noite as crianças dormiam apertadas em cima das esteiras, ocupando todo o espaço do chão de cimento. Assim como todos os residentes de Hargeisa, os do orfanato não tinham eletricidade, a não ser quando encontravam combustível para o pequeno gerador potente e acendiam um punhado de lâmpadas.

Sem água encanada, os funcionários do orfanato saíam todos os dias à procura de novas fontes de água com preço acessível. O banheiro resumia-se a um simples buraco no chão, ou latrinas cavadas direto no solo.

Nenhuma vez durante a minha visita naquele dia (ou em nenhum outro), vi uma criança pisar do lado de fora do orfanato. O universo delas se reduzia àquele pequeno complexo, ao interior daquela casa e ao minúsculo quintal. A elas pertencia o mundo sem brinquedos. Poucos livros, nenhum utensílio doméstico moderno e nenhum tipo de mobília. No entanto, apesar de condições tão primitivas, o contraste entre os mundos interno e externo era gritante. Para além daquelas paredes, eu deparara com a face monstruosa do mal e seu impacto destruidor no país. No entanto, dentro do abrigo do orfanato, me surpreendi com um refúgio seguro e feliz. Um lugar onde as crianças sorriam, davam gargalhadas e brincavam.

****

Minha primeira real tentativa de "reconhecimento de área" chegou mais tarde naquele dia. Nada mais além de uma simples caminhada com as senhoras do orfanato, acompanhando-as na rotina diária até a feira livre para verificar quais alimentos estariam disponíveis para o jantar das crianças. Pedi permissão para acompanhá-las. Se minha organização fosse prover o orfanato com alimentos, e mais qualquer outra assistência emergencial, concluí ser preciso ter informações de primeira mão sobre a disponibilidade dos recursos locais.

A rápida resposta foi: *quase nada*! As únicas carnes à venda eram a de bode ou a de camelo. Não sabia se a carne fora abatida para ser vendida fresca na feira, ou se o fazendeiro local tentara lucrar numa situação ruim e arrancara a carcaça depois de um de seus animais definhados do rebanho ter caído morto de sede ou de doença, ou de talvez ter pisado, acidentalmente, numa mina.

Naquele dia, nenhuma das carnes à venda chegaria nem perto de ser classificada "carne de primeira". No entanto, acostumado a ver animais abatidos na fazenda da minha cidade, não fiquei muito nauseado ao olhar a parte traseira e/ou dianteira deles, já sem pele, prontos para o corte e depois pendurados acima dos balcões frigoríficos. Quando as senhoritas escolheram e apontaram o que parecia um bode inteiro, foi inevitável não me retrair, franzir e engolir seco tão logo o açougueiro deu um bom tapa na carcaça com um dos lados da lâmina do machete para espantar a nuvem de moscas antes de serrar uma das pernas esqueléticas do animal.

Cada criança do orfanato receberia quase nada de carne da única perna do bode. A quantidade, talvez, fosse suficiente para dar sabor às batatas mirradas dentro da sacola, itens comprados de outro vendedor. Com algumas cebolas e duas cabeças minúsculas de repolhos murchos, estava *feita a feira*, por ser tudo que tinham à venda.

Depois, explorei outros lugares da cidade. O que mais me chamou atenção não foi o que vi, mas o que não vi. Por exemplo, em nenhum lugar da cidade de 70 mil habitantes encontrei uma escola em funcionamento. Nem mesmo hospitais oferecendo cuidados para tantas pessoas morrendo de fome e de doenças.

Em todos os lugares a que meus amigos me levaram, o discurso "ensaiado" do guia soava triste e sempre o mesmo: "Aqui funcionava uma escola; aquele prédio ali já foi um hospital; aqui era a delegacia; aqui ficava uma loja; o campo de esportes era aqui".

Ao ouvir os repetidos refrãos, perguntei-me: *Num lugar onde tantos recursos básicos precisavam ser conjugados ao passado, haveria ainda esperança de virar o jogo e alcançar o tempo futuro?*

DOIS

País em crescimento

Hoje, quando me lembro da primeira viagem à Somália, fico tentando entender: *O que eu tinha na cabeça?* A experiência, por vários motivos, parece surreal agora, e também naquela época. Nada em minha vida rural em Kentucky se direcionava à vida de viagens internacionais e cheias de perigos arrepiantes.

Eu era o segundo filho de sete. O patrimônio da família me dava poucos privilégios. Antes de sair de casa, aos dezoito anos, só havia viajado para fora de Kentucky uma vez. Nossa família era pobre e orgulhosa. Meus pais incutiram nos filhos forte lealdade familiar, fundação sólida de integridade e responsabilidade individual, autossuficiência ousada e intensa ética de trabalho.

Olhando para trás, não sei se posso afirmar ter vivido uma infância *feliz* ou *infeliz*. Nesse período, trabalhei tanto e estava sempre tão ocupado que nem sequer tive tempo para pensar se era ou não feliz.

Aprendi com meus pais e vizinhos que *a vida é dura* e *felicidade mesmo é estar com amigos e família*. Essas simples lições me foram muito úteis ao longo dos anos.

Nenhum membro da minha família havia cursado uma faculdade antes do meu irmão e eu. A renda do meu pai vinha de trabalhos em construções. Minha mãe era dona de casa, ou seja, também era açougueira, padeira, fabricante de velas e muito mais. À noite, durante a semana e nos finais de semana, a família toda cultivava um pedaço de terra perto de casa, e o trabalho nunca terminava.

Por vezes, morei durante semanas com meus avós maternos para ajudá-los. Eles eram pobres, e fazendeiros arrendatários desde sempre. Já tinham se mudado de um lado para outro, trabalhando nos campos, cuidando dos gados, da terra de vários proprietários ausentes.

Habitualmente, às quatro horas da manhã eu me levantava para ajudar nas tarefas diárias, que incluíam ordenhar vinte vacas com as mãos. O café da manhã já estaria na mesa antes das seis. Depois, eu pegava o ônibus em seu ponto de partida, percorrendo um longo e sinuoso caminho até a escola. Tinha aulas em período integral, e no final pegava o mesmo ônibus de volta e reiniciava a odisseia pelo interior, em qualquer lugar onde meus avós estivessem trabalhando no momento. Jantávamos e cedo íamos para cama na esperança de dormir bastante para acordar antes do amanhecer e seguir a mesma rotina no dia seguinte. Não havia tempo ou oportunidade para arranjar encrencas com uma agenda assim.

Fazíamos atividades físicas mais do que o necessário com a rotina de trabalho, mas, para nos divertirmos, meus irmãos e eu participávamos dos campeonatos de *Little league* de basebol no verão. E, claro, por ter nascido no estado conhecido como *Bluegrass State*, cada criança, crescida o bastante para babar ou driblar, acompanhava no rádio as conquistas da University of Kentucky Wildcats e seu treinador lendário Adolph Rupp durante o inverno. Muitos em Kentucky atribuíam ao treinador Rupp o posto de "deus do basebol".

E, falando em Deus, as pessoas bondosas da minha comunidade falavam muito dele. Muitas até pareciam bastante íntimas. No entanto, preciso confessar: o nome de Deus era cada vez menos ouvido em minha família e, ocasionalmente, com muito menos reverência do que em qualquer outro lar de minha vizinhança.

Meus pais não eram bons frequentadores de igreja. A melhor oportunidade de os encontrarem sentados num banco de igreja seria no domingo natalino, ou, talvez, na Páscoa, e também quando os filhos participavam de uma peça teatral ou um evento específico. Minha mãe e meu pai sempre levavam os filhos à igreja; acordando-nos cedo, vestiam-nos em nossas melhores roupas, pegavam o carro e nos deixavam lá para escola dominical e culto.

Tenho a impressão de que o esforço para nos levarem à igreja todos os domingos não era motivado pela preocupação com nosso alimento e com nossa formação espiritual, e sim pela atraente oportunidade de serviço de babá gratuito duas horas por semana, o que lhes aliviava das responsabilidades parentais.

A orientação espiritual em casa se limitava à leitura anual da história de Natal, e a meu pai, ocasionalmente, citando críticas verbalizadas dos pecados e das falhas dos "bons frequentadores de igreja" que ele conhecia, na tentativa de nos convencer, ou a ele mesmo, de que nossa família era tão boa quanto qualquer outra na cidade, ou até melhor, e, sem dúvida (na cabeça dele), muito menos hipócrita.

Eu, na verdade, gostava de ir à igreja, onde encontrava meus amigos do colégio na escola dominical. Até gostava do culto. Adorava as canções do coral, que despertaram em mim os primeiros sentimentos de adoração. A igreja era muito diferente de tudo em minha vida, normalmente no bom sentido. Mas isso também significava que a igreja e a vida real tinham pouco em comum.

Eu tentava prestar atenção nos sermões, mas em geral não conseguia, a não ser quando a história contada pelo pregador era muito boa. A parte menos agradável do culto era o hino de encerramento. Ao final, como qualquer outro pregador que se preza, o pastor fazia o imprescindível apelo. Logo quando o menino inquieto não via a hora de correr para outras atividades, logo quando começava a salivar pensando no almoço de domingo, quando tudo parecia caminhar em direção a uma conclusão humana e cheia de misericórdia, o culto, inevitavelmente, sofria abrupta, ainda que previsível, interrupção. A pior parte era desconhecer quanto tempo o apelo pastoral duraria. Esse momento também parecia perigoso, pois os apelos pareciam terrivelmente pessoais.

****

Numa tarde de domingo, depois do culto, meu irmão mais velho e eu estávamos em casa trocando de roupa e preparando-nos para a diversão de domingo. Meu irmão se dirigiu a mim com um tom muito fora do comum e disse:
– Nik, já é hora de se converter. – De cara não entendi. Ele, vendo meu semblante confuso, explicou: – Hoje, na minha classe de escola dominical, falamos disso. Acredito que já tenha idade para entender o significado de ser salvo. Então, semana que vem, no final do culto, quando o pregador pedir às pessoas que se dirijam à frente, você precisa ir, Nik. E diga a ele por que está ali, tudo bem?

Balancei a cabeça concordando, mas não entendi muito bem o que meu irmão quis dizer. Tinha apenas sete anos. No domingo seguinte, enquanto o pregador fazia o apelo durante o hino de encerramento, meu irmão me cutucou. Quando levantei o olhar, ele movimentou o corpo mostrando a frente da igreja. Eu não tinha a menor certeza de estar preparado para fazer seja lá o que fosse, mas não queria decepcionar meu irmão mais velho. Por isso, saí do banco e comecei a andar, bem devagar, até a frente do santuário.

O pastor veio ao meu encontro e curvou-se para perguntar por que eu fora até ali. Respondi:
– Meu irmão mandou!

O semblante do pastor ficou confuso e falou que conversaríamos após o final do culto. Não consigo lembrar muito da conversa que tivemos no gabinete, mas lembro-me de ele ter perguntado algo a que eu não sabia como responder. Depois, veio outra pergunta, obviamente esperando outra reação, que não soube lhe demonstrar. Confuso e sem graça, debulhei-me em lágrimas.

E assim, para todos os efeitos, se encerrou o pequeno bate-papo sobre minha condição espiritual.

Alguns anos depois, descobri que o pastor ligara para minha mãe naquela mesma semana para falar sobre o ocorrido.

– Senhora, acredito que Nik não entenda o conceito da salvação – disse –, ou o significado de ser salvo dos pecados, porém receio demorar para batizá-lo. A demora poderá desanimá-lo na fé.

Em razão disso, fui batizado já no domingo seguinte. A água batismal gelada naquele culto de batismo foi mais memorável do que o verdadeiro significado e a importância do momento reservado para mim naquele dia.

****

Minha primeira experiência espiritual genuína e importante jamais provada antes naquela igreja ocorrera quatro anos depois. Era domingo de Páscoa. Eu tinha 11 anos, e lembro-me com clareza dos detalhes.

A igreja já estava lotada quando cheguei, inclusive o banco onde costumávamos sentar. Na verdade, a igreja estava tão cheia que minha família precisou sentar em lugares diferentes. Discretamente me sentei num único lugar num banco quase na frente. Talvez o sentimento de fazer algo diferente do normal aguçou minha atenção a tudo naquela manhã.

O dia estava radiante, lembro-me bem. O brilho do sol mais intenso do que nunca, e os vitrais coloridos do santuário reluziam com cores mais vibrantes e profundas que jamais notara. A congregação cantou com mais gosto do que o normal. E quando o coral começou a cantar o especial hino triunfante, senti meu espírito ser elevado ao ouvir as vozes ecoando triunfantes no ar. E a diferente sensação poderosa naquela manhã continuou, mesmo quando o pastor começou a pregar. Ao repetir a história, talvez a mais conhecida e ouvida de todas, de tudo que ocorrera com Jesus já no fim de sua vida na terra, senti-me inebriado.

As palavras do pastor ecoavam em minha mente como voz de narrador em pano de fundo enquanto imaginava a cena, que reverberava em meu coração com todos os detalhes do que acontecera a Jesus e a seus discípulos durante a semana santa de Páscoa. Senti o amor e a intimidade entre Ele e seus discípulos na Última Ceia. Senti a tristeza, a decepção, a aflição e o medo no Jardim. Senti genuína indignação com os maus-tratos para com Jesus durante o julgamento e a execução. Senti desespero e urgência de fazer alguma coisa, ou ver Deus fazer com que tudo terminasse bem.

Pela primeira vez entendi um pouco do preço pago por Jesus pelos pecados do mundo, e pelos meus. Consegui imaginar o provável profundo desespero dos discípulos após a morte de Jesus e depois de colocarem seu corpo no túmulo. Que sábado sombrio devia ter sido! Quando o pregador, por fim, começou a narrar a parte da manhã da Páscoa, com a pedra removida, o anjo, o túmulo vazio, e Jesus ressuscitado, algo bem lá dentro de mim queria gritar: "VIVA!". Senti vontade de sair cantando igual à multidão em Jerusalém no Domingo de Ramos.

Enquanto tentava imaginar o que poderia acontecer se gritasse, olhei bem rápido para as pessoas em minha volta. Algumas crianças estavam desenhando ou escrevendo nos boletins, outras inquietas, outras ainda olhavam fixo para o nada, absortas em suas próprias fantasias. A maioria dos adultos que eu consegui ver parecia sentada e concentrada, olhando e agindo de modo nada diferente dos outros domingos durante qualquer outro sermão.

Senti vontade de gritar: *Pessoal, prestem atenção! Ouviram isso?* Eu já tinha sentado perto de alguns daqueles camaradas num jogo de futebol e eles gritavam e berravam. *Como as pessoas aqui conseguem ficar muito mais eufóricas com o jogo de futebol do colégio nas noites de sexta e não com a história da ressurreição de Jesus na igreja, no domingo de Páscoa?*

A cena não fez sentido na minha cabeça de 11 anos de idade. Não conseguia compreender como ninguém se importava em celebrar a história incrível sobre a morte e ressurreição de Jesus.

A menos que... o simples pensamento, rápida e completamente esmagou o espírito do momento daquela manhã. *A menos que...* a razão de aquelas pessoas em minha volta não estarem tão vibrantes quanto eu com a história da Páscoa fosse pelo fato de que não era mais novidade. Talvez já tivessem ouvido tantas vezes a mesma história que naquele momento ela virara... *só uma história.*

Acreditavam ser verdadeira a história, não tenho dúvida, mas tal verdade não tinha quase nada a ver com a vida real. Assim, evidentemente, não despertava muita empolgação e outro tipo de reação. Pelo visto, era apenas mais uma boa história, talvez até uma grande história, que precisava ser relegada para o nível de historinhas de "era uma vez", junto às muitas outras histórias divertidas ou contos inspiradores que já ouvira em outros momentos. Quando saí da igreja naquele domingo, foi exatamente o que fiz. Arquivei a história da ressurreição em minha mente como sendo "interessante".

Nos sete anos subsequentes, muito pouco da Bíblia, da igreja ou mesmo da fé cristã animou meu espírito de novo.

TRÊS

A face do mal

Muitos anos depois, pensando na emoção daquele domingo de Páscoa, de novo me perguntei se a história de Jesus tinha alguma ligação com a vida real, principalmente com a realidade no Chifre da África. Enquanto dava continuidade ao meu trabalho de reconhecimento de área em Hargeisa, encontrei, por acaso, a equipe de uma empresa britânica contratada para identificar, desarmar e remover as minas espalhadas pela cidade.

Por um tempo fiquei observando fascinado (de longe!) os homens operarem a máquina conhecida como mangual (uma engenhoca tipo retroescavadeira blindada com uma cabine instalada o mais recuado possível do alcance dos destroços das explosões. A máquina possui uma longa extensão dianteira com eixo giratório do qual lança correntes grossas e pesadas para ativar minas não deflagradas. A maciça lâmina, em seguida, raspa por baixo e retira os resíduos da rua). Quando a equipe parou para descansar, andei por trás da máquina para falar com os homens.

O equipamento fora projetado, a princípio, para remover minas antipessoais, que eram, normalmente, pequenas cargas explosivas enterradas com a parte superior poucos centímetros acima do solo. São colocadas em estojos de plástico que impedem a identificação pelo detector de metal, e armadas com um simples prato de pressão ou botão que pode ser acionado com uma leve pisada. Essas minas são projetadas para matar ou, pelo menos, mutilar seres humanos. O plano original era dizimar, atrasar e desmoralizar as forças inimigas. O problema com esses tipos de minas terrestres é que, mesmo muito tempo depois do fim da guerra, e após os combatentes voltarem para casa, os explosivos permanecem escondidos, armados e perigosos por anos, e talvez até mesmo décadas. Pior ainda, não distinguem o bom do mau, o amigo do inimigo; simplesmente explodem.

Por existirem milhares (ou até dezenas de milhares) de minas terrestres dentro e em torno de Hargeisa, e também pelo colossal custo das retroescavadeiras, a empresa de desminagem também contratou e treinou equipes locais para buscas manuais de minas terrestres. Para realizarem o perigoso trabalho, os pesquisadores tinham de ficar agachados perto do solo e se moverem lenta e metodicamente pelas ruas e campos, a cada centímetro observando e sentindo sinais de alerta, e às vezes inspecionando cuidadosamente o solo à frente com um longo e firme fio de metal. A exigência física e mental do procedimento exauria as equipes de detecção manual. A margem para erros graves era mínima, e o custo do erro, imenso. Um dos trabalhadores contou sobre a equipe de somalis que realizou um trabalho numa fazenda por longas e exaustivas horas, demarcando inúmeras minas terrestres em todo o percurso. Quando chegou o momento do tão necessário e esperado descanso, todos se sentaram com cuidado próximos às trilhas, como tinham sido orientados a fazer. Então, um dos companheiros decidiu esticar as pernas com cãibras e ativou uma mina, o que estraçalhou os pés do homem.

Observar a retroescavadeira em serviço e a equipe arriscando a vida ao se expor à má fortuna (literalmente) para encontrar e remover ainda mais uma de sabe quantas outras milhares de minas terrestres, trouxe mais uma vez à tona os questionamentos que não deixaram minha mente desde meu primeiro dia na Somália: *Que lugar é este onde nos preocupamos com as crianças sempre que saem de casa para brincar com medo de que voem pelos ares?*

****

Sei que a Bíblia não descreve o inferno com maiores detalhes. Sei que as Escrituras não citam a localização exata dele. Mas lembro-me de que muitos teólogos debatem sobre qual seria a pior situação de se suportar no inferno, e concordam ser a eterna separação de Deus. Em 1992, apesar de estar na Somália há apenas alguns dias, já tinha visto a atuação do mal e seus efeitos colaterais para concluir que aquele lugar parecia estar para sempre separado de Deus. Um lugar desconectado de tudo de bom do universo.

Somália, fevereiro de 1992, vivendo no inferno jamais imaginado antes.

****

Deitado no chão, no escuro, eu me senti tão angustiado pela manifestação do mal diante dos meus próprios olhos que, mais uma vez, disse a Jesus: *Se conseguir sair daqui, nunca mais volto!* Até mesmo o conhecido mantra "um dia de cada vez" parecia demais para mim. Para muitos somalis, viver *uma hora cada vez* era o máximo que aguentavam.

Mesmo sendo visitante, meus sentidos foram bombardeados e tão sobrecarregados a ponto de ser impossível processar tudo que via. Meus instintos me faziam seguir em frente.

****

Noutras ocasiões, encontrei maneiras de ignorar meus instintos. Poucos dias depois em Hargeisa, andando sozinho num beco, vi um menino quase do mesmo tamanho do meu filho Andrew, de cinco anos, do lado oposto do beco, um pouco à frente. O rosto virado para o outro lado, de costas para mim, ele não me viu andando em sua direção, e também não deve ter *ouvido* meus passos, preocupado com algo que carregava. Quase lado a lado com ele, talvez uns quatro metros, minha mente conseguiu registrar o que meus olhos viam. Conseguindo enxergar por cima dos ombros do garoto, entendi o motivo de estar tão atento e cuidadoso: agarrava tenso uma mina terrestre antipessoal apoiada no peito com uma das

mãos, enquanto, ao mesmo tempo, com o dedo indicador da outra, pressionava o botão em cima.
Naquele momento, acho que meu coração congelou! Só sei que todo instinto e cada terminação nervosa do meu corpo gritavam *CORRA!* O tempo parou! Não tenho palavras para descrever a quantidade de pensamentos e imagens que cruzaram minha cabeça de uma vez só.
Calculei que em menos de cinco segundos uma descarga enorme de adrenalina seria provavelmente capaz de me fazer voar para longe da zona de explosão. Mas naquele mesmo instante pensei que, se desse meia-volta e saísse correndo, nunca viveria em paz só de pensar naquele menino acionando o botão e explodindo-se estilhaçado no ar.
Precisei de toda coragem, determinação e autocontrole para sair do lugar. Corri para o outro lado do beco o mais rápido e silencioso possível. Claro, não queria que o menino me ouvisse, e chegar e entrar em pânico não seria o ideal. Enquanto tentava me convencer de que o pequeno dedinho não era tão forte para pressionar o botão, também minuciosamente arquitetava como agarraria o explosivo mortal antes de surpreendê-lo e suscitar-lhe medo a ponto de fazê-lo pressionar o botão com força suficiente para nos explodir.
Não acho que ele tenha ouvido um só passo meu. Antes mesmo de o menino virar a cabeça, consegui passar à frente dele e arrancar a mina terrestre de suas mãos. Logo em seguida, porém, percebi que a parte inferior do prato, cuja visualização não fora possível anteriormente, estava oca. Não havia carga explosiva ali. O garoto estivera segurando um estojo vazio virado para ele com a parte inferior do prato de pressão voltado para cima. Foi só isso que eu havia conseguido ver.
Não faço ideia do que aquele pequeno somali pensou sobre o ocorrido. Um homem branco assustado, num puxão repentino, arrancara dos seus bracinhos o mais novo achado. Não, não sei se conseguiu chegar à vida adulta, ou se lembra do incidente ainda hoje. Mas jamais esqueci. Ainda me lembro do susto repentino

e do medo terrível (de mim) estampado no olhar do menino. Aquele dia foi inesquecível. Naquela experiência, pude espreitar, uma vez mais, o semblante e a obra autêntica do mal na Somália.

****

Presenciei inúmeras vezes o impacto do mal. Certo dia, um jovem amigo meu, colaborador do orfanato, alugou um veículo para nos levar fora da cidade. Minha intenção para essa prolongada viagem de reconhecimento de área seria observar e documentar as necessidades mais urgentes das comunidades periféricas, a fim de considerar projetos em potencial para minha organização não governamental (ONG) e iniciar possíveis trabalhos no interior de Hargeisa.

É importante saber que quase todo sistema de abastecimento de água potável da África depende de energia elétrica. Até mesmo a maioria das comunidades cujo fornecimento vem de poços dos antigos vilarejos para sobrevivência básica agora usam eletrobombas submersíveis movidas por pequenos geradores portáteis para elevar a água até a superfície. Tal "tecnologia" básica, além de relativamente barata e de pouca manutenção, é também um meio confiável e eficiente para fornecer água canalizada com escassez em regiões onde métodos tradicionais são incapazes de acessar aquíferos profundos.

Infelizmente, é fácil roubar ou boicotar tal equipamento simples. Quando saímos da cidade, descobrimos que todos os poços coletivos estavam inutilizados. Os geradores dos vilarejos tinham sido saqueados, e/ou as bombas hidráulicas arrancadas ou levadas para serem usadas em outro lugar. Talvez os ladrões tivessem vendido o prêmio roubado. Era muito difícil entender a destruição inútil e a crueldade infligida àqueles poucos vilarejos que ainda dependiam das antigas bombas hidráulicas manuais, até que vândalos andarilhos vagabundos, piratas armados, clãs inimigos ou talvez um dos lados da guerra civil as esmagassem ou destruíssem e bloqueassem, permanentemente, os antigos poços com pedras ou areia.

Independentemente de quem fosse o criminoso, independentemente da motivação, as consequências eram quase as mesmas em todos vilarejos: rebanhos inteiros de bodes mortos nos campos onde a grama já não mais crescia, carcaças podres e secas de camelos jogadas aos milhares à beira das estradas enchendo o ar com o fedor da morte.

Muitos lares dos vilarejos periféricos estavam vazios e abandonados. As famílias agrícolas que moravam ali haviam morrido de fome ou fugido para a cidade no desespero, mas com a esperança incerta de encontrarem algo melhor.

Os moradores dos vilarejos não tiveram mesmo outra escolha. A terra outrora produtiva e cheia de vida se tornara inabitável.

Eu aterrissara na Somalilândia para avaliar as necessidades dentro e em torno de Hargeisa. No interior logo concluí: *Não há nada de que essas pessoas não precisem!*
O que precisava ser feito? *Tudo!*

A questão mais pertinente era: Quais seriam as formas práticas de as organizações de ajuda humanitária socorrerem e fazerem diferença nos vilarejos e na vida das pessoas? De onde a ajuda poderia começar num lugar onde todos estavam desprovidos de tudo, onde todos eram *os pequeninos*?

A palavra *apavorado* não descreve meu estado. Talvez eu fosse mesmo um neófito no campo de ajuda humanitária, mas já havia conversado com vários peritos e vivido na África há algum tempo para entender que, antes de suprir as necessidades básicas do ser humano, uma agência de ajuda precisava ter as necessidades essenciais para si mesma: segurança; transporte confiável e adaptado às necessidades da tarefa; mercadorias ou serviços essenciais; equipe experiente para realizar o trabalho.

Quando voltamos para a cidade, eu sabia que teria de enfrentar a mais difícil e escancarada verdade, ou seja, ainda não tinha o bastante de nada que era fundamental para iniciar ajuda humanitária, muito menos uma equipe experiente para começar a enfrentar as necessidades assombrosas que presenciara naquele dia. De certa forma, já tinha começado a entender a profundidade da desesperança refletida nos olhos de muitos somalis.

****

O *esgotamento* emocional daquele reconhecimento de área no interior da cidade pode ajudar a explicar a intensidade da minha reação diante de um incidente que presenciei durante a visita subsequente à feira em Hargeisa. A princípio, nada parecia diferente das visitas anteriores. Os preços oferecidos pelos vendedores ainda eram diminutos nas mesmas poucas barracas. Nada novo para ver, no sentido de mercadoria. Afastei-me um pouco e fiquei observando as pessoas chegando e partindo.

De repente, ouvi veículos pesados vindo de algum lugar, aproximando-se num som contínuo e lento. Enfim, a caravana surgiu na rua em direção à feira. Em pouco tempo consegui enxergar melhor. Era formada por quinze caminhões enfileirados, cada um deles desfilando enfurecido e carregado de armamento. Havia homens armados em pé na parte de trás. Cada soldado estava equipado com uma AK-47 pendurada num dos ombros e bandoleiras repletas de munição atravessadas no peito. Montados em alguns caminhões estavam canhões de calibre 50, e ao menos em um se via armamento de defesa antiaérea.

O que mais me chamou a atenção não foi o poder de armamento, mas os semblantes apáticos daqueles homens. O aspecto imperioso de cada um lembrava os centuriões romanos enrijecidos pela guerra. Os guerreiros, após rodarem e verem tudo de ruim, com pompa e orgulho marchavam para dentro de Roma.

Minha primeira reação foi: *Obrigado, Deus! A infantaria chegou. Uma caravana de alimentos, suprimentos e provisões finalmente alcançou Hargeisa!* A repentina maré de pessoas invadindo a feira confirmava minha conclusão. Encostei-me a um prédio para dar passagem à multidão clamorosa que se amontoava cercando os caminhões. O comboio de guardas armados forçou para trás a multidão e assim abriu espaço para começarem a descarregar a carga tão preciosa.

Observei a cena, feliz com a expectativa animada do povo e tentando imaginar os novos e magníficos alimentos servidos para o jantar em toda Hargeisa naquele dia tão feliz. A multidão se alvoroçou, mais uma vez pressionando mais à frente ao visualizar a abertura das primeiras caixas.

No entanto, a cena seguinte me deixou tão mal que quase vomitei. Dentro das caixas não havia alimentos empacotados, produtos enlatados ou garrafas de sucos ou água. Já estava na África tempo bastante para reconhecer de imediato o conteúdo. Dentro daquelas caixas se acumulavam maços de *khat*, planta cultivada nos planaltos do Quênia e da Etiópia, cujas folhas são arrancadas das hastes e mastigadas para produzir efeito narcótico. Considerada droga recreativa, alguns dizem ter efeitos anfetamínicos da mesma intensidade da ecstasy, droga usada em festas.

O cenário parecia utópico. Num lugar onde centenas de milhares de pessoas não tinham nem moradia, nem saneamento básico ou mesmo remédios, alguém usava os recursos de uma caravana de quinze veículos fortemente armados para importar uma droga viciante.

Ainda mais horrorizado fiquei ao ver a reação da multidão. Muitos ali já não tinham o suficiente para comprar comida para a família sabe-se lá há quanto tempo. Mas lá estavam eles! Homens carregavam nos ombros aparelhos de som e outros equipamentos eletrônicos e trocavam tais itens inúteis por pequenos maços de *khat*. Observei outros homens trazendo correntes de ouro e bijuterias antes usadas por suas esposas, itens um dia considerados seguro de vida de uma mulher. E então trocaram as joias por uma droga mastigável capaz de fazê-los esquecer a miséria por uma noite. Era como se acreditassem que o esquecimento momentâneo causado pela droga fosse a única esperança de escapar do inferno da Somália.

As caixas foram esvaziadas em poucos minutos, e o restante da multidão aos poucos se dispersou. A vívida e alarmante lembrança daquela experiência ainda grita em minha mente vinte anos depois. Por curto período, na feira em Hargeisa, naquele dia, observando os guardas da caravana quase saqueada pela freguesia desesperada, vi, mais uma vez, a máscara erguendo-se e expondo a face do inimigo, ainda que por um curto período.

Percebi então que a estrutura logística de provisão do inimigo era melhor e muito mais eficiente do que a da provisão do bem. Não tinha a mínima ideia se teria capacidade de fazer algo para mudar aquele quadro quando, e se, voltasse para Nairóbi.

****

Para minha felicidade, a informação boca a boca ainda funcionava muito bem na África, principalmente entre a comunidade internacional. Não sei como, meus amigos europeus do orfanato receberam recado dizendo que a Cruz Vermelha chegaria no dia seguinte.

Nem precisei ouvir a notícia de novo.

Senti uma imensa felicidade por saber que sairia da Somalilândia, mas o que mais queria era voltar para casa em Nairóbi e ver Ruth e meus filhos. Isso antes da tecnologia revolucionária de satélite e celular ter alcançado a África. Não tinha notícias de minha família, e eles não tinham notícias de mim havia mais de três semanas.

Se eu tivesse um paraquedas na hora do pouso em Nairóbi, teria pulado do avião antes de aterrissar no Aeroporto Wilson. Como não tive chances de avisar Ruth sobre minha chegada, peguei um táxi e a surpreendi.

****

Após três semanas num mundo estranho chamado Somália, voltar para o meu mundo foi uma experiência insólita – adentrar as portas da minha própria casa, comer comida *normal*, sentar-me a uma mesa de verdade, com minha família, dormir na minha própria cama e levar de novo a vida a que estava acostumado. A sensação era a de ter subido do inferno para o céu num só dia.

Que sentimentos conflitantes! Por um lado, estar em casa com minha família me deixou eufórico. No entanto, não conseguia impedir a culpa de poder tomar um banho. Havia tirado centenas de fotos de todos os lugares onde e quando foi possível. Assim que foram reveladas, mostrei-as para Ruth e os meninos. Tentei lembrar todos os detalhes da viagem para contá-los a minha mulher. Ela fazia várias perguntas ao ouvir os relatos. Às vezes, eu me lembrava de mais detalhes e contava mais histórias. Foi assim que consegui processar, finalmente, tudo que tinha vivenciado, sentido e, assim espero, aprendido durante as três atordoantes semanas em Somalilândia.

Ainda não tinha certeza sobre que tipo de trabalho a organização humanitária poderia realizar ali. Ou até mesmo de como poderíamos começar. Porém, se me pedissem uma avaliação sincera, eu diria que Somalilândia provavelmente foi o lugar mais carente, mais desesperado, mais infernizado que encontrei na face da Terra.

Porém, estava prestes a descobrir que a coisa não funcionava bem assim. Mogadíscio, a capital da Somália, era ainda pior, e lá seria minha próxima parada.

QUATRO

Mas eu queria ser veterinário

Eu não deixara de frequentar a igreja após a epifania da Páscoa, ocorrida quando tinha onze anos. Contudo, depois do curto período do meu encontro com a religião na infância, dediquei grande parte do meu tempo, incluindo energia e interesse, ao trabalho e aos esportes. Devido a minha paixão pela vida na fazenda, cultivando os alimentos, cuidando dos animais, andando a cavalo, comecei a sonhar em ingressar na faculdade de veterinária. Não era muito fã de escola, apesar de saber que era muito importante para meu futuro.

****

Meu pai me apanhou de surpresa quando apareceu no período da tarde na minha escola, na primavera, e me arrancou da aula mais cedo em meu último ano do Ensino Médio. Eu ainda nem tinha entrado na picape e logo meu pai começou a falar sobre meu ingresso na universidade já no outono, e de como ele e mamãe estavam felizes por eu ter recebido uma bolsa na Universidade de Kentucky para estudar medicina veterinária. (Isto foi como se meu pai estivesse dizendo estar tão orgulhoso de mim como eu provavelmente ficaria.)

Meu pai sabia que mesmo com a bolsa eu precisaria de dinheiro para transporte e outras despesas extras com os estudos.

– Então, filho – começou meu pai –, encontrei um emprego para você. Assim vai ganhar um pouco de dinheiro antes de entrar na faculdade.

Embora meu pai fosse operário e lavrador por meio período, e não tivesse muitos recursos financeiros, era bem conhecido e respeitado na região como um batalhador. Mesmo sem ter posses para me ajudar financeiramente, ele podia recorrer a amigos, contatos pessoais e contar com sua reputação para me dar a oportunidade de crescer na vida. Fui muito grato por isso.

– O senhor conseguiu um trabalho para mim? – indaguei.

– Sim – ele respondeu. – Falei com alguns amigos que trabalham numa empresa alimentícia de queijo, e eles me garantiram que o trabalho é seu se quiser.

– Sério? – perguntei.

O grande conglomerado alimentício tinha nas proximidades uma fábrica de processamento de queijo *cottage*. Muitos ganhavam salário suficiente para sustentar a família trabalhando ali. Papai sabia do meu desejo de encontrar emprego temporário no verão para ganhar dinheiro antes do início das aulas no outono. Também sabia que eu ainda não tinha encontrado um emprego. E ambos sabíamos que a oportunidade naquela empresa era bem mais promissora do que qualquer outro que eu encontrasse sozinho.

– Parece ótimo – disse a ele. – Obrigado!

Meu pai, no entanto, não queria que me precipitasse nos agradecimentos antes de ouvir toda a novidade. Portanto, logo tratou de explicar:

– O único detalhe é que você precisa começar hoje. No turno das dezenove às três horas da manhã. De segunda a sexta, quarenta horas por semana até começar a faculdade.

Hoje à noite? Olhei para o papai enquanto minha mente refletia sobre todas as possíveis consequências. *Tenho mais nove semanas de aula antes da formatura. A temporada de basebol dos melhores times já havia começado. Além disso, eu fazia parte do teatro do grupo de formandos.*

Pensando alto disse:

– É bem provável que não tenha mais tempo para atividades extracurriculares.

Meu pai concordou.

– Não, não sobrará tempo. – Ele sabia em que eu estava pensando. – Eles falaram que precisa começar hoje à noite. Não podem segurar a vaga até a formatura. Vou ser bem sincero com você, Nik – prosseguiu papai. – Não duvido da sua capacidade para realizar este trabalho. Você sempre foi esforçado e aprende muito rápido, e não terá problemas neste emprego. No entanto, o que mais me preocupa – continuou papai – é seu desempenho na escola. Acha que consegue manter boas notas durante as nove semanas do seu último ano escolar com tamanha carga?
– Será um grande desafio. – Eu precisava admitir. – Preciso pensar um pouco.

Porém, não tive muito tempo para pensar. Naquele exato momento, papai estava estacionando na fábrica e disse que, se eu quisesse o emprego, teria de entrar e falar com as pessoas do RH.

Menos de uma hora depois de meu pai ter me buscado na escola, preenchi o formulário e fui contratado para trabalhar ali na mesma noite. Apesar de a decisão ter sido muito rápida, a jornada não foi nada fácil.

Apavorei-me só de pensar na reação do treinador de basebol ao saber que seu jogador de segunda base e segundo melhor rebatedor deixaria o time. Contar à professora de teatro sobre minha saída no último ano também não seria fácil. Odiava decepcionar as pessoas. Tinha esperança de que meus amigos, colegas de classe e principalmente os outros jogadores do time de basebol fossem compreensivos. Mas em nenhum momento tive grandes dificuldades em abrir mão de tudo. Sabia ser o melhor para mim.

Meu novo emprego ficava a cerca de três quilômetros de casa. O trabalho era pesado, mas isso nunca fora problema pra mim. Porém, o turno da noite se revelou cruel. Começar a trabalhar depois do jantar não era tão ruim, mas todas as madrugadas, às três horas, não conseguia fazer mais nada além de cambalear até em casa e, literalmente, *desabar* na cama.

Nem sei como sempre conseguia cair fora da cama todas as manhãs a tempo de dirigir minha caminhonete capenga pelos quase cinco quilômetros até a escola, e mais, sem perder uma aula até o final do ano. Decerto, todos meus professores não demoraram muito para perceber meus cochilos constantes em sala de aula, apesar de meus esforços criativos e heroicos para não pescar. Quando um deles me perguntou o que estava acontecendo comigo, contei sobre o emprego conseguido pelo meu pai a fim de eu receber o dinheiro necessário para ingressar na faculdade no outono. Sem dúvida, a notícia se espalhou. Meus professores foram particularmente misericordiosos comigo no último semestre do último ano escolar.

****

A *vida* parecia muito mais razoável após a formatura, quando podia dormir até mais tarde todas as manhãs. As semanas passavam, o salário chegava e comecei a concentrar-me no meu futuro. A realidade do curso superior se aproximava cada vez mais no meu horizonte pessoal.

Meu emprego na fábrica não era divertido ou empolgante. O trabalho não exigia muito raciocínio, mas bastante esforço físico, e apenas intensificou ainda mais meu desejo de buscar o ensino superior. Era o tipo de trabalho no qual a simples ética profissional inculcada em mim pelos meus pais foi bem útil: *A vida é trabalho. Trabalho é árduo. Trabalho é assim mesmo. Faça o que esperam que faça, e faça com diligência.*

Trabalhava assim mesmo numa noite de verão, sozinho no canto dos fundos da fábrica, com dificuldade para apertar as tampas de cima dos contêineres de mais de duzentos quilos, os quais chamávamos de *coalhada mexida*. Estávamos preparando o produto da fábrica para despachá-lo para mais outra instalação, para outros processamentos, e então seria embalado como produto final do queijo *cottage* vendido em supermercados.

Os recantos escondidos daquela fábrica estavam tão quietos na noite em que quase saltei do meu próprio corpo ao ouvir uma voz repentina fazendo-me a seguinte pergunta:

– Nik! Já está cansado de correr?

As palavras eram tão nítidas e a voz tão próxima que girei procurando quem havia ficado me espiando.

Não tinha ninguém lá. *Estranho*. Voltei a me concentrar em minha tarefa, achando que estava tendo alucinações. Dez minutos depois, ouvi a mesma voz:

– Nik, já está cansado de correr?

Olhei em volta de novo, e não vi ninguém. *Que raios está acontecendo?*

Já muito desconfiado, continuei procurando alguém. Mas não havia ninguém perto quando ouvi a voz falando pela terceira vez:

– Nik, está pronto para parar de correr e me servir?

Achei que um colega de trabalho estivesse fazendo gracinhas. Porém, não demorou e senti em meu coração que aquela voz era a de Deus.

Eu não sabia ser possível questionar e até mesmo ignorar o Espírito Santo. O ocorrido me deixou tão perplexo que, sozinho, ali mesmo no fundo da fábrica de alimentos, reagi da única maneira inteligível ao que estava acontecendo naquele instante: entreguei minha vida a Deus. E como nunca me falaram nada diferente, entendi que a pessoa poderia ser *salva e chamada para servir a Deus* no mesmo instante. Era exatamente isso que acreditei estar acontecendo comigo. Obedeci à voz de Deus e entreguei minha vida ao controle dele.

De um lado, o evento foi perturbador e inesperado. Há muito, mas muito tempo meu maior desejo era ser veterinário! O primeiro passo real para alcançar o tão esperado sonho aconteceria em menos de um mês. Em minha limitada experiência, "servir a Deus" era realizar as mesmas tarefas dos "pastores". E a ideia de ser pastor de uma cidadezinha do interior de Kentucky não me parecia nada interessante.

Mas tudo me levava a crer que Deus queria que eu assim fizesse. O que Deus tem em mente? Será que sabe o que está fazendo?

Por outro lado, o ocorrido foi tão real que precisava contar a alguém. Não dava para NÃO contar. Então, no dia seguinte, pedi a meus pais que se sentassem e lhes contei como a voz de Deus tinha falado comigo. Contei-lhes que tinha sido salvo. Expus que não apenas aceitara e entregara minha vida a Cristo, mas agora planejava "servir a Ele".

A reação dos meus pais foi neutra. Olhando para trás agora, acredito que minha história pode ter soado bem estranha para eles. Mamãe e papai não tinham referência na vida para entenderem o ocorrido, ou para começarem a entender as implicações. Na perspectiva deles, parecia que eu estava, do nada, jogando fora meu tão esperado sonho de me tornar veterinário em troca de uma experiência espiritual mística. Acredito que eles também associavam "servir a Deus" com ser pastor.

Decepcionado com meus pais, pois não podiam entender ou aceitar minha explicação, fui então falar com quem conhecia minha família há algum tempo, meu antigo pastor. Ele sorriu e ouviu com atenção quando lhe falei sobre "A Voz" que ouvira na fábrica, e também a parte em que aceitei a Cristo. Quando comecei a falar sobre sentir ter sido chamado para servir a Deus, a reação do ministro foi, assustadoramente, mais negativa do que a dos meus pais. Ele olhou bem nos meus olhos e disse:

– Não queira ser pastor, Nik. As igrejas o devorarão vivo! Esse tipo de trabalho pode matar um homem!

A veemência da reação me assustou, porém tinha uma boa noção do que ele acabara de me dizer. Eu havia crescido numa comunidade pequena, onde quase todos frequentavam uma das três igrejas, e sempre pareciam saber de tudo que acontecia nas outras duas. Eu também frequentara outras igrejas do interior de quando em quando com meus avós, e visitara muitas outras mais da região na época em que meu irmão cantava num quarteto gospel em viagem durante o tempo escolar. Em face de tais exposições, acredito que minha visão do ministério era tão limitada que achava que tais circunstâncias representavam o rebaixamento necessário de qualquer decisão em servir ao Senhor. Apenas me renderia e diria: "Certo, Deus, acho que não tenho outra escolha, pois o Senhor é Deus, mas já digo logo que não vou gostar".

Tudo acontecera apenas poucas semanas antes do início das aulas: estudar veterinária e trilhar o caminho para um mundo mais amplo e fascinante. Sim, eu dissera sim a Deus e sabia que seria seu seguidor. Mesmo assim, me peguei pensando: *se eu o seguisse, condenaria minha vida ao trabalho árduo, desinteressante e miserável*. A reação do pastor apenas serviu para salientar meus questionamentos e dúvidas logo no início da minha caminhada na fé.

Felizmente, recebi reação bem mais positiva quando conversei na fábrica de queijo com um amigo do trabalho que era pastor de uma pequena congregação da vizinhança. Quando lhe disse que achava que Deus me chamara para servi-lo, ele ficou feliz e me apresentou outro jovem pastor amigo dele. E ambos oraram comigo.

Eu não sabia muito bem qual seria o próximo passo, mas tinha certeza do chamado de Deus. Para ser sincero, não acreditava ter outra escolha, a não ser aceitar e obedecer. Não via distinção entre aceitar a Cristo e sujeitar minha vida inteira para fazer aquilo que Ele queria que eu fizesse. E, decerto, não tinha a mínima ideia na época de que minha simples fé e obediência me levariam de uma pequena cidade em Kentucky aos desertos e camelos da Somália.

Abri mão da bolsa na Universidade de Kentucky. A única alternativa seria ingressar numa faculdade cristã e me preparar para virar pastor. No outono, do mesmo ano, matriculei-me numa pequena faculdade cristã perto de casa. As matérias principais do curso eram História e Religião, pelas quais eu pouco me interessava.

A sensação era de ter sido lançado no fundo da piscina sem ter aprendido a nadar. Apenas algumas semanas depois de meu encontro com Deus na fábrica de queijo, e lá estava eu frequentando uma faculdade cristã e dizendo às pessoas que me preparava para o ministério. Todos a quem conheci no campus me davam a impressão de entenderem muito melhor minha fala do que eu mesmo.

Decidi começar a ler a Bíblia. Ali encontrei muitas histórias interessantes, a maioria desconhecida, ou talvez nunca tivesse prestado atenção a elas. Eu sabia que a Bíblia era a base de toda fé cristã, mas parecia ter ainda muita coisa a aprender dela, e havia outras que nem sequer entendia. Não tinha ideia de como colocar em prática em minha própria vida até mesmo aquilo que lia e entendia.

Minha teologia não era melhor do que minha compreensão sobre a Bíblia. Tudo que sabia era que a Bíblia é o livro de Deus e, se eu acreditasse nisso, deveria colocar em prática.

Não demorou muito para chegar ao capítulo 28 de Mateus. Ali Jesus dá aos seus discípulos as instruções finais de ir por todo o mundo, pregar suas Boas-Novas e fazer discípulos. Quando li isso, pensei: *Uau! Seria ótimo sair de Kentucky, pelo menos por um tempo, não?* Quanto mais lia aquela passagem, mais claro ficava para mim que Jesus tinha dado esse mandamento a todos os seus seguidores. Não se tratava de uma chamada separada ou especial apenas para *alguns*, pois foi o último ensinamento que Jesus desejou que os discípulos entendessem.

Vão por todo mundo...

Quando li isso, entendi como um mandamento claro e pessoal de Deus para mim. Eu sabia: "ir" era preciso. Sabia ser o desejo do Senhor para minha ida. Sabia não ter outra opção. Até, ou a não ser, que Ele me detivesse, eu iria. Não tinha ideia de como tudo seria possível, mas confiei em sua palavra.

****

Sentia-me deslocado na faculdade. Felizmente alguns professores e colegas fizeram amizade comigo. Durante o primeiro ano de curso, alguns colegas do último ano me convidaram para viajar com eles e visitar as igrejas dos estados vizinhos para conduzir os fins de semana de avivamento da juventude.

Ao me lembrar daquela época, entendo que tinham desejo genuíno de me encorajar e discipular depois de terem ouvido o meu sentimento de haver sido chamado para pregar. Mas logo identifiquei outro motivo para me incluírem nas equipes itinerantes. Todas as vezes que eu dava os avisos sobre o programa de avivamento da juventude num fim de semana ou no domingo matinal de culto, as pessoas compareciam em nossas reuniões naquela mesma noite só para ouvirem "o rapaz do interior" falar de novo.

No geral, meu primeiro ano na faculdade foi uma experiência positiva, apesar de puxada.

Gostei do curso muito mais do que esperava. Comecei o segundo ano já mais confortável no campus, apesar de ciente de que ainda precisava aprender muita coisa.

****

Uma das mais memoráveis experiências no segundo ano foi meu primeiro encontro com um missionário de verdade. Um homem chamado Dr. Butcher visitou o campus. Ele fez um devocional de trinta minutos na capela uma noite e compartilhou algumas experiências de seu ministério na Tailândia, usando argumentos convincentes e claros para os mais jovens atenderem ao chamado de Deus de servirem em outros países. Claro, recebeu toda minha atenção. Depois do culto, esperei até conseguir falar sozinho com Dr. Butcher. Perguntei-lhe:

– Preciso entender melhor. Quer dizer que posso ir a qualquer lugar do mundo, compartilhar Jesus com as pessoas e ser pago pra isso?

Ele olhou para mim de um jeito estranho, deu um pequeno sorriso e anuiu:

– Nunca me perguntaram dessa forma. Mas, sim, foi isso que quis dizer.

– Como faço para me candidatar? – perguntei.

A ideia da possibilidade de cumprir o "Vão por todo mundo..." me deixou eufórico. Estava pronto para partir naquele dia mesmo. No entanto, ainda tinha muito a aprender antes de isso acontecer. E havia acabado de conhecer, naquele outono, no segundo ano, a pessoa que faria mais do que qualquer outra para me ajudar no aprendizado. Sem ela, provavelmente eu jamais chegaria à África.

CINCO

Quebrantado por um sorriso

Q uando visitamos a capital da Somália em 1992, Mogadíscio já vinha sendo há muito tempo o centro violento de uma guerra civil ininterrupta entre mais de uma dúzia de clãs diferentes, todos na perversa luta pela sobrevivência. As duas maiores facções rebeldes lutavam nas ruas da capital para dominar e controlar a cidade e, por fim, o país.

O resultado do conflito foi a devastação da produção agrícola, dos canais de distribuição e destruição do sistema de transporte da Somália, que já era primitivo e inadequado, da infraestrutura de serviços públicos, o fim de qualquer regime ou controle do governo regional ou local e da economia inexistente que carecia de bancos viáveis, negócios ou indústrias, e já não existia moeda nacional reconhecida e aceita. Colapso geral.

Na prática, todos os grupos ocidentais e internacionais, inclusive agências que vinham trabalhando no Chifre da África há muitos anos, tinham encerrado negócio e deixado o país antes do final de 1991.

Talvez, não menos que um milhão de deslocados uniram-se à torrente humana de refugiados inundando as fronteiras de suas pátrias para o Quênia, Etiópia, Djibuti e pelo Golfo do Iêmen (apenas os mais prósperos encontraram maneiras de escapar para a Europa Ocidental e a América do Norte). Com eles vieram histórias horrorosas de sofrimentos inacreditáveis.

Após meu retorno para Nairóbi depois de minha primeira viagem a Somalilândia, Ruth e eu tentamos encontrar outras entradas em diferentes regiões da Somália para avaliar as necessidades. Usamos as mesmas estratégias básicas aplicadas para aprender mais sobre Hargeisa. Perambulávamos pelo centro de Nairóbi à procura de pessoas de origem somali. Então as seguíamos até uma cafeteria ou um mercado para tentar iniciar uma conversa e criar vínculos.

Depois de certo tempo ouvíamos suas histórias, tentávamos encorajá-las e ajudá-las, e mais tarde também compartilhávamos o desejo de oferecer assistência aos parentes ainda sofrendo na Somália. Alguns dos novos amigos refugiados confiaram tanto em nós que nos repassaram os nomes e as histórias dos parentes nos clãs que gostariam que ajudássemos quando voltássemos lá.

Alguns poucos somalis até mesmo nos recomendavam a funcionários de agências de ajuda humanitária e a um punhado de cristãos ocidentais que tinham sido expulsos da Somália. Esses irmãos trabalhavam na época com milhares de somalis em campos de refugiados espalhados pelas fronteiras entre Quênia e Somália e na região desértica do sul da Etiópia.

As fontes mais confiáveis que tínhamos nos alertaram que o foco da violência agia ao redor de Mogadíscio. Diziam não ser seguro visitar a região até o fim da guerra civil, ou pelo menos até a guerra se deslocar para outro lugar. Mas era improvável que a mudança acontecesse logo, sem intervenção de forças externas.

Infelizmente, o sofrimento na Somália recebera pouca atenção da comunidade internacional. Enfim, o secretário-geral das Nações Unidas começou a pedir cessar-fogo entre os clãs beligerantes. A possibilidade do envolvimento das Nações Unidas ofereceu o potencial para melhoria das condições e a promessa do envio de recursos necessários.

Quando as Nações Unidas anunciaram mediar um cessar-fogo temporário, Ruth e eu vimos uma janela de oportunidade aberta para entrar no país e avaliar as necessidades em Mogadíscio. Alguns trabalhadores ocidentais que tinham fugido do país comunicaram que suas organizações gostariam de restabelecer a presença no país, mas acreditavam que o retorno ainda seria muito arriscado.

Naquela época, ninguém dizia ao certo quantos cidadãos de Mogadíscio tinham sido mortos ou haviam fugido durante os anos de conflito. Além disso, devido à seca devastadora, a cidade fora inundada por refugiados de outras regiões. No caso de Hargeisa, as pessoas da capital nada tinham e precisavam de tudo. Porém, as condições pareciam ainda piores ali.

Apesar do acordo de "cessar-fogo", combatentes prosseguiram com a luta por território na cidade. A maioria dos dias e das noites era marcada por intervalos de tiros, muitos ouvidos a distância, e assim facilmente poderiam passar despercebidos, outros extremante próximos.

Certo dia, perguntei a um homem armado por que estava guerreando. Ele me olhou com olhos semicerrados em meio à fumaça do cigarro e disse:

– Hoje é quinta-feira. Sexta-feira é dia da nossa folga e vamos à mesquita orar. Hoje é quinta... É dia de guerra na quinta-feira.

Após um ou dois dias de minha chegada a Mogadíscio, muitos somalis, cujos nomes me foram dados com o alerta de não procurá-los de forma tão escancarada, para minha surpresa, apareceram no portão do complexo das Nações Unidas onde estava hospedado. Perguntaram por mim falando meu nome. Nunca descobri como souberam onde eu estava, mas já tinha bastante tempo de África para dar créditos ao fantástico poder do Espírito Santo e à eficácia da informação boca a boca.

Transmiti as saudações dos colegas e comecei a explanar como as outras agências me responsabilizaram pela investigação das necessidades humanas de mais urgência na cidade. Meus novos amigos somalis se mostraram fonte inestimável de conhecimento e orientação nos dias subsequentes. Não só validaram os relatórios recebidos sobre a proporção e a gravidade da crise enfrentada naquele país: 90% de desempregados, 85% de pessoas passando fome ou em condições severas de desnutrição, mais de 300 mil cidadãos mortos de fome nos últimos 6 meses, nada menos do que 3 mil pessoas mortas de fome por dia, mas também me levaram para conhecer a cidade.

Meus contatos somalis fizeram um passeio completo comigo. Mostraram-me lugares antes conhecidos como bairros mais ricos, com portões de segurança e muros de condomínio fechado. Mas também me mostraram os patéticos acampamentos de retalhos (a palavra "favela" talvez não expresse a ideia de sua fragilidade), onde o influxo dos refugiados rurais tinha feito residência. Naqueles lugares, os refugiados se amontoavam debaixo das tradicionais habitações circulares improvisadas com trapos sujos, em cabanas construídas com caixas de papelão, ou em qualquer outro lugar que lhes oferecesse a menor semelhança de privacidade ou de abrigo do sol tropical. Já em Hargeisa, vi muitos lugares antigos onde antes funcionavam instituições como escolas, hospitais e comércios. A vida ainda restante em Mogadíscio se distanciava tanto do "normal" que diria se assemelhar mais a "insana". E viam-se os sinais da insanidade em toda parte.

****

Mães esqueléticas arranhavam o solo seco sem o auxílio de nenhuma ferramenta, apenas usando dedos ressequidos e gravetos quebrados. Nem me passou pela cabeça o motivo daquele "trabalho", até perceber que estavam cavando naquele solo duro e sem misericórdia covas profundas o bastante para gentilmente colocarem o cadáver de uma criança e cobri-lo com pedregulhos.

****

Uma linha de guerra em constante mudança (a "Linha Verde") dividia a cidade em territórios ocupados pelos seguidores dos dois mais poderosos senhores militares, os atuais rivais mais sanguinários, independente de pertencerem à mesma genealogia como membros do mesmo clã.

Mogadíscio naquela época me lembrava de um período no Antigo Testamento no qual as pessoas ainda não conheciam Jesus e nunca haviam sido expostas ao Filho do Homem, ou a sua mensagem. Baal, Golias e Nabucodonosor se sentiriam em casa na situação em que eu me encontrava. Acredito que Jesus tinha este tipo de mundo em mente quando alertou os críticos fariseus no capítulo 12 de Mateus: "Todo reino dividido contra si mesmo será arruinado, e toda cidade ou casa dividida contra si mesma não subsistirá".

Mais adiante, ainda na mesma conversa, Jesus usou outra analogia que soou como profecia sobre a Somália: "Quando um espírito imundo sai de um homem, passa por lugares áridos procurando descanso e não encontra, e diz: 'Voltarei para a casa de onde saí'. Chegando, encontra a casa desocupada, varrida e em ordem. Então vai e traz consigo outros sete espíritos piores do que ele, e entrando passam a viver ali. E o estado final daquele homem torna-se pior do que o primeiro. Assim acontecerá a esta geração perversa" (Mt 12:43-45).

Para mim, a passagem citada parecia descrever em detalhes a situação de Mogadíscio.

Tive um encontro com as imagens mais degradantes da depravação quando meus guias somalis me levaram para ver o complexo que os líderes da época tinham invadido (depois de, conforme informações, terem assassinado toda família que antes morava ali) e transformado em quartel-general e residência. No interior de portões fortemente armados, o senhor da guerra e seus subordinados geravam sua própria energia elétrica, assistiam à televisão via satélite e comiam como reis.

Bem do lado de fora havia uma multidão de centenas de crianças alvoroçadas, desesperadas, desnutridas, as barrigas inchadas, aglomeradas em torno do muro do complexo. Estavam ansiosas esperando algo que acontecia com frequência, apesar de não ser diariamente. Depois de qualquer animal ser abatido para o jantar dos líderes, a carcaça era atirada por cima do muro, e então as crianças famintas desciam como nuvem de gafanhotos, rasgando e arrancando pedaços do couro do animal ensanguentado para mastigar e aproveitar o pouco valor nutricional disponível.

A situação era pavorosa. Fui obrigado a redefinir meu conceito sobre o "mal" e meu entendimento sobre a natureza caída da humanidade.

Eu clamei aos céus:

– Deus! Onde está? O Senhor está ciente da situação deste lugar?

Como Deus permitiria que aquilo acontecesse?

****

Retornei a Nairóbi em segurança e descrevi a Ruth tudo que vira. Também lhe contei as descobertas de outras agências e contatei meus patrocinadores para comunicá-los sobre o que eu vira. Escrevi e-mails, cartas, dei entrevistas e publiquei artigos convocando atitude imediata diante da crise crescente na Somália. Milhares de pessoas em grande sofrimento morriam todos os dias. Alguém precisava agir contra tamanha insanidade, já!

Ninguém discordou. Contudo, até que houvesse meios melhores e mais seguros de ter acesso ao país, todos com quem conversei concluíram não ter muito a ser feito. No entanto, concordavam com meu retorno a Somália sempre que possível para realizar o que conseguisse. Assim fiz, na esperança de encontrar boas oportunidades com a chegada de condições mais seguras.

Uma das minhas próximas viagens foi ao interior de uma cidade chamada Afgoie, a trinta quilômetros na zona oeste litorânea da capital. A terceira visita confirmou o que eu já suspeitara: o país inteiro estava em situação de desespero e necessitava de suporte à vida. Lá tive uma experiência inesquecível, que me fez carregar tal conclusão para casa.

Eu já tinha ouvido falar de um hospital construído pelos russos em Afgoie décadas atrás. Obviamente, a guerra civil chegara ali antes de mim. Parte do telhado já não existia e algumas paredes haviam sido danificadas durante os combates. Dentro do hospital, encontrei uma médica somali de meia-idade que me contou, em excelente inglês, que recebera treinamento médico na Rússia e já vinha trabalhando em Afgoie havia anos. Disse que estava tentando manter vivos vários pacientes jovens, inclusive muitas crianças severamente feridas e queimadas durante o combate recente da região. Ela realizava o trabalho na parte exterior coberta do hospital, sem eletricidade, saneamento básico ou qualquer outro funcionário formado na área da saúde.

Nos primeiros instantes no hospital trabalhei como "médico auxiliar" da doutora. O trabalho consistia em segurar, com toda minha força, os pacientes enquanto a médica colocava ossos quebrados no lugar e costurava feridas sem qualquer anestesia. Enquanto ela trabalhava, eu expunha a razão de estar ali: avaliar as necessidades do hospital e discutir sobre qual seria a melhor maneira de as agências humanitárias ajudarem.

Ela disse:

– Venha comigo e lhe mostrarei as instalações do hospital...

Metade dos "leitos" no primeiro quarto consistia em nada além de estruturas e molas de metais. A aparência de uma das pacientes me aterrorizou. Uma criança muito franzina e faminta estava sentada estática, como uma estátua macilenta, sobre a "cama", na verdade um pedaço de pano recobrindo uma pequena parte da estrutura de metal. O olhar era fixo e vazio, sem demonstrar qualquer reação com a nossa chegada. Quando eu disse que a criança era muito pequena para estar ali sozinha, a resposta da médica me deixou em choque:

– Esta menina tão mirradinha tem três anos e pesa menos de nove quilos.

Meu amor por crianças sobrepujou o terror e, num impulso, caminhei até o outro lado do quarto enquanto a médica falava sobre as necessidades do hospital. Conforme me aproximava da pequena menina, ela continuava estática, olhando fixo para lugar nenhum, sem reação evidente diante de minha presença. Talvez mexer os olhos exigiria muito mais força do que ela suportaria. Ainda ouvindo a médica, estiquei meus braços e, sem pensar, deslizei a parte de trás do meu dedo indicador para cima e para baixo na bochecha da criança.

Recuei surpreso quando no segundo seguinte, quase numa visão beatífica e repentina, um sorriso iluminou aquele rostinho. A incongruência da reação da criança, naquele momento, naquele lugar, me deixou tão comovido que clamei, em silêncio, aos céus: *De onde surgiu este sorriso?* Então, girei para olhar a médica, que, com um triste sorriso, balançou a cabeça. Ela achou que eu estava emocionado pelo quadro desumano do hospital.

Mas acabara de ser quebrantado por um sorriso.

Ao sairmos do quarto para continuar a visita, prometi à doutora que tentaria trazer recursos na minha próxima visita à Somália. Como ficar estático diante de tamanha necessidade?

Retraçando os passos mais tarde, parei no corredor e dei uma olhada no primeiro quarto que visitáramos. Quando percebi que a garotinha não estava mais lá, perguntei sobre seu paradeiro. A médica consultou um voluntário e, cabisbaixa, com pesar me transmitiu a notícia:

– Infelizmente a menininha faleceu.

Foi um alívio não estar no local e não ver o pequeno corpo ser levado. Prefiro me lembrar de seu sorriso.

****

Reproduzi a história daquela menina inúmeras vezes nas semanas subsequentes. A reação era quase sempre a mesma. Organizações se convenciam da necessidade de ajuda, mas insistiam em esperar a segurança melhorar antes de se comprometerem com trabalho na Somália. A recusa de organizações cristãs se envolverem me frustrava. Descobrira que grupos seculares de apoio humanitário, semelhantes ao qual eu trabalhava, continuavam a se envolver com os refugiados da Somália e também dentro do país. Inclusive empresas ocidentais de construção e empreiteiras estavam no local. Afinal de contas, havia possibilidade de fazer dinheiro. Mas onde estava a comunidade cristã?

Como pode, pensei, *muitos estarem dispostos a morrer por razões financeiras ou humanitárias e tantos grupos cristãos insistirem esperar até estar seguros para obedecer ao mandamento de Jesus de "Ir" por todo o mundo?*

****

Não demorou muito para ficar óbvio que as agências religiosas na Somália seriam um alvo, e qualquer somali trabalhando nelas provocaria a ira dos elementos radicais do Islã. Conscientes do risco, Ruth e eu fundamos nossa própria ONG internacional como uma forma de ganhar entrada e estabelecer assistência, saúde e desenvolvimento de projetos dentro da Somália. O objetivo era fornecer o melhor auxílio às pessoas devastadas pela guerra e, assim fazendo, oferecer-lhes "um copo de água fresca" em nome de Jesus.

Muitos dentro da comunidade cristã elogiavam nossa atitude, mas questionavam nosso bom senso. "É muito perigoso" era frase ouvida da boca de muitos que nos amavam. Quando mostrávamos o mandamento de Jesus a todos seus seguidores de irem "por todo o mundo", não apenas "por todos os *lugares seguros* do mundo", concordavam, relutantes, em nos permitir explorar as possibilidades. Por vezes nos advertiam: "Se alguém morrer fazendo isso, o sangue dele caíra sobre sua cabeça!".

Mesmo assim, muitos da mesma opinião afluíram em massa a nossa inexperiente organização de ajuda humanitária em obediência para levar o *copo de água fresca* aonde houvesse necessidade. Recebemos o capital de arranque para contratar funcionários e equipar a clínica móvel, distribuir alimento e material de ajuda.

Um dos primeiros requisitos era recrutar uma equipe somali – indivíduos locais de boa reputação e seguras referências, alguns dos quais já tinham trabalhado em organizações ocidentais. Alguns dos primeiros ajudantes coincidentemente eram cristãos somalis, mas a grande maioria era muçulmana. Na época, segundo informações, existiam pouco mais de 100 cristãos num país de 7 milhões de habitantes. Para os somalis, ser conhecido como cristão abria as portas para uma intensa perseguição, e com frequência, para a morte.

Logo percebemos que qualquer somali trabalhando conosco seria considerado suspeito. De acordo com a visão do mundo de um somali, qualquer organização ocidental trabalhando na Somália pressupunha uma "organização cristã", e suspeitava-se de que qualquer empregado fosse cristão. Independente das crenças dos somalis, precisávamos de uma equipe de primeira com experiência e contatos.

Seguindo o conselho de fontes internacionais e somalis, contratamos pessoas de cada um dos cinco ou seis maiores clãs. Isso seria garantia, onde quer que estivéssemos na Somália, de que teríamos contatos locais que poderiam nos dar conselhos, conhecimento cultural e visão estratégica da rotina e dos problemas urbanos da cidade enquanto resolvíamos detalhes e tomávamos decisões.

****

Embora fôssemos conhecidos como uma organização profissional de ajuda humanitária, sem dúvida não queríamos deixar de dar bom testemunho cristão agindo dentro dos padrões éticos e morais.

Por exemplo, quando fomos avaliar um lugar para alugar, queríamos ter certeza de lidar com os verdadeiros donos do local. Lembro-me de um local que visitamos e um membro somali de nossa equipe sussurrou um alerta assim que entramos ali:

– Não alugue esta casa, Dr. Nik. Sem dúvida este complexo é roubado. Mas não diga nada, pois são muito maus. Seja simpático, dê uma volta na propriedade e finja estar interessado. Se sairmos muito rápido, poderemos deixá-los irados.

O fato de haver casas abertas sendo mostradas com anfitriões segurando armas automáticas deu uma nova dimensão às negociações dos imóveis.

****

Enfrentamos os mesmos desafios de questões éticas de propriedade para alugar veículos. Com descontrolados sequestros a mão armada, e sem nenhum sistema oficial para registrar ou licenciar carros, não existia nenhuma forma confiável para rastrear o histórico do título. O velho ditado "achado não é roubado" era padrão para declarar usucapião.

Apesar dos desafios enfrentados para inaugurar um empreendimento de caráter cristão e ético em Mogadíscio, nossa organização inexperiente logo se tornou operacional. Desde o início trouxemos enfermeiros com recursos básicos de saúde para abrir a clínica móvel, que oferecia a primeira assistência médica recebida em alguns vilarejos havia muitos anos. Confrontados com as alarmantes necessidades da nação, e, lamentavelmente, limitados pelo escasso recurso, precisávamos de mais ajuda. Sabíamos da existência de milhares de famintos ou desnutridos que não podiam esperar a ajuda emergencial prometida pelas Nações Unidas. Diante da necessidade, fizemos tudo que estava ao nosso alcance, o mais rápido possível.

Pouco tempo depois de negociarem o cessar-fogo inicial, as Nações Unidas concordaram em enviar alguns pacificadores para monitorar a situação na Somália. No entanto, nunca era suficiente para patrulharem de modo adequado nem mesmo a linha verde em Mogadíscio, muito menos oferecer qualquer proteção ou reforço em qualquer outro lugar no país.

Fomos inundados ainda mais com esperança algumas semanas mais tarde quando nações-membros das Nações Unidas votaram para aumentar o compromisso com a Somália. Primeiramente, anunciaram maciço transporte aéreo de suprimentos como alimentos, remédios e outros artigos de emergência para o país. Isso foi possível graças à autorização de uma força internacional de segurança composta por milhares de tropas militares para acompanhar os suprimentos e oferecer proteção aos funcionários civis das Nações Unidas e a qualquer organização de ajuda que fizesse parceria para auxiliar a missão internacional de ajuda no país.

Quando os principais esforços humanitários das Nações Unidas começaram a chegar em agosto de 1992, já vínhamos trabalhando na Somália há meses, em conjunto com uma dúzia ou mais de organizações, e ajudando o povo e desenvolvendo projetos próprios. Tínhamos estabelecido escritórios em Mogadíscio e em alguns outros poucos lugares, e, como nosso programa era operacional, os administradores das Nações Unidas nos reconheceram como organização parceira.

Nessa época trabalhávamos com milhões de dólares em suprimentos de ajuda. Quando menos esperávamos, pediram-nos que distribuíssemos materiais de ajuda aos somalis no valor de milhões de dólares.

Os clãs rivais concordaram em oferecer acesso seguro às Nações Unidas no aeroporto de Mogadíscio e nas instalações portuárias do Oceano Índico. Entretanto, não demorou muito para perceber que todo aquele acordo era uma farsa. Quase no mesmo instante, os itens de assistência foram roubados, e grande parte nunca sequer chegou às pessoas destinadas. Na verdade, cerca de 80% dos produtos foram roubados.

Questionava-me como as pessoas conseguiam ser tão insensíveis. Quando expressei minha frustração, um dos meus colaboradores locais recitou um ditado somali que tinha ouvido a vida toda. Lamentavelmente, deixou tudo mais claro:

Eu e a Somália contra o mundo. Eu e meu clã contra a Somália. Eu e minha família contra meu clã. Eu e meu irmão contra minha família e eu contra meu irmão.

Palavras aterrorizadoras para serem assumidas como norma de vida, mas que mostram traços da essência por trás da face do mal, e talvez uma noção da visão do mundo capaz de explicar a insanidade.

SEIS

Presente de Deus: Ruth

Encontrei meu professor mais importante na vida, a maior e singular influência na minha visão do mundo, no início do segundo ano de faculdade. Foi na semana inaugural. Eu tentava recrutar novos alunos para fazerem parte da União dos Estudantes Cristãos, e já estava observando a sala para identificar alguns quando uma linda caloura surgiu. Dei boas-vindas a *Ruth* (nome no crachá) e a convidei para fazer parte da organização.

Com um olhar de relance, Ruth deu um sorriso sutil e respondeu com propriedade:

– Meu pai é pastor; tenho certeza de que serei bem ativa em muitas atividades cristãs no campus. – E então se virou e saiu.

Ali já tinha me apaixonado. Observando-a ir embora, disse aos meus amigos:

– Um dia eu caso com aquela menina.

É importante dizer que não era minha praia saber lidar com relacionamentos na época. Ouvira dizer "os opostos se atraem". Se tal clichê antigo era verdade, Ruth e eu formávamos o par perfeito. Desde o início percebi que formávamos polos opostos. Ela era tudo que eu não era. Talvez tenha sido esse o motivo principal de ter me apaixonado.

Éramos ambos "FP". Ela, Filha de Pastor. Eu, Filho de Pagão.

Ela crescera em lugares variados. Eu vivera minha vida toda em uma cidadezinha.

Ela já visitara dezenas de estados pelos Estados Unidos. Eu saíra de Kentucky apenas uma vez antes de completar dezoito anos.

Ruth parecia se adaptar muito bem a qualquer situação. Eu sempre me sentia uma peça redonda tentando se encaixar num losango.

Ela parecia uma moça fina da cidade. Eu, o mais caipira em todos os sentidos.

O domínio gramatical de Ruth e sua maestria na língua faziam sua voz soar elegante aos meus ouvidos. Os professores de inglês, e o mundo inteiro, se retraíam toda vez que eu abria minha boca.

Ela era perfeita demais para ser verdade. Eu era muitas outras coisas para ser de fato bom.

Ela já conhecia, amava e seguia a Jesus desde sempre. Ela lia a Bíblia todos os dias e com frequência discutia conceitos bíblicos e espirituais, praticamente desde a infância. Ela já tinha participado em todas as atividades da igreja, todas as vezes que tinha oportunidade. Eu não tivera nenhuma experiência genuína de fé até o encontro com Deus no fundo da fábrica de queijo, semanas antes de me matricular na faculdade.

Ruth já havia conhecido pessoalmente muitos missionários, que haviam testemunhado em sua igreja e visitado sua casa. Eu conhecera um missionário semanas antes de conhecer Ruth.

Ruth tinha ido à frente da igreja para aceitar o chamado missionário quando ainda estava no Ensino Fundamental. Na sexta série fez um trabalho sobre a África. Naquela época, sabia ser a vontade de Deus que fosse para lá. A primeira vez que ouvi sobre "A Grande Comissão de Jesus" ao ler Mateus já estava na faculdade, e ainda tentava entender como me encaixaria naquilo tudo.

Para mim, Ruth parecia perfeita. Eu não.

Totalmente opostos? Sem dúvida.

Feitos um para o outro? Não tinha muita certeza.

Fiquei caidinho por Ruth desde o início, mas não sabia construir um relacionamento amável e santo. Em pouco tempo percebi a profundidade do amor que sentia por ela. Saber tratá-la bem era outra história. Ela era a mulher com quem eu desejava passar o resto da minha vida, disso eu sabia, mas não sabia visualizar o tipo de casamento que gostaria de ter.

Meu pai, alguém que *nunca* dera a nenhum de seus seis filhos conselhos sobre questões do coração, depois de ter conhecido Ruth me disse:

– Filho, se não conseguir ficar com essa mulher, não volte mais para casa.

Eu deveria ter dado ouvidos a ele, mas não dei.

Meu relacionamento com Ruth era instável e difícil, por culpa minha. Um dos problemas era que eu nunca presenciara um casamento duradouro. Não tinha nenhuma referência ou modelo a seguir. Ruth e eu tivemos um namoro meio complicado durante três anos. Ela foi paciente e misericordiosa; eu, confuso e desconcertante.

Ao se aproximar o final da faculdade, a situação estava longe de ser estável. Após a graduação, eu havia planejado permanecer no campus até me mudar para fazer seminário no outono. Ruth tinha planos muito mais animados para o verão: estava a caminho de uma viagem missionária temporária para Zâmbia.

De cima de um trator cortador de grama eu a vi do outro lado do campus no dia em que ela estava indo para casa fazer as malas e viajar. Quando acenei, caminhou até mim para se despedir.

Sinto-me envergonhado agora em admitir, mas eu nem sequer me incomodei em descer do trator para falar com ela. Sabendo que estava prestes a iniciar a aventura com a qual sonhara a vida toda, e que eu não estaria mais por ali, pois faria seminário em outro lugar, tudo que consegui dizer, acima do barulho do motor, foi:

– Tenha boas férias de verão.

Ela me desejou o mesmo, acenou meio sem graça e partiu. Acredito ter pensado ali, bem no fundo do meu coração, não ter futuro nenhum com ela. Eu me apaixonara três anos atrás, mas ainda não sabia como desenvolver um relacionamento saudável, e lá estava ela rumo ao outro lado do mundo para realizar um sonho. Nem ao menos tentei aprender a lidar com os sentimentos dela. Nem tentei aprender a lidar com os meus.

Permaneci sentado no trator olhando Ruth ir embora; pelo menos parte de mim tinha consciência do que eu acabara de fazer. Sem dúvidas não fora *intencional*. Se tivessem me perguntado, com a maior franqueza responderia: *Nunca* faria algo contra ela de propósito. Porém, assim mesmo fiz: magoei o coração de Ruth.

****

Talvez a frase "só se dá valor quando se perde" não somente ensine tal lição, como também nos ensine a sermos mais espertos. Talvez tenha, enfim, alcançado o repentino crescimento emocional naquelas férias. Talvez as férias de verão fazendo trabalho sem esforço mental no campus me deram mais tempo para pensar sobre o que acontecera comigo nos últimos quatro anos. Fosse qual fosse o motivo, no final solitárias e problemáticas férias de verão, tive consciência de que errara feio por ter tratado Ruth daquele jeito, e não a tratei mal apenas no último dia de aula, quando não me despedi direito dela. Após três anos de relacionamento tumultuado dentro de uma montanha-russa, apavorei-me ao perceber que aquela talvez fosse a última rodada.

Surgiu então um profundo desejo de recomeçar e agir certo com Ruth, mas como?

Meu primeiro passo foi engolir o orgulho e pedir perdão. Ruth mal tinha chegado da África quando criei coragem e liguei para ela. A frieza de sua primeira reação apenas confirmou meus medos. Apressado, não demorei nos cumprimentos iniciais e em perguntas sobre como tinha sido a experiência nas férias. Fui logo pedindo-lhe perdão pela maneira grosseira e censurável como havia me despedido dela antes da viagem, pela minha falta de compromisso sólido em nosso relacionamento e por muito mais. Minha voz mais parecia de um miserável infame.

Ruth não reagiu em nenhum momento. Nenhuma reação perceptível sobre tudo que eu estava dizendo; apenas permitiu que me desculpasse. Mas captei muito bem a mensagem dita sem palavras. A conversa terminou desconfortável e com a frase:
– Bem, obrigada por ligar, Nik. Tchau! – E desligou.

Fiquei arrasado. Faria qualquer coisa para reconquistá-la. *Mas como?*

Uma semana depois, liguei para Ruth de novo e disse-lhe:
– Lá na pequena igreja onde estou pastoreando este ano teremos a semana especial com ênfase em missões. Gostaria de convidá-la para compartilhar com a congregação sua experiência em Zâmbia nas férias, as pessoas que conheceu, as carências encontradas, a forma como viu o Senhor Jesus agindo, tudo que quiser compartilhar. Depois recolheremos uma oferta de amor aos alunos que viajarão o ano que vem.

Ninguém chamado para servir num país estrangeiro recusaria a chance de falar sobre sua primeira viagem fora do país em missão. Ela jamais recusaria. Apesar de não sentir nem um pouco de ânimo da parte dela, informei-lhe a data e disse que a buscaria em sua casa naquele domingo de manhã. Ruth respondeu que não precisaria buscá-la; ela iria sozinha dirigindo. Garanti não ser "nenhum trabalho" e, além disso, a igreja era de difícil acesso, ficava naquelas ruas sem nome do interior.

****

Ruth não estava nem de perto tão feliz quanto eu em revê-la ao entrar no meu carro naquele "Domingo de Missões". Ela respondeu às perguntas que fiz sobre a Zâmbia nos mínimos detalhes. Mas não falou muito sobre quando lhe perguntei sobre as aulas do novo semestre. Eu falei mais, o tempo todo. Ela foi educada e me ouviu. Existia uma barreira visível entre mim e ela, algo nunca sentido antes.

Não tinha dúvida de que a congregação ficaria impressionada com Ruth. Ela fez um ótimo trabalho. Mesmo assim, depois do culto, ainda agia com frieza. No caminho de volta à cidade, a tensão ficou mais amena. Quando a deixei em seu dormitório, senti ter ainda alguma chance. Mais uma vez começamos a passar tempo juntos.

Nosso relacionamento parecia diferente. Em grande parte porque eu estava diferente, pronto para comprometer-me de verdade. Muitos amigos de Ruth a aconselharam a não me dar mais nenhuma chance. Não sei como, no entanto, acreditou no meu compromisso com ela. Naquele mesmo ano, pedi Ruth em casamento; ela disse "sim".

Quando fui falar com os pais dela, seu pai não me fez uma só pergunta. Simplesmente olhou para ela e disse:

– E o seu chamado para missões? O chamado para África?

Ela sorriu e garantiu ao pai:

– Nik também sempre quis servir fora do país. Trabalharemos em cima disso juntos.

Era tudo que o pai dela precisava ouvir.

– Se forem obedientes a Deus – disse, olhando para nós dois –, contem com minha bênção!

Nosso casamento foi no verão seguinte na igreja de Ruth, em sua cidade natal. O prospecto de viver um casamento me deixara muito animado. Ruth alega que também estava animada, mas, quando entrou na igreja, caiu em prantos, e chorou tanto a ponto de o pai precisar de longos minutos para acalmá-la antes de dar continuidade à cerimônia, que foi linda, numa noite maravilhosa. Ainda me lembro daquele dia como algo muito especial.

Quando vi minha mãe após a cerimônia, ela estava chorando. Abraçando-nos, disse:

– Independente do que acontecer, nunca se esqueçam de que amo vocês.

Quando minha mãe saiu, Ruth me olhou confusa e indagou:

– Por que ela disse aquilo?

– Não sei – respondi. Foi então que tive um momento intuitivo: – Mas acho que ela está largando meu pai.

Se eu tivesse dito a Ruth: "Nós vamos para Marte passar a lua de mel", ela não teria tanta dificuldade de processar como teve ao ouvir minha recente e casual especulação. As palavras recém-pronunciadas não faziam sentido algum para Ruth.

Seu pai, pastor, acabara de nos casar. Ruth nunca tivera contato com o mundo onde eu crescera. Depois descobrimos que, enquanto os convidados se reuniam do lado de fora da igreja para se despedirem dos recém-casados, minha mãe saíra de fininho do meio da multidão de carro, e nunca mais voltou pra casa.

O casamento dos meus pais chegou ao fim no dia em que o meu começou. Pensando no ocorrido, acredito que o fato de eu não ter ficado tão abalado com a notícia foi a maior causa da estranheza de minha noiva. Talvez minha reação tenha deixado mais clara a razão pela qual tive tanta dificuldade de lidar com os pontos básicos de relacionamentos e também com os princípios básicos da fé.

SETE

"Leve meu bebê!"

Duas décadas depois, Ruth e eu enfrentamos a aterradora carência na Somália. Distribuímos auxílio internacional e inspecionamos novas regiões que necessitavam de ajuda, e outros se juntaram a nossa pequena equipe. Um dos membros principais do nosso crescente grupo era um jovem chamado J.B. Ele e eu concordamos em formar uma expedição de reconhecimento de área na região centro-sul da Somália, a qual já não via visitantes havia muitos anos.

Um dos lugares avaliados parecia uma cidade-fantasma. Casas sem vida, janelas escuras, poeira voando nas ruas vazias. No entanto, logo que chegamos, uma multidão verteu de dentro das casas e na frente dos comércios. Milhares de aldeões raquíticos encheram as ruas.

Ao ouvir vozes alteradas e alarmadas, olhei por sobre meus ombros. Escandalizou-me ver meus próprios segurancas contratados xingando em somali e movimentando as espingardas para repelir as pessoas em meio ao crescente tumulto. Elas trotavam ao lado do caminhão, tentando esticar os braços para *pegar* os alimentos que trazíamos.

Minha primeira reação foi reclamar da atitude violenta dos meus funcionários para com as pessoas que tínhamos vindo ajudar! No entanto, minha indignação com os guardas, quase no mesmo instante, transformou-se em absoluto pavor quando entendi que muitos daqueles em volta do veículo não estavam determinados a pegar os suprimentos. Em vez disso, a intenção era tentar *nos dar* o que tinham de mais precioso.

Minha fluência em somali me permitia entender a mãe frenética correndo do lado do caminhão, chorando e implorando: – Levem meu bebê! Todos os meus filhos morreram. Por favor, salvem este. Ela tentou jogar o bebê pela janela aberta do passageiro. Sem me mexer, sentado ali em estado de choque, o motorista esticou o braço para o meu lado e girou a manivela da janela a fim de impedir que qualquer mãe jogasse um bebê faminto no nosso colo. O motorista acelerou em meio à multidão. Não sei como não atropelamos os citadinos. Somente quando estávamos bem distantes analisamos a pós-operação do ocorrido. Por um lado, ficou bem claro que poderíamos ter sido mortos por causa dos mantimentos e combustíveis que transportávamos. Por outro, o desespero daquelas mães me deixou alarmado. Qual seria a minha reação caso fosse a minha família passando fome? Daria meu filho para estranhos se fosse a única solução para que ele sobrevivesse? Essa questão me perseguiu.

****

Nossa equipe estava mais preparada quando chegamos a outro vilarejo. Daquele dia em diante, entramos em cidades povoadas apenas após o pôr do sol. Debaixo do disfarce da noite, procurávamos construções abandonadas onde conseguíssemos acampar longe da vista de todos. Cedo na manhã seguinte, deixávamos os motoristas e alguns guardas com os veículos escondidos e alguns de nós seguíamos em direção ao centro da cidade, até um lugar bastante movimentado. Ali, sem os veículos ou alimentos para servir de distração ou tentação, puxávamos conversas sobre a história recente do local, e procurávamos conhecer as necessidades mais sérias dali. De posse das informações, normalmente voltávamos para onde estavam os veículos sem atrair mais do que um pequeno grupo de crianças que nos observava sair com pressa da cidade antes de os carros ou os alimentos serem vistos por toda comunidade.

Conforme viajávamos para mais longe, encontrávamos ainda mais sofrimento. Alguns vilarejos estavam totalmente vazios, pois todos haviam abandonado seus lares e fugido para se salvar. J.B. e eu deparamos com outro vilarejo seguindo uma trilha de corpos em decomposição, muitos apenas esqueletos largados ao chão. Acredito que conquistamos certa admiração e lealdade dos funcionários muçulmanos, porque parávamos e prestávamos respeito aos mortos ao cavar túmulos rasos a fim de oferecer um enterro *decente* muito simples, mas religiosamente essencial, a cada um dos primeiros corpos largados. Porém, quanto mais perto do vilarejo, mais corpos espalhados víamos. Não teríamos tempo nem energia para enterrar todos.

Lembro-me nitidamente de J.B. ajoelhado no solo arenoso, cavando um pequeno buraco com a baioneta, embrulhando em pedaços de trapos o que restou de um corpo ósseo de um somali morto de fome, e com delicadeza acomodando-o naquele "buraco", depois coberto com areia e pedras. Em seguida, ele retirou o chapéu e fez uma oração. Ainda hoje revejo esta cena: os guardas muçulmanos observando um homem americano branco com todo respeito enterrando e orando pelos seus mortos. A imagem é poderosa. Sem dúvida, um testemunho transcendente.

****

Quando encontramos o caminho pelo silêncio assustador e emaranhado de cabanas, começou a ficar claro o que acontecera ali. Os corpos que tínhamos enterrado pelo caminho, evidentemente, pertenciam aos homens daquele vilarejo. Prestes a morrerem de fome, maridos, pais e irmãos, sentindo-se ainda fortes para saírem à procura de ajuda para a família e vizinhos moribundos, não aguentaram e morreram.

Os entes queridos deixados para trás também não aguentaram, e é bem provável não terem vivido muito tempo depois. O verde exuberante em volta do vilarejo transmitia a sensação enganosa de um paraíso tropical. O canto dos pássaros, o desabrochar das flores. As cabanas silenciosas de telhado verde de construções típicas de pau a pique africano, no entanto, contavam uma história diferente. As estruturas revelavam o desgaste de muitas estações passadas – evidência bem clara do abandono de meses, ou até mesmo de anos. As cenas do lado de dentro das cabanas acentuavam a atrocidade. Lugares onde antes havia casas de família tinham virado sepulcros abertos.

Em uma cabana encontramos os corpos de duas meninas que aparentavam a idade dos meus filhos. Uma delas, deitada na cama segurando uma escova ainda enroscada nos cabelos, dava a impressão de que estava se preparando para morrer bem-arrumada. A irmãzinha sentava-se encurvada no chão batido ao lado dos restos ressequidos da velha vovó, que ainda segurava uma colher usada para mexer algo semelhante a capim verde numa vasilha de sopa.

Aquela triste composição quase parecia ter sido montada como parte de um *tableau* surrealista da morte, com os figurantes ocupados nos afazeres diários no local onde passaram a vida e onde aguardariam a morte.

Após assimilar a cena, minhas palavras desapareceram. Voltando para o veículo, um dos funcionários somali respirou fundo e com sobriedade fez a seguinte observação lancinante:
– Sabe, Dr. Nik – comentou –, antes a Somália era chamada de *país de terceiro mundo*, agora nos chamam de *país pré-histórico*.

A aflição emocional identificada em sua voz esmagou meu coração.

A averiguação continuou de vilarejo a vilarejo, muitos abandonados por completo ou ocupados apenas por mortos. A maioria encontrada viva estava moribunda. O vazio no olhar de cada um deixava claro que não havia mais qualquer esperança.

Outro vilarejo estava cheio de pais enlutados cujos filhos adoeceram e morreram. Não tínhamos nada a lhes oferecer para amenizar a tristeza e a dor. Então, dias depois, encontramos outro vilarejo onde não mais havia adultos, todos mortos de fome após terem oferecido a última refeição aos filhos para mantê-los vivos. Transportamos os órfãos desse vilarejo para o primeiro e oramos para que tal feito fosse uma forma de consolo nas famílias reconstituídas de imediato ali.

****

Duas semanas de viagem, e ainda tínhamos esperança de alcançar mais vilarejos. No entanto, os moradores nos alertaram sobre o perigo das estradas carregadas de minas terrestres para limitar a locomoção de clãs rivais. Fomos informados de que o único caminho seguro mais ao sul ou oeste seria andar fora das pistas e dirigir acompanhando os leitos dos rios acima. Estávamos em época "chuvosa", e a proposta também era bem perigosa.

Naquele momento desistimos de completar uma inspeção mais extensa na região sul da Somália. Deixamos grande parte do suprimento numa colônia de leprosos e partimos para a cidade litorânea de Kismayo. Sabíamos de uma agência de ajuda humanitária das irmãs que poderia nos ajudar na volta a Mogadíscio. Dali retornamos a Nairóbi, onde compartilhamos as dolorosas descobertas com os representantes da comunidade internacional de desastres e socorros.

Quando tracei a rota no mapa para mostrar onde estivéramos, destacando os vilarejos abandonados, aqueles com pessoas vivas e outros onde sobreviventes desesperados estavam prestes a morrer de fome, a coalizão internacional se mostrou grata pela informação. Disseram que nossa equipe de exploradores representava os primeiros estrangeiros naquela região da Somália desde o início da guerra civil em 1988, quatro anos atrás.

Entretanto, ficamos desanimados com a conclusão imediata diante das condições de periculosidade e da distância de Mogadíscio: seria impossível estabelecer pontos de distribuição para qualquer resposta internacional na área inspecionada. Assim, aqueles que estavam presentes na reunião concordaram em providenciar algum recurso por meio de lançamento aéreo de alimento. Os aviões sobrevoariam com velocidade e altura bastante reduzidas as áreas habitadas e literalmente lançariam do ar os paletes de alimentos e medicamentos em campos vazios próximos às comunidades em condições mais caóticas.

A frustração atingiu meu coração, pois queria fazer mais, mas me animei por saber que os esforços haviam resultado em pelo menos algum benefício. E tal animação durou até... saber da primeira missão de lançamento aéreo de alimentos.

Trabalhadores de ajuda humanitária, bem-intencionados, cometeram o grande erro de avisar aos moradores de um dos vilarejos o dia e a hora do lançamento. Depois de eu ter visto como as pessoas afluíram em volta do caminhão, pude imaginar a cena no campo ao ouvirem o rugido do avião se aproximando. Jamais imaginaria a tragédia que ocorreu. A população encheu o campo e, na empolgação, tentou pegar os sacos gigantes de farinha, arroz e milho que caíam rodopiando no ar com toda força da parte de trás do avião, que passava a trinta metros do solo. Muitos se feriram e alguns morreram ao tentar agarrar suprimentos lançados para justamente salvar-lhes a vida.

Com desespero, mais uma vez clamei: *Como alguém seria capaz de ajudar a melhorar um lugar como a Somália? Um único descuido impensado pode acarretar uma tragédia gerada da tentativa de fazer o bem! O que estamos fazendo aqui?*

****

Muitas vezes o problema não é apenas a ingenuidade de pessoas de boas intenções. Muitas vezes o problema é o mal capaz de transformar as melhores intenções em tragédias inenarráveis.

Certa manhã, nossa equipe descarregou um caminhão cheio de suprimentos e medicamentos essenciais em um pequeno e esquecido vilarejo destruído pela guerra. Vimos a expectativa nos rostinhos das crianças famintas enquanto calculávamos a cota de alimento para cada família e a entregávamos às mães. Vimos a esperança renascer nos olhos gratos dos pais, pois, finalmente, tinham motivos para acreditar que salvariam a vida dos filhos. Voltamos felizes para casa pelo trabalho realizado; sabíamos ter feito a diferença.

Após pouco tempo, soubemos do restante da história. Muitos dias depois da nossa visita, o clã vizinho invadiu e atacou o miserável vilarejo socorrido. Após praguejar e vilipendiar os pobres aldeões por terem a audácia de aceitar ajuda de socorro antes dos "mais merecedores" receberem suas cotas, os invasores roubaram o que havia sobrado. Antes de deixarem o local, os agressores abusaram das mulheres e das meninas, e depois torturaram e humilharam os homens debilitados dali.

A notícia me deixou fisicamente abalado. E esse sentimento piorou quando soube que os aldeões que tentamos ajudar foram alertar outros dos vilarejos circunvizinhos dizendo-lhes: "Não se atrevam a roubar a comida ali. Eles são capazes de acabar com vocês!".

Toda minha ira se voltou contra um mal capaz de distorcer nossas melhores intenções em arma perversa e depois lançar a culpa em nós por ter provocado tanta dor. Percebi se tratar de um inimigo perigoso capaz de infligir feridas profundas nos corações e corpos tanto em quem oferece quanto em quem recebe ajuda num lugar como a Somália.

****

Eu lidava com estado de choque todas as vezes que entrava ou saía da Somália. Parecia ir para outro planeta, apesar de a viagem ser de apenas poucas horas.

Chegar à Somália era como entrar no mundo do Antigo Testamento.

Na Somália, eu acordava num lugar insano e hostil, um inferno dominado pelo mal, um mundo sem comida suficiente para transformá-lo num lugar habitável, um mundo onde as crianças não podiam ir à escola e onde poucas atingiam a puberdade, um mundo onde os pais não esperavam ver seus filhos se tornarem adultos.

E, em seguida, talvez no mesmo dia, em Nairóbi, deitava numa cama diferente, num mundo menos insano (mais parecido com o céu), onde minha esposa e três filhos celebravam minha chegada com jantar em família e sobremesa especial. Esse mundo diferente e são era o lugar onde meus filhos frequentavam escola, onde eu arbitrava o jogo de basquete disputado por eles, onde tínhamos hospitais e médicos, energia elétrica e saneamento básico, supermercados, postos de gasolina e muito mais. Não conseguia conciliar o fato de viver em dois mundos diferentes localizados não apenas no mesmo planeta, mas no mesmo continente, em países vizinhos.

Não sei se era a maneira mais saudável de lidar com a desconexão, mas, com o tempo, aprendi a apertar um botão mental no momento em que o avião decolava da Somália. Então, dizia a mim mesmo: *Estou indo para casa. Indo para minha esposa Ruth e meus filhos!* E aos poucos baixava a guarda e relaxava. Da mesma maneira apertava o botão mental todas as vezes que seguia para outra direção. *Estou voltando para aquele mundo de novo!* Meus sentidos instintivos se transformavam em alerta máximo para me concentrar, mais uma vez, nos desafios do trabalho, da vida e de continuar vivo na Somália.

A transição nem sempre era tão instantânea. A reconciliação dos dois mundos ainda não ocorria de modo tão completo. Notei isso sempre que me pegava vivendo duas reações emocionais quase opostas em quase todas as interações mais corriqueiras de família. Por exemplo, se escutasse meus filhos discutindo, sentia a indignação crescendo dentro de mim, e começava a lhes dar um sermão sobre como deveriam ser gratos por viver no Quênia e não na Somália, onde a maioria das crianças na idade deles já estava morta ou quase morrendo.

Noutros momentos, muitas vezes apenas alguns segundos depois do sermão, olhava para os meus filhos e, de repente, me sentia tão abençoado e, tomado pela emoção, começava a chorar. Sentia vontade de agarrá-los com um grande abraço apertado e cobri-los de beijos.

****

Naquela época, eu já tinha ido a Somália e voltado de lá inúmeras vezes, permanecendo no país desde alguns poucos dias até várias semanas de cada vez. Tentávamos não preocupar os meninos com os detalhes de tudo o que fazíamos, mas, sem dúvida, sabiam da situação naquele local.

Após a viagem de reconhecimento de área na parte sul da Somália, porém, depois de ser lembrado dos grandes riscos de trabalhar ali, senti a necessidade de fazer uma reunião familiar e conversar sério sobre algo de dentro do meu coração. Ruth e eu reunimos os meninos. Shane tinha treze anos, Timothy, onze e Andrew, seis.

Olhei para meus filhos e disse:

— Meninos, quando morávamos nos Estados Unidos, antes mesmo de nascerem, sua mãe e eu tivemos de responder a uma pergunta muito importante: *Estávamos dispostos a viver para Jesus?* Vocês sabem, a mamãe tomou tal decisão ainda criança. E também sabem da minha história. De quando eu tinha dezoito anos e tomei a decisão de seguir a Jesus. Bem, antes de nos casarmos, sua mãe e eu nos certificamos de que concordaríamos com isso e decidimos servir a Jesus juntos, como casal e família. Depois, quando pensávamos em trabalhar em outro país, precisamos responder à outra pergunta importante: *Estávamos preparados para IR com Jesus e viver para Ele em outra parte do mundo?* Viemos morar na África depois de ter respondido "sim" a essa outra pergunta. Agora, viemos morar no Quênia para levar mantimentos e medicamentos para alimentar e salvar vidas de milhares de pessoas, filhos, pais, a família toda, que vivem na Somália. A razão do nosso trabalho é mostrar o amor de Deus ao povo, que nunca teve a oportunidade de conhecer Jesus e seu amor por eles. No entanto, em virtude de o país ser tão difícil e perigoso, e muito ruim no momento, sua mãe e eu tivemos de responder uma pergunta muito mais difícil. Sempre dissemos estar prontos para *viver* para Jesus. Depois, decidimos *ir* com Jesus. A resposta foi "sim" para as duas situações.

Mas agora precisamos nos perguntar: *Estamos preparados para MORRER por Jesus?*

Não queríamos assustar os meninos. Tivemos o cuidado de fazê-los entender que não esperávamos morrer. Eles tinham certeza de que não queríamos morrer. Afirmamos que tomaríamos todo cuidado possível para nos proteger. Porém, após a experiência na Somália, e sabendo dos desafios, gostaríamos que conhecessem a seriedade da situação. Queríamos que entendessem como era importante para Ruth e eu cumprirmos o chamado de Jesus para a família. Não gostaríamos que nossos filhos tão pequenos desejassem a morte do pai, porém gostaríamos que deixassem Jesus governar. Nosso desejo era que confiassem em Jesus em todos os detalhes de nossa vida.

Estávamos tão determinados a ser obedientes que foi bom não saber naquela época o desenrolar do compromisso nos meses e anos a seguir. Se eu soubesse o que nos aguardava, não posso afirmar que teria fé, naquela época, para escolher continuar em frente.

OITO

Os mosquitos venceram

O tempo no Chifre da África logo me convenceu do seguinte: nada em meu treinamento educacional ou profissional havia me preparado para enfrentar a vida na Somália. Escrevi uma carta para a pessoa mais responsável por me preparar para a vivência transcultural.

Querido pai,
Desde quando chegamos à África, descobri que muito pouco da minha vivência acadêmica ou profissional me preparara para amar, viver e trabalhar com os africanos. Contudo, crescer numa família como a nossa, com os valores que me foram incorporados pelo senhor e a mamãe: a obrigação de assumir responsabilidade, a importância de tratar bem as pessoas, a intensa ética de trabalho, o valor de trabalhar com minhas mãos, gastar tempo com pessoas comuns do nosso dia a dia, tudo são lições e aptidões que coloco em prática todos os dias aqui. Até mesmo compreender o ciclo da vida, desde o plantar das sementes até o nascer dos animais, o crescer da plantação e o cuidado com o gado, a colheita e o abate do alimento que consumíamos, tais aprendizados durante meu crescimento me ajudaram a entender melhor as pessoas, incluindo a interação com aquelas que cultivam o solo ou pastoreiam camelos ou bodes neste lado do mundo.
Não dei valor suficiente à rotina ensinada pelo senhor enquanto crescia. No entanto, agora, está bem claro: era plano de Deus o senhor ser meu pai, para assim eu ser preparado para viver entre as pessoas do mundo. Tudo que aprendi do seu lado, na fazenda e na construção, agora uso num país estrangeiro. O senhor me instruiu de

um jeito que poucos têm o privilégio de viver. O senhor me deu aquilo que a faculdade e o seminário jamais poderiam me dar. Gostaria que soubesse o quanto valorizo e aprecio nossa herança de família. Obrigado, papai.

Com amor, Nik.

Ruth e eu havíamos planejados sair do país em missão logo após o término de minha formação educacional. Porém, quando meus pais se divorciaram, meus dois irmãos mais novos e minha irmãzinha ainda moravam em casa, e tive de aguentar as amargas consequências da situação. Seria melhor para todos morarmos perto por um tempo para encorajá-los e dar-lhes apoio emocional.

Ficamos perto de casa depois de eu terminar a faculdade e me tornar pastor de uma pequena igreja da cidade. Ali Ruth deu à luz nosso primeiro filho, Shane. Depois, mudamos para outra igreja, em outra cidadezinha de Kentucky. Ali nasceu nosso segundo filho, Timothy.

Ser pastor, apesar de me satisfazer, nunca me trouxe realização. Sentia ter as habilidades para a função, mas nunca acreditei que ser pastor pelo resto da minha vida nas igrejas em Kentucky era o que Deus queria de mim.

Certa vez, no início da década de 1980, recebemos um pregador de outro país em nossa igreja. Quando ele fez o apelo após a pregação, Ruth e eu, que estávamos em lugares diferentes do templo no dia, não nos consultamos antes e ambos fomos a frente para orar e renovar o compromisso pessoal de servir ao Senhor em outro país. Nós dois sentimos Deus falar a mesma coisa ao mesmo tempo. Sem demora demos início à documentação de solicitação para servir fora do país.

Não sei quanta papelada o apóstolo Paulo teve de apresentar antes de sua primeira viagem fora do país. No entanto, em quase dois mil anos, desde o início do ministério de Paulo, parece que a maioria das denominações e ministérios conseguiu desenvolver o que chamam de burocracia de base bíblica.

O processo de solicitação se arrastou por meses até conseguirmos superar todos os obstáculos e finalmente marcarmos uma entrevista pessoal com o comitê administrativo. O comitê era responsável por endossar e aprovar todas as nomeações internacionais. Enfim, tivemos a oportunidade de conversar com eles. Os membros do comitê se impressionaram com Ruth logo de início. Ela contou como tinha sido chamada a servir a Deus em outro país, ainda no terceiro ano do Ensino Fundamental; contou como o projeto sobre a África no sexto ano a ajudou a confirmar o chamado específico para África e também como a ida à Zâmbia, durante as férias, lhe dera ideias realistas sobre a vida no terceiro mundo e eliminara qualquer dúvida sobre seus planos de carreira.

Quando me fizeram a mesma pergunta, querendo saber como fora meu chamado, olhei ao redor da sala e respondi:

– Li Mateus 28.

Eles pensaram que talvez eu não tivesse entendido muito bem a pergunta. Com bastante paciência, explicaram a importância de ter recebido um chamado especial antes de sair pelo mundo e realizar tal trabalho. Eu não estava querendo bancar o sabe-tudo ou ser desrespeitoso, mas respondi:

– Não, *os senhores* não entenderam. Li Mateus 28, em que Jesus disse aos seus discípulos: "VÃO!" Então, estou aqui tentando ir.

Minha resposta causou trinta minutos de explicação sobre a diferença entre o chamado à salvação e o chamado ao ministério. Informaram-me que era necessário um chamado específico para levar o Evangelho pelo mundo afora, e, talvez, um quarto chamado para um lugar específico no mundo. Depois, perguntaram minha opinião sobre a explanação.

Eu era tão novo e ingênuo que acreditava que aquelas pessoas queriam mesmo ouvir minha opinião. Então... dei minha opinião:

— Bem, segundo me parece — comecei —, vocês inventaram um "chamado" a missões que permite às pessoas que desobedeçam àquilo que Jesus já ordenara a todos.

Minha resposta não foi a melhor. Quando ficaram sem reação diante de minha resposta, olhei para minha esposa e a vi chorando em silêncio. De repente, pensei: *Essa não, acabei de servir de empecilho para Ruth algum dia cumprir seu chamado a África — pois eu não sabia usar os códigos denominacionais.*

Não sei como, o comitê aprovou em votação nossa ida, apesar da minha resposta. O resultado me deixou emocionado e feliz, mas ainda não entendia a distinção sobre diferentes chamados. E, sinceramente, ainda hoje não consigo entender.

Atualmente, quando falo nas igrejas, sempre sugiro a leitura de Mateus 28. Quando li aquele capítulo, percebi que Jesus nunca disse *se você for*. Ele somente diz *onde* ir! Deus pode especificar o lugar de destino, o *"onde"*. Mas não há negociações sobre o mandamento de ir; Deus já deixou nossa primeira tarefa clara. Quando tentamos evidenciar isso ao comitê em 1983, a reunião terminou ali.

****

Tivemos a reunião oficial para Malawi em 11 de agosto de 1983. Depois participamos de alguns meses de treinamento especializado e preparação antes de estarmos prontos.

Partimos para Malawi no Ano-Novo de 1984. Chegamos ao aeroporto com montanhas de malas. Já tínhamos encaixotado e despachado tudo de que precisaríamos para montarmos uma casa para os próximos quatro anos. No entanto, era necessário carregarmos conosco todas as roupas, suprimentos e objetos pessoais até o navio chegar um ano depois.

O agente do portão lançou um olhar de crítica à gigantesca pilha:

— Para qual parte do mundo estão indo? — quis saber.

Dissemos que estávamos indo a Malawi para ficar quatro anos e explicamos o que faríamos. Indo em direção a Shane, então com cinco anos, e Tim, com três, ele indagou curioso:
– E estes meninos vão com vocês?
– Não tenha dúvida! – respondemos.
O homem se esticou e viu a família toda de Ruth e a minha atrás da gente para se despedirem. Todos com os olhos cheios de lágrimas. Então começou a colocar a bagagem na esteira. Perguntou aos meninos se gostariam de fazer um passeio especial, içou Shane e Tim e os colocou em cima da última mala já em movimento. Depois, foi acompanhando-os seguindo o movimento da esteira até ficarem fora da vista. O agente deixou os meninos passearem na esteira de malas até o fim do terminal do aeroporto internacional de Louiseville, ida e volta (muito antes de 11 de Setembro!) para verem onde todos seus pertences seriam carregados para o avião. Alguns minutos depois, trouxe os meninos de volta para fazerem o *check-in*, e afirmou: jamais se esqueceriam da primeira viagem de avião.

A despedida foi uma mistura de emoções. A família de Ruth estava muito empolgada, claro. Mas acredito que muitos membros da minha família ainda tentavam entender por que sentimos a necessidade de fazer o que estávamos fazendo.

Eu também estava tão empolgado e incerto sobre o que esperar quanto meus filhos diante da pré-escola. Nunca havia viajado para fora do país antes, nunca tivera um passaporte, não sabia nada sobre o cansaço de uma viagem internacional.

Quando chegamos a Malawi, fomos recebidos por trinta pessoas muito animadas, líderes da igreja e trabalhadores americanos, as quais seguravam faixas com os dizeres: "Sejam bem-vindos, Ripkens". Parecia uma recepção de boas-vindas ao lar mesmo antes de sabermos que a África se tornaria nosso lar durante os próximos 27 anos.

Após algumas semanas estudando chichewa, nosso professor de idiomas nos levou para conhecer o país. Pudemos escolher onde morar e trabalhar. Apesar de a decisão requerer o aprendizado de mais uma segunda língua tribal, escolhemos viver entre o povo tumbuku nas montanhas próximas à cidade Mzuzu, a capital regional do norte de Malawi. Ali ajudamos a iniciar igrejas e também trabalhamos com as igrejas vizinhas de Tumbuku. Também implantamos e/ou cuidamos de muitas igrejas em Chichewa.

Desde logo nos apaixonamos pelas pessoas de Malawi. Fomos recebidos de braços abertos e eram incrivelmente receptivos para aprender sobre Jesus. Os malawianos também estavam entre os povos mais amorosos, generosos e hospitaleiros de qualquer outro lugar do mundo. Quando eu precisava passar a noite dormindo ao relento, os aldeões, às vezes, carregavam um estrado e um colchão pelas trilhas acidentadas para me proporcionar mais conforto.

Poderíamos viver felizes o resto da vida trabalhando com o povo de Malawi. Todos da família amavam a terra e o povo. Infelizmente, não tivemos escolha.

****

Ao longo do segundo ano na África, membros da nossa família começaram a adoecer. Ruth começou a sentir fortes dores de cabeça, Shane reclamava de dor na barriga e Tim de dor de garganta. Tais indisposições se repetiram várias vezes. Por fim, descobriram que estávamos lidando com a malária. Na verdade, todos da família foram diagnosticados com malária.

Quando tratamentos normais não funcionavam mais, tornou-se claro, para nosso pesar e tristeza, que era impossível permanecermos em Malawi. Certa manhã, acordei com calafrios horríveis e pedi a Ruth que se deitasse na cama para me aquecer. Assim que o fez, ela exclamou:

– Amor, sua pele está me queimando.

Então correu até o hospital e trouxe um médico amigo que já diagnosticara nossa malária.

Achei que era brincadeira do médico quando perguntou:

– Nik, você quer se encontrar com Jesus?

Talvez alguns amigos tivessem planejado a brincadeira para mim e logo pensei: *Sei a resposta!*

— Sim, claro. Quero ver Jesus — respondi.

Ele olhou para mim e retrucou:

— Se não sair rápido deste país, meu camarada, é bem provável que muito em breve veja Jesus.

NOVE

Por que não fiquei de boca fechada?

Vivíamos em Malawi há menos de dois anos. E obviamente todos estávamos suscetíveis à malária e a adoecermos cada vez mais a cada semana. Após orações e conversas, nossa liderança concluiu, de coração apertado, não ser mais possível permanecermos em Malawi. A liderança nos deu algumas opções de escolha: poderíamos voltar aos EUA ou ficar na África do Sul, onde não havia risco de contrair malária. Por conta do chamado, a escolha foi difícil.

Quando saímos de Malawi, nosso líder encerrou a triste ocasião com o seguinte lembrete:

– Servir a Deus, não importa onde, é uma questão de obediência.

Muitos de nossa família e amigos mais íntimos imploraram que voltássemos aos EUA a fim de receber tratamento melhor, mas sabíamos que os médicos na África tinham mais experiência em doenças tropicais. Decidimos dar continuidade ao trabalho num país diferente. Queríamos ser obedientes ao chamado independente do lugar onde estivéssemos.

A mudança de Malawi para a África do Sul foi bem complicada. A sensação era que estávamos mudando para outro mundo.

Em Malawi, novas igrejas pareciam brotar em todo lugar. O país parecia a versão moderna do livro de Atos. O Espírito de Deus se manifestava, e tínhamos sido parte disso. A fome espiritual das pessoas ali era impressionante.

No entanto, a África do Sul se revelou um lugar bem diferente. Como os europeus já tinham trazido as Boas-Novas de Cristo para o país há mais de 250 anos, tínhamos a impressão de que em todo lugar já existiam igrejas construídas. A religião cristã parecia tão bem estabelecida na cultura (apesar de às vezes não ser bem aplicada) que não havia muito interesse em plantar novas igrejas.

As calorosas boas-vindas e a sensação imediata de ter chegado em casa que tínhamos vivenciado em Malawi refletiam o coração e o espírito daquele povo composto dos seres humanos mais bondosos, generosos, receptivos e amorosos do planeta. Chegamos à África do Sul no auge do *apartheid*, e deparamos com a disfarçada e muitas vezes inconfessa (mas sempre presente e palpável) sensação de tensão, desconfiança, medo e raiva no povo, espalhada por todo o país. A hostilidade gerada e alimentada pelo racismo era como um tumor maligno devorando o coração e a alma da nação.

Eu achava que entendia um pouco a psicologia do racismo e da intolerância, mas o racismo que encontramos na África do Sul era exacerbado e elevado à milésima potência.

Trabalhamos grande parte do tempo com o povo xhosa. Logo, estávamos estudando a terceira língua africana em apenas três anos. Em função de a maioria do povo xhosa ser obrigada a morar na parte negra do país, chamada Traskei, foi lá onde escolhemos morar.

Depois de algum tempo já estabelecidos, tive uma conversa com um oficial do governo africano. Disse a ele onde morávamos, e sua reação foi de surpresa ao saber que minha família e eu tínhamos escolhido morar entre os negros com os quais trabalhávamos.

Por curiosidade, e, talvez, um toque de litigiosidade, perguntei:

– Já que, obviamente, tenho permissão de morar com minha família na região designada aos bantustões negros, onde ministramos, será que um dos pastores negros dessa mesma região teria liberdade de morar perto de mim na República da África do Sul, nas redondezas de Transkei, se assim quiser?

Não sei se aquele homem já havia ouvido tal pergunta antes. Ele hesitou um pouco antes de dar um sorriso forçado e, com certa frieza, me garantiu de que eu era livre para morar onde quisesse com minha família. Tinha essa escolha. Contudo, a mesma escolha não era oferecida ao pastor negro.

Desnecessário dizer que, após receber tal "clarificação", nada ficou "claro" sobre os mal-entendidos relacionados às regras ditas e não ditas que, sem dúvida, se aplicavam ao *apartheid*. Quando meus filhos andavam de bicicleta em Transkei, crianças negras, às vezes, jogavam pedras neles, pois eram brancos na região da África do Sul. Com muita frequência, guardas bantustões me paravam e questionavam, inevitavelmente suspeitando de qualquer homem branco dirigindo na área.

Também houve ocasiões, fora de Transkei, nas quais guardas brancos me paravam e levavam até a delegacia para perguntarem como eu tinha coragem de permitir que minha família vivesse com "pessoas daquele tipo". Dizer que eu amava "pessoas daquele tipo", pois qualquer ser humano carece do amor e da graça de Deus, não parecia uma resposta satisfatória aos interrogadores.

****

Desfrutamos um ministério gratificante, fizemos muitas amizades queridas em ambas as comunidades, negra e branca, celebramos o nascimento de nosso terceiro filho, chamado Andrew, e vivemos na África do Sul durante quase seis anos.

Naquela época, Ruth e eu começamos a ler o livro de Atos juntos de novo. Ao estudarmos e conversarmos sobre os primeiros seguidores de Cristo, entendemos que a Grande Comissão de Jesus, em Mateus 28, significava seguir os exemplos dos apóstolos de Atos. Fomos profundamente tocados por Deus sobre irmos aonde o Evangelho ainda não tivesse chegado, lugares em que as pessoas tinham pouco ou nenhum acesso a Cristo. Apesar de ainda haver trabalho importante a ser feito na África do Sul, nenhum de nós se sentiu chamado a continuar o trabalho num país onde Jesus já fora proclamado há séculos.

Entramos em contato com a nossa liderança no início de maio de 1991 para informar-lhes que desejávamos ir aonde não havia igreja, um lugar aonde o Evangelho ainda deveria chegar. Fomos ouvidos com muita atenção e respeito e nos informaram a intenção de explorar a viabilidade de um novo trabalho no Sudão ou na Somália. Ruth e eu começamos a pesquisar e orar sobre as duas possibilidades.

****

No final do mesmo mês, conversei mais sobre o nosso desejo com um dos nossos líderes numa conferência no Quênia. Ele organizou uma visita ao campo de refugiados das Nações Unidas na região litorânea do Quênia. Milhares de somalis que tinham fugido de sua terra natal estavam retidos ali.

Fui informado não haver ninguém na nossa organização trabalhando com os muçulmanos na época e, portanto, não tinha um colega a quem recorrer para alguns conselhos úteis. A única palavra a respeito veio de uma antiga missionária no Quênia:

– Cuidado, Nik, 99,9% dos somalis são muçulmanos e devoram cristãozinhos como você no almoço!

Peguei um avião até o litoral do Quênia e um táxi para sair de Mombaça em direção ao Norte até chegar ao primeiro campo de refugiados. Entreguei a documentação com a permissão de entrar "em nome de uma organização humanitária para investigar as possibilidades de futuros projetos aos refugiados somalis".

Eu estava apenas a alguns quilômetros ao sul da fronteira da Somália e Quênia, parado do lado de fora do portão de um acampamento que abrigava dez mil somalis. Não tinha muita certeza do que poderia conseguir realizar, afinal, nunca conhecera ou nem mesmo vira um somali antes. Naquele momento em minha vida, nunca sequer conhecera ou muito menos conversara com um muçulmano. Não sabia falar somali, nem conhecia a cultura do povo. Lá estava eu sozinho, pois não passara pela minha cabeça levar alguém mais experiente comigo.

Antes de perder a coragem de fazer aquilo que me levara até lá, respirei fundo e passei voando pelo portão. Uma vez dentro, muitos somalis se aglomeraram em minha volta, ansiosos para conversar e contar suas histórias. No primeiro instante, o número de pessoas que falava inglês me impressionou. Então notei que bem possivelmente os companheiros vivendo em situação esquálida no campo de refugiados eram alguns dos mais privilegiados da sociedade somali. Somente os com melhor educação, os melhores profissionais e os cidadãos mais abastados daquela nação dispunham de recursos para escapar dos horrores de sua terra natal.

Logo conheci um jovem universitário simpático chamado Abdi Bashir, que me apresentou aos seus amigos, aliás, muito interessados em praticar a língua inglesa com o visitante americano. Fiz muitas perguntas e ouvi as histórias que contaram. Todos tinham uma história para contar.

Soube que a maioria da população daquele campo era formada por somalis instruídos: professores, empresários, antigos funcionários do governo. De modo geral, pareciam pessoas motivadas e competentes. Muitos haviam esgotado todos seus recursos pessoais e os da família para escapar da violência do país.

Fugiram de tudo que lhes era familiar, sonhando encontrar uma vida melhor para si mesmos e a família. Como deve ter sido desonroso para todos ali viverem confinados e amontoados num complexo cercado, morando em tendas, usando latrinas compartilhadas sem água encanada. Ainda possuíam alguns poucos bens, mas não tinham recursos financeiros e nem ideia de quando ou para onde iriam depois dali. Lamentavelmente, o poder de opinar sobre o próprio futuro não estava muito diferente de quando moravam na Somália.

Não tive como não me intimidar pelo alerta que recebera. Percebi que não poderia mencionar ser um seguidor de Jesus.

Minha decisão de assim agir foi reforçada quando descobri (para meu terror) o que acontecera após uma organização cristã com boas intenções entregar dez mil Bíblias naquele mesmo campo. As pessoas usaram a maioria delas como calçadas por cima da lama, e o restante como papel higiênico nas latrinas. Tal tratamento tão ignominioso do nosso livro sagrado serviu apenas como demonstração da força da crença, da supremacia do islã e da hostilidade em relação ao cristianismo. Por isso eu não queria provocar uma situação em que estava em desvantagem, um contra dez mil.

Por fim, decidi descobrir que tipo de reação haveria ao perguntar ao meu jovem dedicado amigo, Abdi Bashir:

– Você conhece meu amigo Jesus Cristo?

Mas estava despreparado para o que aconteceu logo em seguida.

Ele, no mesmo instante, pulou, ficou em pé e começou a falar em tom ríspido com outro jovem próximo. Sem demora já havia um grande número de homens espremendo-se e gritando uns com os outros de lá e pra cá. Achei ter provocado um motim. Ali estava eu encurralado numa cerca de metal, com lâminas cortantes pontiagudas no topo, sem ter por onde escapar. Em pouco tempo, um grupo de talvez trinta jovens se amontoou à minha volta discutindo em alta voz, gesticulando desordenadamente, com saliva espirrando para todo lado.

Eu não sabia que era um comportamento normal dos somalis, que costumam ser bem expressivos. Conseguia captar "Jesus Cristo" isso, "Jesus" aquilo. Pensei: *Por que não fiquei de boca fechada?*

Por fim, Abdi Bashir virou-se para mim e declarou:

– Não conhecemos seu amigo Jesus! Mas Mahmoud acha que ouviu falar dele e pode ser que esteja no outro campo de refugiados lá no final da rua. É só sair pelo portão, virar à esquerda, chegar ao outro acampamento e perguntar por Jesus Cristo; lá talvez o encontre.

Esse episódio me deixou tão abalado que resolvi seguir o conselho do jovem: caí fora o mais rápido possível. Em vez de seguir até o final da rua, para assim chegar ao outro acampamento, voltei para Mombaça, peguei um avião de volta para casa e nunca mais retornei àquele campo de refugiados.

Esse foi o fim da experiência nada encorajadora de tentar falar com os somalis muçulmanos sobre Jesus.

****

Já de volta à África do Sul, disse a Ruth:

— Nunca vi um povo tão perdido como aquele. Não sabia nem por onde começar.

Mesmo assim, continuamos a sentir que Deus queria que servíssemos ao povo somali. Compartilhamos a direção de Deus com nossa liderança. Sem rodeios, informaram-nos que ninguém da organização tinha trabalhado lá, e não achavam muito prudente enviar alguém no momento. As carências, entretanto, eram monumentais, e nos convidaram a abraçar esse incrível desafio.

Dois meses depois mudamos para o Quênia para estabelecer nossa base operacional. Era requisito aprendermos a língua local, então começamos a ter aula de suaíli. Protestei contra tal exigência. Do meu ponto de vista, deveríamos começar a aprender somali, pois a língua suaíli seria desnecessária. Rejeitaram minha sugestão. Não sei explicar o motivo, mas, apesar das minhas origens, tinha facilidade para aprender as línguas africanas. Ruth e eu passamos na prova de suaíli, a quarta língua estudada em sete anos, após catorze semanas, com uma avaliação positiva do examinador de idiomas. E assim pudemos começar a aprender somali.

Durante o planejamento, fizemos uma viagem bem rápida aos EUA para encontrar nossos mentores e buscar conselhos. Ficamos surpresos e felizes pela oportunidade de conversar com um grande líder de missões, especialista em comunicação transcultural e um dos maiores missiólogos do mundo.

Quando minha esposa e eu entramos em seu escritório, aquele estimado pesquisador nos cumprimentou e disse:

– Ah, eis aí o corajoso casal que teve a audácia de tentar levar o Evangelho de Jesus à Somália, certo?

Retruquei que sentíamos ter sido chamados por Deus para fazer aquilo mesmo.

– Claro, estamos cientes de que os somalis não são muito receptivos ao Evangelho. – Senti necessidade de relembrá-lo desse fato.

O homem de aparência benevolente, de pequeno porte e postura profissional pulou da cadeira tão rápido que os papéis se espalharam pelo ar. Achei que fosse voar para cima de mim quando protestou:

– Como tem coragem de dizer que os somalis não recebem muito bem o Evangelho quando a grande maioria nunca ouviu falar dele, ou nem sequer recebeu a oportunidade para reagir a respeito!

Censurados e desafiados por aquele encontro, Ruth e eu voltamos para o Quênia a fim de dar continuidade aos preparativos. Logo depois, em fevereiro de 1992, viajei pela primeira vez até Hargeisa, para reconhecimento de área. Logo concluí que nunca poderia ter existido conselho mais adequado, ou treinamento, ou experiência de vida que pudessem nos preparar para o que iríamos enfrentar.

DEZ

Chegue logo, por favor

Em agosto de 1992, os Estados Unidos enviaram dez aviões de carga para transportar ajuda humanitária à Somália. Nos próximos cinco meses, os aviões entregaram quase meia tonelada de alimentos e medicamentos na Operação Humanitária de Ajuda. Mesmo assim, não houve muita mudança no país durante 1992. Violência e anarquia ainda reinavam naquele local, onde a taxa de mortalidade, em consequência da fome, ultrapassava 500 mil pessoas. Outro grupo de 1.500 pessoas tornou-se refugiado deslocado. Grande parte do fornecimento, agora desaguando no país, ainda era saqueado. Armazenavam muito do material roubado nos hangares do aeroporto. As Nações Unidas não possuíam recursos organizacionais para entregar o material de socorro nas mãos das pessoas cuja carência era desesperadora.

A mídia internacional destacou tanto a resposta colossal de ajuda humanitária quanto a dificuldade de entregar o material de socorro à população. Após ignorar a guerra civil e a fome por muitos anos, a comunidade mundial, de repente, começou a notar a terrível situação da Somália. Imagens gráficas do sofrimento do povo transmitidas em todo globo terrestre instigaram clamor público para ação.

O presidente George W. Bush enviou tropas americanas de combate para liderarem a Força-Tarefa Unificada (UNITAF), sancionada pelas Nações Unidas, uma força militar multinacional que totalizava 32 mil membros para apoiar a missão de ajuda. As Nações Unidas aceitaram a oferta do presidente Bush em

5 de dezembro de 1992. Naquele mesmo dia, o presidente enviou 25 mil tropas americanas à Somália para liderar o ataque do recém-renomeado esforço de ajuda, Operação Restaurar a Esperança.

Quatro dias depois, estava em pé no terraço do complexo que alugamos em Mogadíscio e vi na zona portuária a primeira onda do Corpo de Fuzileiros Navais dos Estados Unidos a vadear em direção à terra firme. O evento foi transmitido ao vivo por um amontoado de operadores de câmeras e repórteres.

Embora existissem sérias preocupações sobre a frágil situação, a forte presença militar, de fato, num instante resolveu algumas questões de segurança que tinham prejudicado os esforços de ajuda por meses. Fornecimentos estocados podiam ser vigiados, reduzindo os roubos. As milícias somalis dos clãs evitaram confrontações diretas com a Fuzilaria Naval Americana e com outras forças internacionais que ajudavam a garantir a segurança das rotas de entrega e ofereciam escoltas na distribuição de mantimentos.

Para todos os efeitos, as Nações Unidas dividiram Mogadíscio em seções. Continuamos a oferecer clínica médica móvel fora da cidade, mas também intensificamos os esforços para estabelecer e servir cinco centros de distribuição de mantimento dentro e em redor de Mogadíscio. Nossa equipe distribuía alimento para 10 mil pessoas por dia em cada centro de distribuição. Isso mostrou que, no início de 1993, evitamos que 50 mil pessoas por dia passassem fome. Além disso, demos continuidade à ajuda médico-humanitária e oferecemos recursos básicos para a sobrevivência.

Grande parte das pessoas ajudadas era, na verdade, refugiados que haviam inundado a cidade vindos do interior em consequência da seca. Não tinham emprego, dinheiro e muito menos recursos. Dormiam em construções abandonadas, barracas improvisadas e abrigos emaranhados.

Quando nossas equipes chegavam aos locais de distribuição, as pessoas primeiro perguntavam se tínhamos um pedaço de tecido de musselina branca. A pergunta não fazia sentido, até nos informarem que os corpos eram obrigados a serem envoltos, cerimonialmente, em pano branco para um enterro islâmico decente. Enfim, entendemos o motivo pelo qual as pessoas estavam pedindo panos brancos: para enterrarem filhos e parentes mortos durante a noite. Após cumprirem suas responsabilidades, elas conseguiam lidar com outras necessidades próprias. Não demoramos a aprender o seguinte: precisávamos oferecer não somente alimento e água, mas também rolos de tecido branco.

****

Aprendi outra lição ainda mais importante, que ajudou a curar o que pode ser chamado de "santa arrogância". O povo cujas carências eu desejava suprir vivia em condições horríveis, e a minha reação natural era prestar atenção apenas àquilo que lhes faltava. Meus questionamentos normais revelaram meu pensamento. Os encontros rotineiros que mantinha com as pessoas soavam mais ou menos assim: "Precisa de alimento? Temos este alimento para você. Seu bebê está doente? Temos o remédio. Seus filhos precisam de roupas? Temos roupas para eles. Sua família tem onde morar? Temos cobertores e lençóis de plástico para se protegerem do tempo. Precisam de pano para o enterro? Também temos".

Logo descobrimos não serem essas as perguntas mais importantes. Quando enfim desaceleramos o ritmo para ouvi-los, as próprias pessoas nos falavam de suas maiores necessidades.

Certo dia, eu disse para uma mulher corcunda, franzina e enrugada, que parecia idosa, mas era bem provável estar na faixa dos quarenta anos.

– Do que mais necessita? O que poderíamos fazer primeiro pela senhora?

Se entendi bem a história, aqui está:

"Cresci num vilarejo distante muitos dias de caminhada daqui – contou. – Meu pai era nômade e tinha camelos e ovelhas... (e contou-me um pouco sobre sua infância até a vida adulta). Casei com um pastor de camelos, do mesmo ofício do meu pai. Ele era bom, juntos tínhamos uma vida tranquila e quatro filhos... (e falou sobre seu casamento e família). A guerra chegou e a milícia invadiu nosso vilarejo, saíram matando e roubando grande parte dos animais. Quando meu esposo tentou impedi-los de levar o último camelo, bateram nele, e depois colocaram uma arma em sua cabeça... (lágrimas surgiram e correram pelas faces). Trabalhei pesado para cuidar dos filhos depois do assassinato do meu marido, mas chegou a seca. Quando meus vizinhos migraram para a cidade, alguns deles me deram o que não conseguiam levar. Então, tentei me virar... mas não foi o suficiente. Meu filho mais velho ficou doente e morreu... Quando a última porção de alimento estava quase no fim, meus filhos e eu começamos a andar. Tinha esperança de a vida ser melhor aqui na cidade. Mas não é. É ainda pior. Homens armados estão em todo lado. Eles me estupraram e agrediram. Levaram minhas filhas mais velhas. Agora só me resta esta pequena. Não há emprego para mulheres sozinhas. Não sei como conseguirei cuidar dela. Não conheço ninguém aqui e não tenho mais para onde ir."

Havia muitas outras pessoas com histórias semelhantes; desesperadas precisavam muito além da ajuda que estávamos preparados para lhes oferecer. Porém, desejavam mais ainda que alguém, seja lá quem fosse, inclusive um estranho com dificuldades para aprender a língua local, se sentasse um pouco e se permitisse ouvir suas histórias. Eu, talvez, devesse saber disso, mas o poder da presença humana me impactou. No meu orgulho, achando saber exatamente quais as necessidades das pessoas ali, jamais pensaria em colocar "conversa" ou "contato mais pessoal" em minha lista. Mais uma vez, fiquei profundamente envergonhado.

Não consegui ouvir todas as histórias. Não havia tempo para tal. Porém, as histórias ouvidas me ensinaram que os somalis sofridos tinham muito mais a oferecer além da enorme necessidade física que enfrentavam. Suas histórias me convenceram de que jamais seria suficiente apenas alimentá-los e abrigá-los. Isso fazemos pelos animais.

No entanto, era isso que os governos ocidentais nos enviavam para alimentar o povo faminto: comida de animal. Todos os dias os somalis ficavam longas horas debaixo do sol para receber a doação de quase dois quilos de farinha suja não processada ou grãos duros de milho, os mesmos usados para alimentar os animais em Kentucky.

As filas intermináveis nos pontos de distribuição eram formadas por seres humanos únicos, cuja vida já provara na pele terrível mal e sobreviviam debaixo de fardo pesado em terríveis condições. Cada um já sofrera tantas perdas dolorosas que muitos já haviam perdido o sentido da própria humanidade.

Às vezes, ouvíamos suas histórias. Às vezes, bastava lembrá-los de que tinham histórias! Era uma forma de dizer que eram pessoas importantes. Era uma forma de dizer que eram importantes o suficiente para ser ouvidos. Ouvi-los era uma forma de restabelecer um pouco do sentido de humanidade. Muitas vezes, ouvi-los parecia ser mais importante e mais transformador do que mais uma porção de medicamentos essenciais para a vida e outra porção diária de nutrição física.

Em alguns dias não era a humanidade dos somalis que me preocupava, mas a minha própria e a da minha equipe. Tornava-se quase impossível encontrar forças para sair da cama pela manhã sabendo não só que antes do final do dia ajudaríamos a enterrar vinte ou mais crianças, mas também que existiam muito mais famintos neste país do que os 50 mil que conseguíamos alimentar por dia. Se cada alma, de fato, é alguém por quem Jesus morreu, como seria possível enfrentar dor, morte e desumanidade?

Sem dúvidas, não aguentaríamos entrar em colapso todas as vezes que ajudássemos uma mãe aos prantos enterrar seu bebê. Não podíamos desmoronar todas as vezes que olhássemos para os olhos famintos de uma criança da mesma idade das nossas.

Ao mesmo tempo, recusamo-nos a ser pessoas sem compaixão e não compartilhar o sofrimento e a dor das pessoas ao redor. Era difícil controlar as emoções sem endurecer o coração. Não, não era nada fácil.

****

Lutar a cada dia com tantos dilemas difíceis tornava o trabalho de ajuda humanitária extenuante para o emocional e também desgastante para o físico. Quase nunca havia tempo para descanso. Durante o dia, o calor tropical era devastador. O ofício nos ajudava a não pensar no trágico sofrimento dos somalis.

No escuro da noite, entretanto, não havia obrigações que impedissem a mente de se lembrar do sofrimento. Sempre encontrava alívio e refúgio arrastando meu saco de dormir para o lado de fora, no terraço do casarão onde ficávamos. Ali, debaixo das estrelas, a brisa do mar servia de alívio abençoado contra o calor opressivo e evitava os ataques dos mosquitos. A brisa, somada à vista acima das paredes do conjunto habitacional de Mogadíscio sob a luz da lua, ilustrava o intenso contraste da fúria do tiroteio e das explosões dos morteiros cujos clarões iluminavam todas as noites o céu da cidade.

Seres humanos são criaturas adaptáveis. Assim, não sei como, me adaptei a esse mundo. Aprendi a dormir com o barulho de tiros e explosões. Contudo, nunca baixei a guarda. Mesmo durante a noite, meus sentidos pareciam alertas, sendo acionados diante de qualquer nuance de som ou movimento. Na época não percebia que era impossível relaxar.

****

Sabíamos que tudo ali oferecia perigo. Com o tempo, porém, ficou difícil determinar quais riscos eram aceitáveis e quais precisavam ser evitados. Nos últimos meses, a nossa equipe aumentara. Outros se juntaram a nós para reforçar a equipe de funcionários somali e nos auxiliar a administrar o crescente trabalho de ajuda. No início contávamos com trabalhadores ocidentais originários de outros países africanos os quais podíamos trazer para a Somália. Entendíamos que pessoas com alguma vivência em lugares desafiadores estariam mais preparadas para a situação ali.

Certo dia, recebi um dos primeiros casais de funcionários americanos em nosso escritório em Mogadíscio. Levei Nathan e Leah para fazer um rápido passeio pelo conjunto habitacional e depois fomos até o terraço para visualizarem Mogadíscio.

Mostrei a Nathan os tanques de água e a antena de rádio; Leah andou até a beirada do terraço para visualizar melhor o conjunto lá embaixo.

– Gente! Escutem isso! – exclamou – Pelo visto os mosquitos são maus por aqui!

Meu coração quase parou quando entendi o que ela estava dizendo. Lembrei que não havia mosquitos durante o dia. Enquanto seguia, instintivamente, em direção a Leah, comecei a ouvir os mesmos sons que ela. Do modo mais calmo possível, disse:

– Leah, você não está ouvindo mosquitos. São balas.

Antes de dizer outra palavra, Leah já tinha se jogado de barriga para baixo no chão e se arrastava em direção à porta. Foram assim as boas-vindas que Leah recebeu da Somália; ela precisou se adaptar rapidamente, e fez isso muito bem.

Tínhamos dificuldades de lembrar o ritmo de uma vida normal. Percebemos que estávamos sendo forçados a nos adaptar a situações cuja compreensão era impossível. Tínhamos certeza de que estávamos exatamente onde precisávamos e onde Deus queria. Contudo, quase todos os dias ficávamos imaginando como Deus permitia tanto sofrimento e dor. O elemento humano naquela dor ficava evidente: corrupção, ganância e pecado eram respostas óbvias para os questionamentos. No entanto, naquela época, não podíamos ver tão claramente o amor e o poder de Deus. *Estaria Deus ali na Somália? Onde? Fazendo o quê? Até que ponto a situação deveria piorar para então Deus intervir drasticamente?*

Fizemos uma escolha consciente de ser sal e luz num lugar enlouquecido. Oramos para que, de algum modo, a luz brilhasse em meio à escuridão da insanidade.

ONZE

O cantor Bubba

A presença de forças militares internacionais trouxe segurança para levar mais materiais de ajuda para fora das grandes cidades a outros povos somalis, que desesperadamente necessitavam. O benefício com a presença das forças, no entanto, tinha um preço. Na verdade, o papel crescente das Nações Unidas dificultou cada vez mais nosso trabalho.

Conforme o mundo se tornava mais ciente da crise humanitária na Somália, os recursos jorravam ali dentro. A esperança do povo somali alavancou. Ao mesmo tempo, tal dramática infusão de recursos acarretou profundas mudanças econômicas. O custo de fazer negócio e de fornecimento de serviços disparou quase de um dia para outro. De início, tínhamos alugado o conjunto habitacional por quinhentos dólares por mês, mas de repente o aluguel subiu para cinco mil dólares, e continuou subindo. Quando começamos, alugávamos veículos a 150 dólares por mês. O custo elevou-se para 1.500 dólares. Enquanto os recursos organizacionais se mantiveram estáveis, a porcentagem de aumento nos recursos pessoais subira cerca de 1000%.

A repentina presença visível dos militares americanos como parte integral dos esforços de ajuda acarretou crescente hostilidade entre muitos povos da Somália. Tal hostilidade era algo diferente, jamais visto antes. Parece que a chegada das tropas foi recebida como "uma cruzada", e a presença constante delas ali foi vista como "uma ocupação". De repente, classificavam todos ocidentais como suspeitos. Anteriormente, haviam recebido nossos esforços com gratidão e curiosidade. Depois, a reação era sempre de ceticismo e ressentimento. Antes, eu era reconhecido e conhecido o bastante para andar sozinho em segurança pela cidade ou com funcionários somalis. Depois, virei invasor e ocupante. Meus funcionários ocidentais e eu descobrimos que era impossível irmos aos lugares sem soldados armados. A impressão era de carregar alvos nas costas. Nossos esforços humanitários começaram a depender da expressiva presença e proteção militar.

Isso tudo me frustrou. Aqueles com quem nos importávamos profundamente, as pessoas pelas quais nos empenhávamos para manter vivas nos centros de alimentação poderiam se tornar beligerantes num estante. A situação estava tão tensa que a ordem permanente de segurança vinda da liderança dos militares exigia que chegássemos aos pontos de distribuição às seis da manhã (todos os dias). No entanto, caso o apoio militar não estivesse a nossa espera naquele horário, deveríamos deixar o local no mesmo instante. Nem mesmo a presença dos soldados garantia uma atmosfera tranquila e controlada, pois a situação poderia mudar num piscar de olhos.

Normalmente, os militares amarravam arames farpados para manter a multidão ansiosa nas filas quilométricas, enquanto centenas entravam e saíam dos centros de alimentação. Os próprios funcionários também ajudavam a manter tudo em excelente organização. Um deles, um americano, foi essencial para mantê-la. Era um sujeito enorme com um coração gentil e manso, a quem chamávamos de Bubba. Seu tamanho era capaz de intimidar a maioria dos encrenqueiros em potencial. No entanto, seu amor óbvio e transparente, seu jeito amigável de lidar com pessoas provavelmente geravam um maior impacto.

O dia se iniciou como muitos outros. Chegamos ao centro de distribuição antes de o dia clarear. Ali estava o esquadrão bem armado de soldados americanos, pois cinco toneladas de grãos haviam chegado mais cedo com a escolta de soldados, e uma longa fila de somalis famintos já estava à espera. Era um dia típico no centro de alimentação, ou parecia ser.

Em razão da elevação da temperatura, o fornecimento de trigo minguou. Antes do meio-dia, a temperatura já atingia mais de 37 ⁰C. Centenas de somalis permaneciam em fila, cada um aguardando os funcionários que pesariam com cuidado 2 kg de grãos por pessoa, a porção exigida para alimentar quatro pessoas por dia.

Não percebemos qualquer mudança na tensão ou na paciência. Lembro-me bem do calor insuportável e da multidão faminta cada vez mais inquieta. Às vezes, detalhes podem transformar a multidão em rebeldes furiosos.

Naquele dia, o gatilho foi uma senhora com rugas vincadas e profundas. Até hoje não tenho muita certeza do que desencadeou a reação intensa daquela mulher. Talvez sua paciência tenha se evaporado debaixo do sol escaldante por horas no final da fila. Talvez ela tivesse netos desesperados e famintos pelos quais precisava voltar. É impossível saber com precisão o que aconteceu. Mas, após receber sua alocação de trigo, ela rompeu as regras do local de distribuição de alimentos e foi em direção a Bubba. Fitando-o, começou a disparar verdadeiro ataque verbal. Bubba, gentil como sempre, simplesmente sorriu. Quanto mais ele sorria, mais raiva ela demonstrava.

Notei o movimento quando os guardas somalis, repentinamente tensos, se voltaram em direção à confusão. Eu só conseguia enxergar Bubba, mais alto, desde o ombro para cima, do que toda a multidão aglomerada, aparentemente sereno, olhando para baixo e sorrindo para alguém. Sua calma reação fomentou ainda mais a fúria da mulher. Ouvi sua voz furiosa bem antes de saber de onde vinha. Ela começou a emitir longas torrentes dos piores palavrões para Bubba. Felizmente, ele não entendia uma só palavra proferida da boca daquela mulher.

Então se tornou possível compreender o motivo da reclamação: a mulher estava chateada com a qualidade da "ração animal" distribuída para consumo humano. Quanto à avaliação da qualidade do alimento, ela estava certa. Na verdade, eram produtos de excedentes agrícolas que os membros contribuintes das Nações

Unidas não queriam mais, não conseguiam vender e não lhes servia para mais nada.

Enquanto o americano gigante mantinha o sorriso nos lábios, a mulher começou a perceber que não era compreendida. Furiosa e frustrada, agachou-se, colocou a sacola de plástico no chão, agarrou duas mãos cheias de trigos sujos e quebrados, pó de grãos, sujeira e palhiço. Esticou-se o máximo possível e arremessou a mistura encardida com toda a força no rosto de Bubba.

O silêncio da multidão foi mortal quando ouvi a sequência de estalidos metálicos indicando que todo o esquadrão americano já tinha, instintivamente, carregado e engatilhado as armas em prontidão para enfrentar o que viesse.

Tudo parecia estar congelado, conforme todos observavam e esperavam a reação de Bubba. Um homem somali já teria agredido a mulher por tão humilhante insulto público, e tal reação agressiva e raivosa seria considerada justificável.

Eu sabia que Bubba tinha viajado do outro lado do mundo, do seu próprio bolso, para passar três meses das férias ajudando o povo sofrido, e era aquele o tratamento de gratidão que recebia? Ele estava com calor, suado, moído de cansaço, e acabara de ser humilhado em público. Portanto, teria toda a razão de ser tomado pela raiva. Mas, em vez disso, levantou as mãos para limpar os cascalhos do rosto e em seguida abriu mais um enorme sorriso para a mulher.

Naquele mesmo instante, começou a cantar. E não foi qualquer canção.

A mulher não entendeu as palavras, claro. No entanto, ela e todos ali ficaram em perplexo silêncio enquanto ouviam a forte e alta voz de Bubba entoando palavras clássicas do rock da década de 1950, interpretadas por Elvis Presley:

> You ain't nothin' but a hound dog
> Cryin' all the time

You ain't nothin' but a hound dog
Cryin' all the time
Well, you ain't never caught a rabbit
And you ain't no friend of mine.*

Quando ele começou a cantar o outro refrão, a mulher idosa já tinha saído batendo os pés em frustração, raivosa, deixando rastros no chão por entre a multidão, agora sorrindo, para cair fora dali. Olhando-a indo embora, Bubba ergueu a voz para despedir-se dela com a vibrante interpretação do último refrão:

When they said you was high-classed
Well, that was just a lie
When they said you was high-classed
Well, that was just a lie
Well, you ain't never caught a rabbit
And you ain't no friend of mine.**

Inegavelmente, a tensão desapareceu. Alguns dos soldados somalis se aproximaram de Bubba e deram tapinhas nas costas dele, agradecidos e aliviados, claro, e lhe disseram:
– Não sabíamos que era cantor!
– Ah, pois é – retrucou com sorriso maroto. – Sou famoso. No meu país, os EUA, me chamam de Elvis. (Quando ele voltou para os EUA, pegou o CD "As Melhores de Elvis", colou uma foto dele na capa e mandou para os funcionários somalis em Mogadíscio. Em algum lugar, até hoje, alguns somalis ainda acreditam que Elvis foi um cantor de ajuda humanitária, vivo e em boa saúde no início da década de 1990 em Mogadíscio.)

---

* Você não passa de um cão de caça / Chorando o tempo todo / Você não passa de um cão de caça / Chorando o tempo todo / Bem, você nunca pegou um coelho / E não é amigo meu (tradução livre)

** Quando disseram que você tinha classe / Bem, aquilo foi apenas mentira / Quando disseram que você tinha classe / Bem, aquilo foi apenas mentira / Você nunca pegou um coelho / E não é amigo meu (tradução livre)

Quando finalmente tive tempo para refletir sobre aquele breve momento, cheguei à conclusão de ter presenciado o exemplo das mais incríveis demonstrações do amor de Jesus jamais vista antes. Um exemplo bondoso, gentil e inspirado por Deus de humildade e humanidade que neutralizou uma situação tão instável, capaz de ter se transformado em fatal em poucos segundos. Bubba agira de tal forma em obediência ao aparentemente insano ensinamento de Jesus quando instruiu seus discípulos a amarem, recorrendo à frase "Amem seus inimigos". Bubba enfrentara furiosa hostilidade com um simples sorriso, e com um improvável "hino", usado por Deus ali para mudar a crise iminente num momento sagrado, caracterizado por um testemunho lindo de cristianismo. Naquele momento, aprendi boas lições sobre relacionamentos pluriculturais. Aquilo que antes julgara erradamente ser ingenuidade passei a entender como nada menos do que o amor de Jesus.

****

Por vinte anos aquele ocorrido foi a lembrança mais vívida de Bubba. Acredito ter sido conquistado pelo humor e pelo resultado tão positivo. Quando me lembrava de Bubba, era aquele dia que me vinha à memória. No entanto, enquanto trabalhava neste manuscrito, outra lembrança me veio à mente, talvez antes reprimida.

Foi em outro dia, no mesmo centro de alimentação. Milhares de somalis famintos em pé na fila, debaixo do sol tropical. Outro esquadrão de soldados americanos fazia a segurança.

Um menino somali com aproximadamente doze anos de idade aproximou-se do outro lado da fila de alimentação em direção ao ponto de distribuição. Algumas pessoas na fila de espera se agitaram e encararam o menino passando por elas. Ao se aproximar do início da fila, notei que ele carregava uma arma pendurada.

Um soldado americano identificou o perigo no mesmo momento que eu e gritou ordenando:

– Filho, largue sua arma!

O menino ignorou o comando e continuou a andar. O soldado repetiu o comando três ou quatro vezes. Ouvi vários soldados engatilharem o fuzil em riste. O menino continuou se aproximando, um dedo no gatilho protegendo o que mais parecia uma antiga e gasta AK-47. Segurava firme a arma, mas ainda a apontava para o chão.

Todos pareciam congelados no tempo. Conforme o garoto se aproximava, começou a erguer a arma e muitos soldados gritaram:

– Largue a arma!

O menino não obedeceu, e um dos soldados atirou em seu peito, matando-o no mesmo instante.

E ele caiu nos pés de Bubba.

A força de segurança, como fora treinada, permaneceu parada inspecionando a área, caso encontrasse mais alguém armado. Ninguém dos somalis na fila sequer se mexeu para ir em direção ao menino. Toda confrontação, do início ao fim, não durou mais de trinta segundos.

Quando Bubba olhou para o corpo contorcido e sem vida daquele menino de 12 anos começou a chorar.

De repente, um grupo de somalis se reuniu em volta de Bubba. Em vez de olhar para o menino ou lamentar sua morte, todos começaram a repreendê-lo pelo choro. O grupo dizia:

– Pare de chorar!

– Este menino foi tolo! Se ele quisesse matar os soldados teria atirado neles a distância!

– O menino morreu porque fez algo muito estúpido.

– Ele merecia morrer.

– Não passe vergonha, ou não nos envergonhe chorando como uma mulherzinha. Homens não choram por isso!

Em poucos instantes ordenaram a Bubba que voltasse a ajudar na distribuição de grãos. Deixaram bem claro que estavam "cansados de esperar e perdendo tempo com um defunto imbecil".

Por duas décadas havia bloqueado tal lembrança horrorosa e violenta em minha memória. Não sei como, escolhi me lembrar da história de Bubba fazendo serenata à idosa mulher somali com a canção clássica do Elvis como "uma das demonstrações mais incríveis do amor e graça de Jesus jamais vista antes".

Contudo, após refletir, vejo outro exemplo que não consegui compreender ou mesmo encarar por longos anos. Era o relato bíblico de quando Jesus lamenta sobre Jerusalém, e mentalmente vejo dois lamentadores naquele dia em Mogadíscio.

Compreendi que ambos, Bubba e Jesus, choraram pela morte daquele menino.

****

A *rápida* expansão do nosso trabalho de ajuda humanitária nos primeiros meses da Operação Restaurar a Esperança não poderia ter sido realizada sem o fluxo constante de excelentes voluntários temporários reforçando o trabalho dos funcionários de tempo integral.

Continuei a viajar para dentro e fora da Somália, nordeste do Quênia, Djibuti, Somália e Etiópia para administrar o trabalho entre os somalis. Ruth, concomitantemente, estava no Quênia recrutando e coordenando viagens para grupos de voluntários, administrando as finanças para uma agência de ajuda humanitária em rápida expansão, criando três meninos e ao mesmo tempo aprendendo a expandir e administrar uma agência internacional de ajuda humanitária fora de casa. Ela passava tempo acalmando famílias americanas que nos emprestaram seus queridos para ajuda humanitária em zona de guerra. Sempre imaginava onde no mundo estaria seu esposo, se estaria seguro, e quando voltaria para Nairóbi.

Tarefas como supervisar cinco centros de alimentação, distribuir alimentos e medicamentos a inúmeros vilarejos, suprir poços de água fresca, sementes, implementos agrícolas às comunidades periféricas e viajar para diferentes regiões na Somália me expuseram a milhares de pessoas em sofrimento. Tínhamos orgulho do trabalho realizado pela nossa organização, mas muito ainda precisava ser feito. Havia muitas dores impossíveis de serem curadas pelas nossas mãos.

****

Na primavera de 1993, Ruth e eu fomos aos Estados Unidos para uma conferência. Encontramos algumas pessoas que vinham orando por nós e passamos tempo com os patrocinadores para prestar contas do trabalho e receber mais conselhos.

Aproveitamos o momento para uma rápida visita aos familiares e amigos em Kentucky. No dia em que visitei minha casa, meu pai me levou para almoçar, de presente, num pequeno restaurante no centro da cidade. Fazia muitos anos que não almoçava ali. Quando entrei com meu pai, muitos amigos aposentados se levantaram devagar e começaram a aplaudir. Fiquei confuso. Não entendi o que estava acontecendo. Muitos deram tapinhas em minhas costas e apertaram minha mão. Enquanto andávamos em direção a uma mesa vazia, ouvia alguns deles dizendo: "Parabéns!", ou então: "Bom trabalho!".

Quando nos sentamos, perguntei:

– Pai, por que estão fazendo isso?

****

Meu pai não era a pessoa mais expressiva ou comunicativa do mundo. Durante todos os anos morando na África, eu recebera apenas um fragmento de correspondência dele. Quando tirei o envelope da caixinha de correspondência e reconheci sua letra, na mesma hora imaginei: *Algo terrível aconteceu*. Sem abrir a carta, saí do correio e fui para casa. Precisaria das forças da minha esposa Ruth para me ajudar com qualquer notícia ruim.

Ruth sabia ter algo errado logo que entrei em casa. Mostrei-lhe a carta e confessei o medo de abri-la. Juntos rasgamos o envelope. Tinha um único pedaço de papel, ocupado inteiramente pela mensagem: "Querido filho, pensei em lhe escrever, papai".

Este foi o mesmo homem que me declarara verbalmente seu amor apenas uma vez na vida, em minhas lembranças mais remotas. Certa vez, tínhamos arranjado uma chamada transatlântica de telefone na África para ligar para meu pai, não me lembro do motivo. Fizemos as conexões e conversamos rapidamente com ele, e antes de desligar eu disse:

– Amo você, pai.

Ele respondeu:

– Amo você também, filho.

Chocado com a resposta, desliguei no mesmo segundo antes de ele se arrepender do que dissera!

****

Este era o homem para quem eu estava olhando sentado na minha frente no restaurante. Perguntei-lhe:

– O que deu nessas pessoas? Por que agiram assim quando entrei?

Ele sorriu com olhar de orgulho inequívoco e disse:

– Bom, Nik, acredito estarem felizes com as notícias sobre os seus feitos.

– O que eu fiz, pai? – perguntei devagar sem ter certeza de querer ouvir a resposta.

– Bem... falei para todo mundo ter sido você o responsável por levar todas aquelas tropas do mundo inteiro para salvar a Somália.

– PAI! – exclamei. E então diminuí o tom da voz e murmurei: – Não fui eu!

Ele me olhou e disse:

– Não foi você quem chegou lá antes de qualquer um?

– *Sim, eu fui um dos primeiros a voltar para lá.*

– Você não ficou lá quando todos estavam deixando o local?

– *Bom, fiquei e tentei ajudar quando vi a terrível a situação, é verdade.*

– Não escreveu artigos para contar às pessoas a terrível situação de lá, para informá-las sobre a devastadora fome dos somalis

e contar sobre os terríveis homens maus impedindo que o alimento chegasse aos mais necessitados?
— *Bom... tentei fazer alguma coisa... verdade.*
Na cabeça dele tudo estava claro:
— Então *você* ajudou os americanos e as pessoas de outros países a saberem da situação lá, e eles reagiram, primeiro com ajuda humanitária, e depois com tropas para ajudar aquele país.

Percebi que não valia a pena tentar dissuadi-lo. Aos olhos de meu pai, e aos olhos daqueles amigos a quem ele, evidentemente, convencera, eu fora a primeira pessoa responsável a persuadir o presidente Bush, depois Clinton e, por fim, outros líderes internacionais (e com nenhum deles tivera qualquer contato) a enviarem 32 mil tropas até a Somália com apoio maciço e multinacional de ajuda humanitária. Meu pai queria colocar todos os créditos em minhas costas. E assim os meus compatriotas tinham um motivo para se orgulharem de mim.

Não pude culpá-lo por não querer que seu filho fosse mais um "profeta sem honra em seu próprio país".

Contudo, não pude escapar também da ironia.

Meu pai e seus amigos na zona rural de Kentucky queriam me dar créditos por ter feito tanto "para salvar a Somália". Mas, para ser sincero, às vezes muito mais do que gostaria de admitir, quando estava no solo do Chifre da África, horrorizado pelas esmagadoras carências em toda minha volta, me pegava pensando se meus esforços, e os de todas as pessoas maravilhosas trabalhando com nossa organização, estavam, de fato, fazendo diferença, por mínima que fosse, ou se até mesmo seria possível fazer diferença.

DOZE

Lágrimas por Somália

Os amigos de meus pais não eram os únicos atentos aos desdobramentos da África Ocidental com interesse e preocupação. A atenção da mídia na Operação Restaurar a Esperança colocou o já antigo sofrimento e horror da história da Somália no centro das atenções da consciência americana. Conforme as notícias sobre tamanha necessidade se espalharam, a generosidade de amigos fiéis e de patrocinadores nos Estados Unidos e ao redor do globo possibilitou a rápida expansão de nosso trabalho. De tempos em tempos, sentíamos que nosso trabalho havia crescido tanto a ponto de não darmos mais conta de administrá-lo.

Tínhamos lançado um pequeno e modesto empreendimento caseiro, e a proporção da aventura crescera rapidamente e tornara-se uma organização multinacional que empregava nada menos do que 150 somalis e 35 ocidentais trabalhando em tempo integral, alocados em quatro países. Nos longos primeiros anos, Ruth administrou toda operação de um pequeno escritório em nossa casa, em Nairóbi.

Embora a maioria da ajuda distribuída pela equipe viesse das Nações Unidas, nossa básica organização era muito agradecida e necessitava da fiel contribuição dos fundos doados generosamente pelos irmãos. Esse apoio nos permitiu contratar pessoal e financiar o empreendimento, que então se tornara oneroso.

No entanto, além do suporte financeiro, o que fez grande diferença naquele tempo foram os milhares de pessoas comprometidas a orar pelos somalis e por suas necessidades físicas e espirituais.

O rápido aumento das despesas pessoais mensais e da folha de pagamento me obrigava a carregar nada menos que mil dólares em notas de cem a cada viagem para o país. Eu dividia o dinheiro em três ou quatro montes e o escondia em lugares diferentes em minha bagagem e em meu corpo. Caso eu fosse roubado, tinha esperança de que os salteadores se satisfizessem com a primeira quantia encontrada, e cessassem a procura, deixando-me com a maior parte do dinheiro. Fico muito feliz em dizer que nunca fui roubado.

Não obstante, quando meus supervisores souberam como eu estava transportando os recursos para a Somália sentiram-se horrorizados e me disseram que eu não tinha mais permissão para agir daquela forma. Perguntei-lhes se tinham solução melhor. Não havia sistema financeiro operante em Mogadíscio, nem moeda somali reconhecida legalmente ou transferível. A única opção, argumentei, era continuar com minha estratégia financeira ou acabar com o trabalho e arrancar a equipe do país.

Como não tiveram nada melhor para sugerir, continuei a agir do mesmo jeito, sem autorização deles, mas com seu total conhecimento e benção inconfessa. Nunca encontramos outro sistema exequível para gerenciar as verbas durante todos os seis anos em que nossa organização conduziu a ajuda humanitária na Somália.

****

Um dos principais motivos pelos quais a organização pôde realizar tanto e continuar funcionando na Somália por um longo período foram os comprometidos funcionários somalis, em sua maioria muçulmanos. Já que oferecíamos trabalho onde existiam poucos empregos, e por nos verem ajudar a muitos de seu povo, os somalis que trabalhavam conosco, cuja maioria ajudávamos, estavam dispostos a ignorar o fato de sermos ocidentais, e, por definição, infiéis.

Os funcionários somalis eram a cereja do bolo. Os poucos irmãos que contratamos ou com os quais interagíamos eram bons cristãos. Além disso, os trabalhadores muçulmanos formavam o grupo de pessoas mais altruístas conhecido por mim. Em virtude da taxa de desemprego de aproximadamente 90%, pudemos contratar pessoas muito qualificadas de várias formações: antigos professores universitários, enfermeiros, agrônomos, nutricionistas, veterinários, engenheiros hidráulicos, empresários, educadores e contadores. O salário oferecido, embora relativamente abaixo da média, era considerado uma quantia suntuosa naquela época na Somália. Tentávamos esticar o dinheiro ao máximo para ajudar o maior número de famílias.

Meu chefe de pessoal e mão direita, o somali Omar Aziz, tornou-se um querido e confiável amigo. Ele era um dos melhores conhecedores das ruas *e* um dos indivíduos mais solidários que eu já conhecera. Certo dia, chegou ao escritório aos prantos. Eu não sabia o que havia acontecido, ou como abordá-lo de forma culturalmente apropriada. Então, fiz o mais natural, esperei ele parar de chorar.

Em pouco tempo Omar enxugou as lágrimas e me explicou o motivo de tamanha tristeza. Ele tinha saído para resolver uns assuntos e, andando em uma rua próxima ao próprio bairro, avistou uma mulher malnutrida sentada debaixo da sombra de uma pequena árvore, encostada no tronco, amamentando um bebê. Ao passar por ela, Omar Aziz a cumprimentou. A moça correspondeu com um sorriso, mas o bebê sequer parou de mamar a fim de olhar para ele.

Depois de Omar resolver tudo, em menos de uma hora, voltou pelo mesmo caminho e notou a mesma cena tranquila, a mesma mulher, debaixo da mesma árvore com o mesmo bebê, na mesma posição. No entanto, como dessa vez passou mais devagar e mais perto, ouviu o bebê choramingando. Prestou mais atenção naquela direção e rapidamente percebeu algo errado. A pequena criança chorava e se contorcia nos braços da mãe, mas a mulher parecia muito parada, e ele achou estranho. Por um momento pensou que a mulher estivesse dormindo. No entanto, ao andar em direção a ela, enxergou a realidade. No período entre ele ter passado pela rua e retornado, a mulher havia morrido! Omar se aproximou ainda mais, agachou-se e, com cuidado, retirou o bebê dos braços da mãe, tentando acalmar a criança.

Como não encontrou documento algum da mulher, Omar andou pela vizinhança, batendo de porta em porta, procurando, sem sucesso, alguém que a conhecesse. Conseguiu juntar um número suficiente de pessoas para proporcionar a mulher um funeral descente, mas ninguém confessou conhecê-la para ficar com a criança.

A essa altura, lágrimas encharcavam o rosto de Omar Aziz outra vez e ele disse:
– Eu não sei o que fazer com o bebê!
Em seguida, bradou com voz de desespero:
– Meu pobre país! Qual será o fim de todos aqui?

O final daquela história trágica para o bebê foi muito melhor e mais feliz do que o esperado. Omar Aziz encontrou outra mãe lactante, cujo bebê acabara de falecer. Ela ficou muito feliz em cuidar de outra criança.

Eu sabia que Omar já presenciara muitas cenas bem mais chocantes do que aquela com a qual deparara naquele dia. Porém, quando as pessoas são obrigadas a lidar, todos os dias, com excessivas cenas do sofrimento humano e da violência desalmada, a reação emocional nunca se torna previsível. Por vezes, é possível se manter calmo e relativamente imparcial. Em outros momentos, sem aviso algum, a barreira se rompe e a turbulência emocional explode. O gatilho para o colapso emocional nem sempre é comovente, e pode ser acionado ao deparar com algo tão comum quanto mais um bebê órfão. Em outros momentos, é o resultado cumulativo de inúmeros eventos microscópicos de fragilidade e destruição causados pelos constantes lembretes da desolação ao redor. Por vezes, podemos nos comover por pequenos atos de bondade ou afeto.

****

Quando eu já não suportava mais a pressão e a tristeza, soube que estava na hora de passar um tempo em Nairóbi com minha família. A regra no trabalho era os funcionários não ficarem presos mais de um mês longe do cônjuge. Ruth e eu tentávamos viver tal regra. Eu sabia que ela era minha âncora.

E eu precisava da âncora mais do que nunca para me proteger do sério perigo provavelmente intrínseco ao trabalho profissional de ajuda humanitária. Com muita frequência, era forçado a escolher a quais vilarejos deveríamos ir, e aonde não ir mediante o número limitado de funcionários e recursos. Muitas das minhas decisões diárias determinavam quem morreria ou sobreviveria, e tais decisões eram pesadas e estarrecedoras. A responsabilidade era penosa de suportar. Nosso projeto afetava milhares de pessoas. Sempre deparávamos com tentações latentes de perder o foco e olhar para o poder em nossas mãos.

No entanto, nos esforçávamos para nos lembrar, e lembrar uns aos outros, de que somente o Deus Criador tem todo o poder sobre a morte e a vida. Sabíamos que tal autoridade nunca era delegada a algum de nós.

Mesmo assim, se houvesse água e alimento para dez vilarejos, porém vinte desesperados na região, precisávamos fazer escolhas.

Aprendi rapidamente a jamais divorciar minhas decisões dos momentos de oração e do meu relacionamento com Deus. Resguardei-me a assumir um nível de responsabilidade e autoridade não delegadas a mim.

Por mais esgotado que me sentisse com as oportunidades inimagináveis e com as demandas absurdas na Somália, a essencial ligação com Ruth e os meninos me ajudava a permanecer firme. O jeito como me recebiam de volta ao lar sempre que eu aterrissava em Nairóbi me lembrava das responsabilidades a mim conferidas por Deus como marido e pai, as quais eram essenciais ao meu mistério também.

****

Ruth exercia igual parceria em nosso empreendimento. Quando estava longe de casa, na Somália, toda minha atenção era direcionada ao trabalho de ajuda. Em Nairóbi, Ruth se tornara a melhor profissional multitarefas. Em minha ausência, ela era mãe *e* pai dos nossos três filhos e mantinha uma rotina atarefada dentro de casa. Realizava as tarefas e, concomitantemente, administrava nossa base de operações.

Logo no início, quando morávamos na região somali de Nairóbi, ela dirigia cerca de 20 km (ida e volta), quatro vezes na semana, a fim de comprar água potável para encher nosso tanque de plástico de quase 80 litros e transportá-lo até em casa para nossa família. Embora enchesse os tanques dentro do carro com uma mangueira, não conseguia tirar lá 80 litros de água quando chegava em casa. Ela retirava a água com sifão e enchia pequenos recipientes para carregá-los e guardá-los dentro da casa. Garantir água potável era apenas um dos vários desafios logísticos que precisavam ser enfrentados todos os dias.

Nosso lar constituía muito mais do que uma residência. Com o passar do tempo, tornou-se uma plataforma operacional, além de um escritório internacional para uma empresa multinacional engajada em atividades corporativas de negócios conduzidas em quatro países. Ruth manteve tudo funcionando com tranquilidade, atuando como líder encorajadora e mentora de quem chegava para trabalhar como CEO, COO, CFO, Gerente de Pessoal, Superintendente de Comunicações, Gerente Sênior de TI, Secretária Executiva, Agente de Viagem Corporativo, Engenheiro Chefe de Departamento de Manutenção. (No início, ela realizava todas essas funções sozinha.)

O papel mais importante de Ruth em minha vida foi o de conselheira sábia e fidedigna, terapeuta particular que oferecia suporte espiritual, encorajadora, boa ouvinte e muito mais além do que algumas organizações agora colocam no mesmo pacote que chamam de *programa de assistência ao empregado*.

A igreja queniana que frequentávamos em Nairóbi constituiu outro porto espiritual no qual eu podia me ancorar seguramente e descarregar qualquer bagagem emocional ou espiritual trazida comigo.

Um pequeno grupo de quatro irmãos de confiança que se encontravam comigo regularmente todas as vezes em que eu estava de volta a Nairóbi também me servia de refúgio.

Durante meu momento de restabelecimento em Nairóbi, Ruth me atualizava com os assuntos mais urgentes da empresa, tanto financeiros, quanto logísticos e de funcionários. Tentávamos traçar estratégias e estabelecer prioridades para as semanas subsequentes. Depois, ela me levava até o aeroporto e me colocava no avião em direção à zona de guerra, mais uma vez, sabendo que tudo que podia fazer era orar para Deus e crer que Ele cuidaria de mim durante o tempo necessário até eu retornar para casa.

TREZE

Acabado e vazio

A violência na Somália aumentou em 1993. A situação parecia se tornar mais caótica a cada mês. No início de junho, 24 paquistaneses pacificadores foram assassinados. Em agosto de 1993, numa tentativa de restabelecer controle e coibir violência crescente, a Força-Tarefa Ranger do Exército Americano foi enviada para a Somália a fim de erradicar as forças rebeldes. A ofensiva da Força-Tarefa Ranger no Olympic Hotel à procura de líderes rebeldes, numa batalha de dezessete horas, em outubro resultou na perda de dezoito soldados americanos. Oitenta e quatro soldados americanos foram feridos. Descobrimos, futuramente, que mais de setecentos somalis também tinham sido mortos. Tal engajamento, cujo barulho podia ser ouvido de nosso escritório ha quase 2 km de distância, foi mais tarde nomeada de "Batalha de Mogadíscio" e ficou famosa com o livro e filme chamado *Falcão Negro em Perigo*.

A frequência e a intensidade da violência diminuíram por um tempo após a tragédia. Todavia, perspectivas pela paz e qualquer esperança de solução definitiva para o conflito pareciam impossíveis. Depois de várias tentativas frustradas de unir as facções beligerantes, as Nações Unidas começaram a questionar se era prudente seu envolvimento na Somália. Do meu ponto de vista, a mensagem da ONU era clara: "Os somalis não valiam tanto esforço, custo ou vida". O preço era alto demais para salvar pessoas que nem mesmo sabem dizer "*Thank you*".

Nossa maior preocupação era o 1,7 milhão de pessoas que tinham sido deslocadas devido a anos de guerra civil brutal, seca e fome, e agora eram ainda mais vitimadas pela violência anarquista dos clãs, pela turbulência política e pelo arruinamento das estruturas societárias. Graças aos recursos de ajuda humanitária das Nações Unidas e ao trabalho de tantas agências de ajuda, a maioria dos refugiados que invadiram Mogadíscio recebia a nutrição necessária para sobrevivência. Todavia, tal progresso não vingou por muito tempo. Obviamente, a Somália demandaria recursos astronômicos para recriar uma nação funcional mais uma vez, e tal processo levaria, sem dúvida, longos anos. Mesmo enquanto as Nações Unidas decidiam, fastidiosamente, prolongar o compromisso com a Somália por mais seis meses, nossa organização se comprometeu a dar continuidade ao trabalho enquanto a entrada no país fosse possível e a violência não atingisse o ponto de não conseguirmos mais realizar nossas atividades. Estávamos determinados a não permitir que o mal vencesse o bem.

****

Uma breve licença em família nos Estados Unidos, do final de 1993 até os primeiros meses de 1994, nos renovou da fadiga física e do estresse emocional dos quase dois anos vivendo dentro da turbulenta Somália. O tempo de descanso, novamente, nos proporcionou a oportunidade de encontrar os patrocinadores e consultar os conselheiros.

Quando falamos a respeito da Somália durante o período nos Estados Unidos, sentimos emoções intensas e muitas vezes conflitantes. Fui bastante resistente no compromisso de abraçar o sofrimento da Somália. As necessidades daquele país eram gigantescas, obviamente, e eu amava o que estávamos fazendo. Além disso, também me sentia extremamente orgulhoso dos nossos esforços. Iniciamos nossa equipe do zero, e sem demora nos tornamos uma importante organização internacional de ajuda humanitária. Havíamos contratado um número significativo de somalis e distribuído milhões de dólares em recursos emergenciais para atender às necessidades de sobrevivência de milhares de famílias desesperadas.

Em relação à necessidade física da Somália, o impacto de nossa equipe era fantástico! No entanto, quando considerava as necessidades espirituais dos somalis, minha avaliação quanto aos esforços não era tão positiva. Na verdade, além dos relacionamentos estabelecidos com amigos somalis e colegas de trabalho, eu poderia considerar muito pouco como "sucesso" no âmbito de suprir as necessidades espirituais. Senti profunda preocupação, até mesmo culpa, sobre esse quesito.

****

O *Jesus* das escrituras ensinou seus discípulos a oferecerem alimento aos famintos, água aos sedentos, cura aos doentes e feridos, e a cuidarem dos sofridos e perseguidos. Esse era nosso nítido propósito na Somália e eu julgava colocar tudo em prática muito bem.

Jesus também instruiu seus discípulos a saírem pelo mundo fazendo discípulos. Realizamos bem a parte do mandamento do mestre em "ter ido a todo mundo". Contudo, falhamos em cumprir outra parte do mandamento, "fazer discípulos".

Não conseguíamos encontrar maneira de conciliar os dois grandes temas do chamado de Jesus. Por mais estranho que pareça, era fácil suprir as necessidades físicas na Somália. No entanto, tratar das necessidades espirituais parecia impossível. Nosso desejo mais profundo era compartilhar Jesus com as pessoas. Era nossa paixão e objetivo, a motivação principal em nosso trabalho, e vinha de Deus. Contudo, com frequência, parecia impossível vencer as barreiras erguidas diante de nós. Ainda hoje admito que não existem respostas fáceis para tal dificuldade crucial. Como é possível testemunhar Jesus verbalmente e com ousadia num país onde falar dele é contra lei? Como seria possível fazer amigos se tornarem seguidores de Cristo sabendo que a nova fé poderia levá-los à morte? Já tínhamos discutido questões como essas bem antes de entrar na Somália, mas, de repente, já não se tratava mais de questões teóricas. De repente estávamos falando de pessoas e vidas reais.

Se compartilhar minha fé com um amigo poderia levá-lo a morte, eu a compartilharia mesmo assim? E teria condições de enfrentar as consequências? Tais questões eram profundamente perturbadoras, e lutávamos contra elas dia e noite.

****

Desde o momento em que Ruth e eu sentimos o chamado para a Somália, começamos a buscar conhecimento e entendimento de qualquer um e de todos. Conversamos com líderes de grandes organizações humanitárias, falamos com cristãos de várias agências, conversamos com pessoas de oração e familiarizadas nos caminhos de Deus. Repetidas vezes perguntávamos: "Como podemos demonstrar o amor de Cristo de maneira eficaz e compartilhá-lo com pessoas que não têm ideia de quem Jesus seja? Como impactar espiritualmente um lugar tão hostil para a fé? Como exibir um testemunho cativante por Jesus entre pessoas que se sentem no dever de insultar e perseguir os discípulos dele? Como as pessoas serão capazes de reconhecer o amor de Cristo em nós se nunca lhes dissermos de quem é o amor cuja motivação nos move? De que forma o amor de Deus é capaz de transpor tamanho ódio?".

A maioria com quem conversávamos tinha muito pouco a oferecer. Alguns responderam que orariam e pensariam a respeito – e entrariam em contato. Nitidamente não éramos os únicos perturbados por tais questionamentos. Assim como também não éramos os únicos sem boas respostas.

No entanto, durante esse tempo nos Estados Unidos, alguns dos meus mentores proporcionaram tremenda ajuda quando responderam: "Nik, raríssimas vezes, talvez nunca, encontraremos lugares como a Somália. Viver para Cristo naquele tipo de mundo é algo jamais antes aventurado por nós. Acredito ser esse o motivo pelo qual permitimos que fosse sozinho até lá. Juntos precisamos encontrar a solução".

Curiosamente, não me decepcionei ao ouvir meus mentores e colegas admitirem não que não tinham respostas para meus questionamentos. Na verdade, fiquei aliviado. Percebi que havíamos recebido a liberdade de ir até lá sozinhos e explorar as possíveis estratégias necessárias para os irmãos da fé morarem e trabalharem num lugar como a Somália. Considerando que não existia estratégia para sermos obrigados a seguir, sentimos a liberdade de criar a nossa própria, do nosso jeito.

Naquele momento, Ruth e eu nos sentimos livres para sonhar em encontrar, ou, se necessário, *desenvolver* materiais de discipulado e orientação prática para pessoas como nós, vivendo e trabalhando em alguns dos lugares mais difíceis do mundo – pessoas sedentas por compartilhar o amor de Deus naqueles locais. De um lado, não existiam respostas fáceis. Do outro, estávamos empolgados pela oportunidade de encontrá-las sozinhos.

****

Antes de começarmos a agir na liberdade recém-descoberta na África, passamos mais algum tempo em Kentucky com a família. Após minha experiência com meu pai na última visita, pensei que talvez houvesse mais tempo agora para falar mais sobre a Somália. Sabia que ele estaria interessado em razão do incidente "Falcão Negro em Perigo" e a recente retirada americana da maioria das forças militares na Somália. Perguntei ao meu pai o que diria aos amigos agora que as forças militares dos Estados Unidos haviam sido obrigadas a se retirar.

Papai balançou a cabeça em desaprovação e, com muita tristeza, respondeu:

– Já contei a eles. Disse que, se os militares americanos tivessem ouvido seus conselhos, ainda estariam lá, provavelmente não os teriam expulsado, e tudo estaria melhor agora.

Não aguentei ficar sério. Mais uma vez, não tive coragem de jogar um balde de água fria no orgulho de pai, então não contei que em alguns momentos ainda duvidava se tudo que fizera na Somália ou com os somalis provocara qualquer diferença.

****

Percebi pequenas mudanças quando retornamos ao Quênia e fiz minha próxima viagem à Somália pouco mais cedo naquela primavera. Pessoas necessitadas ainda precisavam de ajuda. Líderes de clãs rivais ainda não estavam dispostos a se reconciliarem. Apesar da terrível mesmice da situação, as Nações Unidas haviam dado autorização de seis meses de prorrogação para as operações de ajuda humanitária, ou seja, nossa organização ainda tinha muito trabalho a fazer.

Notei mais navios no porto e mais trânsito nas ruas. Mais mercadorias chegando. Algumas lojas inclusive estavam em funcionamento. Ao mesmo tempo, o ambiente parecia bem menos seguro agora que os rastros da segurança militar das Nações Unidas tinham sido reduzidos para menos da metade. Como consequência, as regiões onde podíamos circular seguros e o número de lugares onde nosso trabalho havia sido aprovado foram reduzidos. Senti que tínhamos apenas algumas semanas ou meses antes de as Nações Unidas se afastarem do país. Tudo estava muito claro para mim, a esperança para a Operação Restaurar a Esperança se exauria.

Claro, o trabalho não dependia da resolução das Nações Unidas. Nenhuma autoridade terrena nos enviara à Somália. Nenhum poder do mundo tornara possível nossa presença ali.

Obedecíamos a uma diretiva mais elevada.

Mesmo assim, apreciávamos os recursos de ajuda internacional que haviam chegado em abundância ao país e nos beneficiávamos deles. Infelizmente, tais recursos desapareceram tão rápido quanto chegaram.

Pensávamos ter tudo de que necessitávamos quando, quase da noite para o dia, as Nações Unidas, finalmente, enxergaram a Somália. Ficamos esperançosos quando os Estados Unidos e as tropas de coalizão se apresentaram em peso. Agora, o mundo inteiro parecia, rapidamente e sem alarde, esgueirar-se dessa terra ainda quebrada e desse povo devastado.

Até as pessoas de fé pareciam perder o interesse na Somália. Obviamente, é difícil manter compromisso diante do fracasso, da perda e do sacrifício. Víamos toda ajuda se escoando.

Deus, entretanto, não desistira da Somália.

****

Não fazia muito tempo que eu retornara à África quando recebi um convite que proporcionou uma das mais importantes experiências espirituais vividas por mim na Somália – na verdade, em toda minha vida. O convite chegou de um grande amigo que trabalhava com outra organização, convidando-me para participar de um culto especial com mais quatro cristãos somalis que já haviam trabalhado para várias organizações de ajuda.

Éramos em sete, sendo três ocidentais e quatro cristãos locais, e nos encontramos num lugar arranjado com antecedência, no sigilo de uma construção em ruínas no coração de Mogadíscio, aonde cada um chegou sozinho, vindo de diferentes direções. Depois de nos reunirmos e nos cumprimentarmos com amor fraternal, meu amigo nos direcionou em oração e comunhão. Compartilhamos uma refeição leve, e então, como os discípulos de Jesus vêm fazendo há mais de 2 mil anos, compartilhamos a ceia do Senhor em memória e celebração à morte disposta e sacrificial na cruz em nosso lugar, em expiação dos nossos pecados.

Comemos o pão, partido por nós, em memória de seu corpo. Pensei em quantas vezes, eras a fio, os cristãos partiram o pão aqui nesta capital, agora a capital de um país quebrado. Eu não tinha como saber, mas suspeitei de que este ato já não acontecia ali há anos. (E, lembrando-me daquele momento, quase vinte anos depois, acredito que, desde então, a Ceia do Senhor não tem sido realizada em Mogadíscio).

Bebemos o suco de uva em memória ao sangue de Cristo, derramado por nós. Pensei em quantos somalis anônimos tinham enfrentado perseguição, sofrimento e morte neste país em razão da fé. Senti-me honrado em cultuar a mesa do Senhor com os quatro irmãos dispostos a arriscar o próprio sangue, o corpo e a vida para seguir a Jesus entre um povo descrente e um país incrédulo.

Nunca antes sentira o verdadeiro preço e a significância da Última Ceia de Jesus com seus discípulos. Esse momento, sublime e sagrado, foi também o momento que suscitou séria preocupação sobre os quatro irmãos. O olhar desconfiado e temeroso estampado no semblante dos meus amigos somalis me serviu como poderoso lembrete não somente da morte do Senhor e do sacrifício de 2 mil anos atrás, mas também de seu constante e contínuo amor, de sua fidelidade e presença na vida dos valentes e fiéis seguidores de hoje.

****

Infelizmente, pouco tempo depois numa terrível manhã de agosto, aquela importante experiência da Ceia do Senhor tomou proporção emocional lancinante ainda maior para mim.

QUATORZE

Caro demais

Era uma manhã como muitas outras. Sentei-me numa sala de reunião para ouvir o comandante militar descrever a situação atual na Somália. As condições mudavam diariamente, e tais atualizações aconteciam com regularidade. A reunião se encerrava quando um colega irrompeu na sala. Embora não fosse muito apropriado interromper reuniões como aquelas, era óbvio que o amigo estava aflito por algo que acabara de acontecer. Interrompendo o comandante, relatou o seguinte:

— A maioria aqui sabe que nossa organização tem trabalhado na Somália há décadas. Acabei de ser informado, nesta manhã, que quatro cristãos com os quais já trabalhamos foram vítimas de uma emboscada, em diferentes incidentes, e assassinados a caminho do trabalho. Nosso escritório já havia recebido um ultimato dizendo que, caso a organização não saísse imediatamente da Somália, todos trabalhando para ela seriam assassinados.

Com lágrimas jorrando no rosto, acrescentou:

— Não temos outra escolha a não ser cair fora!

Com tal declaração, ele deu meia-volta e saiu tão rápido quanto entrara.

****

Uma onda de pavor me inundou. Mesmo sem ouvir mais detalhes, de certo modo, tive a sensação de saber mais do que meu amigo avisara. Acreditando contra todas as possibilidades que minha desconfiança não tinha fundamento, não demorou nada para eu descobrir que os quatro somalis assassinados naquele dia eram os mesmos quatro irmãos com quem compartilhara a Ceia do Senhor, há apenas algumas semanas. Os quatro foram assassinados em emboscadas coordenadas cujos ataques ocorreram simultaneamente, com poucos minutos de diferença, naquela mesma manhã.

Um grupo muçulmano radical reivindicou o ataque. Para completar a crueldade, os assassinos roubaram os corpos das vítimas, os quais nunca foram achados.

Um dia após o assassinato, andei pelas ruas da vizinhança de Mogadíscio com guardas armados seguindo meus rastros de luto. Em todos os lugares percorridos por meu olhar, só enxergava destruição e sofrimento. Pensando em meus amigos assassinados, fui tomado por furiosa revolta em virtude do mal e comecei a clamar a Deus, como um profeta do Antigo Testamento, desejando ver a destruição descer a terra lá das alturas.

— Por que o Senhor não destrói este povo? — gritei em tom de exigência, querendo resposta. — Já mataram quase todos os seus aqui, os seus filhos. Ninguém desse tipo merece sua salvação ou graça!

O Espírito Santo falou ao meu coração bem ali, no mesmo instante:

— *Nem você, Nik! Você não foi menos perdido do que eles estão, mas, pela minha graça, você nasceu num contexto onde pôde ouvir, entender e crer. Este povo não teve a mesma oportunidade.*

Deus me fez lembrar uma verdade das Escrituras: "*Mesmo ainda sendo pecador, Cristo deu sua vida por mim*". E, então, outro pensamento veio a minha mente: *E Jesus morreu não apenas por você Nik, mas por todos os somalis no Chifre da África.*

Eu já sabia, há muito tempo, que não era digno do sacrifício de Cristo. Eu entendia isso. Sabia que minha salvação resultava da graça de Deus. Sabia de tudo... em meu intelecto.

Todavia, de repente, meu entendimento mergulhou num patamar mais profundo. Meu pecado foi exposto de modo mais claro diante dos meus olhos. Enxerguei meu coração ruim. Percebi que, sem Jesus, não há esperança... para ninguém. Na Somália, era fácil categorizar as pessoas: bom ou mau, maligno ou benigno, egoísta ou altruísta, ingrato, dócil ou virulento. A rotulação ocorria quase de modo automático. Porém, aqui neste momento, enxerguei a condição irremediável de todos os seres humanos sem a graça de Cristo.

Minha fúria, acredito, foi uma reação apropriada contra o maligno. O próprio Deus odeia o mal com justa ira. No entanto, nós que apregoamos representá-lo precisamos distinguir entre o pecado e o pecador. Isso era uma luta diária para mim, e em alguns dias, em específico, ficava ainda mais difícil. Para dizer a verdade, duas décadas mais tarde continuo com dificuldade nesse sentido.

Precisava me esforçar sobremaneira para não esquecer que nem o islã nem os muçulmanos eram os verdadeiros inimigos aqui. A *perdição* constituía o inimigo. O inimigo era o mal traiçoeiro que enganava e atava as pessoas como ovelhas desgarradas sem pastor. Os somalis eram as vítimas, e não a fonte ou a causa do mal enraizado em sua nação. Eram vítimas dos efeitos repugnantes da maldade.

****

Nos dias posteriores à morte dos meus quatro amigos, preocupei-me com todos os somalis cristãos que já haviam feito algum tipo de contato com nossa organização. O número de cristãos era relativamente pequeno e sempre fomos cuidadosos para não expor nosso relacionamento. No entanto, eu já era bem próximo da maioria, e amava a cada um como família. Apavorava-me pensar que continuar com essa proximidade poderia torná-los os próximos alvos. O pânico me dominava só de pensar na possibilidade de causar a dor dos meus irmãos.

Para nossa surpresa, não eram somente os somalis cristãos que se encontravam em perigo. Logo após o aviso, três dos nossos guardas somalis chegaram até mim, horrorizados quando seus nomes apareceram, sem explicação, na lista de "Somalis infiéis/traidores" publicada por um grupo terrorista local. A lista, distribuída em todos os complexos ocidentais e anexada em toda cidade, alegava querer identificar indivíduos suspeitos de terem se convertido ao cristianismo, os simpatizantes ou interessados na fé cristã, bem como os amigos íntimos dos cristãos. Todas essas pessoas mereciam ser mortas.

Os três empregados somalis correram até o escritório segurando uma das listas na mão:

– Dr. Nik! Dr. Nik! – gritavam em tom de súplica. – Somos bons muçulmanos, e o senhor sabe.

Concordei, pois de fato sabia que eram.

Insistiram para eu tomar providência sobre a lista com os nomes, e me entregaram um enorme pedaço de papel.

Disse-lhes que não sabia como ajudá-los.

– Mas cometeram um grave engano! – insistiram apavorados. – Somos muçulmanos, não cristãos. O senhor podia falar isso e afirmar que a lista está errada!

Os homens foram tão insistentes e estavam tão desnorteados pelo medo que decidi perguntar qual a sugestão sobre o que poderia ser feito daquela lista. Então tais empregados muçulmanos imploraram que eu os acompanhasse até o escritório do grupo terrorista e testemunhasse sobre o fervor de cada um na fé islâmica.

A sugestão era totalmente insana. Imaginei-me entrando na sede terrorista e testemunhando a respeito da veracidade da fé dos meus funcionários muçulmanos. Quase ri em voz alta em tom egoísta. E lembrei-me, mais uma vez, de como seria impossível me preparar e me equipar, com antecedência, para viver naquele mundo insano.

A sugestão dos guardas parecia completamente absurda, mas os homens estavam sérios. Muito relutante, concordei em tentar. Dirigimos até a fortaleza do grupo islâmico mais militante de todo país. Entrei no local sozinho. Com todo sarcasmo, interiormente "agradeci" a eles por terem enviado a lista de ocorrência ao nosso complexo. Mostrei os nomes dos três funcionários muçulmanos e esclareci:

– Isso deve ter sido um erro. Esses três homens listados não são apenas funcionários valiosos, mas também excelentes e fiéis muçulmanos. Vão à mesquita todas as semanas, oram em direção a Meca cinco vezes ao dia. Fazem jejum durante todo Ramadã. Um deles inclusive já esteve em Hajj. Não os matem. Eles são muçulmanos fiéis e muito bons. Senhores, é preciso tirar os nomes deles desta lista.

Para minha surpresa, os militantes me agradeceram por esclarecer a questão e prometeram riscar os nomes dos meus funcionários. A reação dos militantes me deixou atônito. Já em direção à porta de saída, parei, olhei para trás e perguntei com curiosidade:

– Teria como decifrar... por que razão publicaram uma lista com 150 nomes quando sabem que não há tantos cristãos assim em todo país hoje?

No mesmo instante percebi quão estúpida havia sido minha pergunta. Deveria ter ficado de boca fechada.

Entretanto, responderam-me mesmo assim:

– Está certo – admitiram. – Acreditamos não haver mais de quarenta ou cinquenta somalis cristãos traidores neste país. Mas, se enumerarmos os cristãos que já sabemos existir e adicionarmos à lista aqueles de quem suspeitamos, então temos boa chance de pegar todos.

Que estratégia calculista! Uma estratégia confirmada numa fria discussão cujo jornal local publicara um ou dois dias depois. Um militante islâmico escrevera uma carta ao editor perguntando: "Por que se preocupar em matar cristãos somalis – a estratégia não seria mais eficiente se os ocidentais, com quem se relacionam e aqueles capazes de convertê-los, fossem mortos?".

A resposta do editor foi a seguinte: "Assassinar ocidentais pode torná-los mártires. Portanto, o custo-benefício não é tão grande, pois o caso pode influenciar outros cristãos comprometidos a vir ao nosso país e se apossar da capa de cada mártir. Se, no entanto, matarmos os convertidos daqui, previu o editor, os cristãos ocidentais sentirão medo e voltarão para casa". A conclusão do editor me causou calafrios: "Tais ocidentais não suportarão ver o assassinato de seus convertidos. Quando convertidos são mortos, os cristãos batem em retirada".

Por mais que eu quisesse objetar, sabia que a verdade estava nas palavras do editor. Quando aqueles quatro homens foram assassinados, havia por volta de setenta voluntários ocidentais comprometidos servindo grupos de ajuda em toda a Somália. Dois meses depois, apenas quatro ainda trabalhavam com os somalis.

Até hoje, não entendo por que não caí fora também. Lembro-me de ter pensado: caso eu fosse embora, a essa altura, os sacrifícios de meus amigos por Jesus na Somália seriam desperdiçados. Pensei em meus quatro amigos. Pensei que, de alguma maneira, a minha permanência não apenas honraria a memória deles, mas também valorizaria suas mortes.

****

Apesar do conselho de muitos, nossa organização internacional reiterou o compromisso de continuar na Somália. Confirmamos nossa permanência enquanto sentíssemos que Deus poderia nos usar para fazer a diferença. Nossa experiência, a essa altura, convencera-nos de que nada além do amor de Jesus – nenhuma ajuda de agência humanitária internacional, ou cultura ocidental, ou determinado tipo de governo, diplomacia, ou força militar – seria capaz de curar as cruéis feridas dessa triste e sofrida nação.

****

Ao começarmos o trabalho na Somália, o número de cristãos era muito pequeno. No entanto, logo no início o número cresceu um pouco. Quando os quatro amigos foram assassinados, conhecíamos apenas um punhado de somalis cristãos que não fora morto. Embora não tivéssemos muita ideia sobre como seria nosso sucesso logo que iniciamos o trabalho na Somália, posso afirmar que tal cenário não fazia parte dele.

No início do trabalho, o número de cristãos ali quase lotava uma pequena igreja em Kentucky. Depois, não havia quantidade suficiente para lotar um banco.

Chegamos ali, obedientes ao chamado de Deus, para ir ao encontro das necessidades das pessoas feridas, sem saber que Deus havia chamado para si um grupo de cristãos remanescentes espalhados antes da nossa chegada. Infelizmente, apesar das melhores intenções e sonhos, fomos incapazes de testemunhar pessoas se entregando a Cristo. Pior ainda, chegamos muito tarde para nos relacionar, fortalecer ou discipular os poucos fiéis.

Chegamos para testemunhar o declínio deles.

Ainda assim, apesar de a maioria dos somalis convertidos ter sido assassinada, ou fugido do país, permanecemos, pois tínhamos a convicção de que Jesus continuava ali. Muito tempo atrás, Jesus explicara: tudo que nós, como seus discípulos, fizéssemos para "um destes pequeninos" – o faminto, o sedento, o doente, o despido e o perseguido –, faríamos, na verdade, para Ele. Acreditávamos, então, ministrar para Jesus em "um destes pequeninos" por toda a Somália.

QUINZE

Quando o seu melhor não é suficiente

Durante aqueles dias tão assombrosos, nossos vizinhos somalis nos valorizavam por sermos quem éramos, pelo que falávamos e fazíamos. De vez em quando, percebíamos que observavam os valores motivadores do nosso trabalho. Pelo menos esperávamos que sim.

Por exemplo, por vezes deparávamos com alguns somalis surpresos por não aceitarmos suborno para alimentar certas pessoas primeiro ou para escolher qual vilarejo ajudar. A cultura local convencera os habitantes de que todos podem ser corruptos. Certo dia, um grupo de somalis de um vilarejo costeiro, os quais se sentiam gratos, veio falar conosco:

– Vimos que não aceitaram suborno para alimentar nosso vilarejo. Depois de sermos alimentados por sua equipe, se recusaram em receber pagamento em troca.

Como tudo era verdade, balancei a cabeça em concordância. Não tinha a menor ideia de ouvir o que viria depois. No entanto, eles continuaram:

– Sabe, somos muçulmanos e não podemos consumir alguns alimentos, pois são considerados imundos. Por isso, lhes trouxemos isto. – Abriram duas caixas térmicas enormes onde havia 78 lagostas frescas do Oceano Índico! O homem prosseguiu: – Não podem considerar isso um suborno porque já nos alimentaram, logo, trata-se de um presente de agradecimento de nosso vilarejo para o seu povo. Sabemos que os ocidentais adoram lagostas.

Saboreamos o banquete de lagostas, e agradecemos de coração o presente, principalmente por ter sido estimulado por atitude e valores corretos observados em nós e em nosso trabalho.

****

O *ato* de notarem e agradecerem o sério compromisso exigido em nosso trabalho de ajuda nos encorajou. Na verdade, algumas vezes, os muçulmanos até reconheciam o poder e a realidade daquele a quem servíamos. Frequentemente, em momentos de grandes perigos, meus funcionários muçulmanos e amigos pediam-me que orasse por eles. Em outros momentos, diante de uma crise médica, os enfermeiros muçulmanos paravam os tratamentos emergenciais e diziam: "O senhor sempre ora pelos nossos doentes. Então, primeiro, peça ajuda a Deus, e depois continuaremos o tratamento desta criança". Assim, parávamos e orávamos, orações simples e graciosas, em público e em voz alta. Em seguida, o tratamento médico prosseguia.

Esperávamos estar desenvolvendo um pequeno círculo de luz no vasto vazio da escuridão. No entanto, por muitos dias não tínhamos certeza. Mesmo assim, eu acreditava, Deus nos enviara para lá. Onde estava, porém, o fruto espiritual do trabalho e sacrifício? Não havia igrejas cristãs, não existia o corpo de Cristo em lugar algum da Somália antes de nossa chegada. Agora, anos depois, a situação parecia ainda pior. Na época, quase não havia indivíduos fazendo parte do corpo de Cristo. Existia ainda esperança de o bem triunfar sobre o mal na Somália?

Quando as Nações Unidas retiraram os funcionários do país na primavera de 1995, ninguém sabia o que ocorreria. Na verdade, pouca mudança acontecera para o cidadão comum da Somália. Os pobres ainda enfrentavam dificuldades em adquirir recursos para necessidades essenciais da vida. Clãs rivais ainda se confrontavam. Alguns dias eram melhores. Outros piores. Depois de todo sofrimento por que aquele povo passou durante anos, os meados dos anos 1990 não foram, nem de perto, os melhores momentos para a Somália.

****

A *saída* das Nações Unidas, entretanto, modificou a natureza e o escopo de nosso trabalho. Com menos atenção às necessidades da Somália, a ajuda financeira diminuiu bem depressa. Perdemos também acesso fácil a transporte e segurança. Foi um tempo doloroso e perigoso para nós por vários motivos. Fomos obrigados a dispensar funcionários que estavam conosco havia muitos anos, os quais eram bastante úteis ao trabalho. Em muitos casos, ao dispensar o funcionário, eu tentava amenizar a dor doando um incentivo financeiro extra de quinhentos dólares após mostrarem o planejamento de abrir um pequeno negócio. Tal quantia, suntuosa para os somalis naquela época, era suficiente para um homem prudente e engenhoso abrir uma loja ou iniciar um pequeno empreendimento a fim de cuidar da família.

Eu pressentia o inevitável: a oportunidade para trabalhar em qualquer lugar na Somália estava chegando ao fim.

Tal percepção era particularmente difícil de aceitar, afinal as pessoas da nossa organização investiram sangue, suor e lágrimas, com pouquíssimos resultados tangíveis. Sem dúvidas, amenizamos o sofrimento e salvamos milhares de vidas. Mas por quanto tempo? Para qual finalidade? Teria a Somália melhorado desde a nossa chegada?

Sinceramente, não sabia como responder a tais questões. E meus conflitos, nesse ponto, provocaram em mim profunda crise espiritual. Eu sabia que Deus nunca prometera recompensar o sacrifício de obediência com resultados mensuráveis de sucesso. Ao mesmo tempo, ficava me questionando por que nossos sacrifícios haviam rendido tão pouco. Talvez, pensei, existissem resultados invisíveis aos olhos humanos. Mesmo assim, os dias eram de tremenda escuridão.

Obstinado, ou talvez orgulhoso, recusara-se a desistir e ir embora. Temia deixar tudo para trás e dar ao adversário motivos para dizer "venci". Apeguei-me, então, à convicção do salmista Davi quando pronunciou: "O choro pode persistir uma noite, mas de manhã irrompe a alegria". Lamentavelmente, depois de seis anos na Somália, a cada manhã havia mais motivos para lágrimas.

Talvez, pela primeira vez em minha vida, eu lidava com algo cuja minha incapacidade me impedira de consertar. Oração e obediência, trabalho árduo e bom treinamento, intenções geradas em Deus e sacrifícios, nada parecia fazer a menor diferença. A situação mudara muito devagar e tão pouco na Somália desde meu primeiro voo em Hargeisa. Quanto tempo o próprio Deus levaria para melhorar a vida na Somália? Envergonho-me em confessar, mas cheguei inclusive a pensar que tal tarefa era muito grande talvez até mesmo para Deus.

Minha educação me ensinara que, se eu treinasse mais, trabalhasse mais, orasse mais, sacrificasse mais e semeasse de maneira mais abrangente, Deus concederia abundante colheita espiritual. Todavia, esse não foi o resultado na Somália.

Tínhamos uma certeza: havíamos sido obedientes. Estávamos orgulhosos da equipe e de seu tão árduo trabalho. Porém, ao tentar catalogar os resultados dos esforços, o trabalho interrompido, a escassez de frutos espirituais, tudo que fomos incapazes de realizar, dúvidas e questionamentos encheram-me a mente. Valeu a pena todo esforço, dinheiro e energia investida? Valeu a pena o preço pago?

Não era possível saber, claro, e muito em breve tais questões difíceis se tornariam ainda mais pessoais.

DEZESSEIS

A morte nos acompanhou até em casa

Nosso segundo filho, Timothy, lutava contra asma desde os 7 anos. A situação geralmente piorava quando mudávamos e o corpo precisava se ajustar ao novo ambiente. Porém, desde que chegáramos a Nairóbi, ele nunca tivera crises sérias – até uma viagem escolar a Mombaça em 1996. Ele ficou num quarto úmido do hotel e o mofo desencadeou uma reação grave. Um dos acompanhantes correu com ele para a emergência do hospital, onde a equipe médica rapidamente estabilizou sua respiração. Depois da viagem, quando os professores nos informaram o incidente, sem demora iniciamos acompanhamento médico.

O médico nos garantiu que a recuperação de Tim estava indo bem, mas disse que estávamos certos em nos preocupar. Além disso, deu-nos a boa notícia de que os pulmões e o coração de Tim haviam se fortalecido por lutarem contra as infecções causadas, por anos, pela asma. Tim era agora um jovem robusto e saudável. No entanto, a má notícia era que ele se tornara tão resistente e seu corpo tão bom em lutar contra crises asmáticas que, quando estivesse diante de sérios sintomas de outra crise, poderia já estar prestes a sofrer um ataque cardíaco.

Levamos muito a sério o alerta médico. Fizemos até mesmo um estoque de caneta de epinefrina para ser usado num primeiro sinal de crise. No entanto, ele não enfrentou um episódio sequer por mais de um ano.

Bem cedo, numa manhã de domingo de Páscoa em 1997, Tim acordou Ruth e eu. Era uma e meia da manhã. Quando entrou cambaleando em nosso quarto, já estava com tanta dificuldade para respirar que nem mesmo conseguia falar. Nunca tínhamos usado a caneta de epinefrina, mas, no mesmo instante, cravei uma na cocha de meu filho. Não houve melhora aparente na respiração, então logo cravei a segunda caneta. Nada mudou.

Corri com o Tim para o carro, deixei Ruth com os outros meninos, e me dirigi ao hospital mais próximo. Na metade do caminho, Tim sofreu um ataque cardíaco.

As ruas escuras de Nairóbi encontravam-se desertas. Não conseguia ver ninguém para me ajudar, até que enxerguei um homem saindo do escuro shopping center. Então, rapidamente bloqueei seu carro com o meu, saltei para fora e contei-lhe o que estava acontecendo. Exigi que aquele homem me levasse até o hospital no carro dele, pulei no banco de trás e iniciei o RPC no meu filho de modo insano. Felizmente, o coração de Tim voltou a bater quase no mesmo instante, e ele voltou a respirar. Quando chegamos ao hospital, a equipe médica iniciou os procedimentos. Enquanto isso, Ruth estava a caminho do hospital.

Nesse momento, embora inconsciente, Tim respirava. Quando Ruth, Shane e outros amigos chegaram, abraçamo-nos e começamos a orar. No momento em que os médicos voltaram para falar conosco, antes mesmo de proferirem as próximas palavras, os olhos deles diziam tudo.

Tim morrera. Ele tinha dezesseis anos de idade.

O tempo congelou ali e nos apoiamos na cama de Tim para segurá-lo. Naquela hora, algo dentro de mim também morreu. Mesmo num momento como aquele tínhamos certeza de que havia um lugar garantido no céu para Tim. Tal realidade nos trazia segurança. Contudo, fiquei destroçado com a perda. Naquela noite, Ruth usou a palavra "ressurreição"; eu insisti na crucificação. A dor era insuportável.

Por não haver mais nada a ser feito, voltamos para casa e começamos a telefonar para os familiares nos Estados Unidos e contar-lhes o ocorrido daquela manhã de Páscoa.

****

Mais tarde, ainda naquela manhã, sentamos com os outros filhos e contamos o ocorrido. Eu disse:
— Não escolhemos passar pelo terrível acontecimento de hoje. Não sei como conseguiremos viver daqui em diante. Porém, faremos de tudo para não desperdiçar a morte de Tim. Tentaremos o melhor para honrar a Deus, mesmo numa situação assim.

Nossos queridos nos Estados Unidos ficaram arrasados, mas estavam muito distantes. Embora soubéssemos que todos nos amavam, era complicado sentir o conforto da família a quase 15 mil quilômetros de distância, sendo que a maioria dos familiares nem ao menos tinha passaportes. O irmão de Ruth, entretanto, começou a fazer planos imediatos para ir até Nairóbi. Ele estaria no avião no dia seguinte.

A triste notícia se espalhou com rapidez e desencadeou um derramar de amor vindo de todas as partes do mundo. Amigos circunvizinhos encheram nosso lar. Entre a morte de Tim, em 28 de março, e o dia de nossa partida para os Estados Unidos, em junho, não cozinhamos sequer uma vez. Todas as refeições, por quase três meses, foram providenciadas por amigos e vizinhos.

Podíamos ter levado o corpo de Tim para nossa terra natal, Kentucky, para o enterro, mas sabíamos que ele desejaria que fosse diferente. Como segundanista do Ensino Médio, já nos dizia que não queria retornar aos EUA para cursar uma faculdade, mas sim ficar na África e se tornar professor. A África era seu lar.

Sabendo disso, decidimos enterrar Tim em sua escola em Nairóbi. Por milagre, a administração escolar concedeu o pedido e concordou em ceder um espaço do terreno. Consideramos um milagre ainda maior quando os oficiais do governo aprovaram nosso pedido.

Marcamos o funeral para o sábado seguinte. Durante aquela semana, nosso lar ficou repleto de gente, todas as horas do dia. Vizinhos, colegas de escola do Tim, e amigos da igreja queniana nos envolveram com carinho e amor.

Provavelmente, a maior surpresa da semana ocorreu na quinta-feira quando Omar Aziz, nosso funcionário somali sênior, ainda morando em Mogadíscio, apareceu na porta da frente de minha casa. Fiquei embasbacado quando ele informou:

– Eu andei da Somália até aqui. Precisava estar presente para ajudá-lo a enterrar *nosso* filho Timothy.

Logo depois de receber a notícia sobre a morte de Tim, esse querido amigo muçulmano iniciou a odisseia de cinco dias. Ele andara por campos minados, desertos e montanhas. Atravessara rios e fronteiras nacionais. Pedira carona e andara em caminhões boiadeiros. E assim, milhares de quilômetros depois, chegou em casa, apenas com as roupas do corpo.

Nunca me sentira tão insignificante. Eu jamais tinha visto tamanha demonstração de amizade. Omar Aziz, durante o funeral, sentou-se entre Ruth e mim.

****

O funeral aconteceu no anfiteatro da escola, ao ar livre. Centenas de pessoas encheram as encostas e ali ficaram sentadas. Para minha surpresa, nosso filho mais velho cantou com o coral da escola. O irmão de Ruth, o capelão do Ensino Médio e nosso pastor queniano pregaram no velório. Ouvimos palavras de testemunho e lembranças compartilhadas pelos amigos, colegas de escola e professores de Tim.

O tema do dia foi o amor e a graça de Deus. A mensagem foi ouvida por todos os presentes: jovens de diversos lugares de Nairóbi, nossos vizinhos hinduístas e muçulmanos, lojistas da comunidade adjacente. Após o culto, ouvimos alguma coisa repetida várias vezes como um refrão. As pessoas diziam: "Seu filho falava de Jesus para a gente" ou "Tim tornou-se amigo de nossa filha (*ou* filho)". Como fora reconfortante descobrir, depois da tragédia, o testemunho que Tim fora para tantas pessoas!

Depois do culto, enterramos o corpo do nosso filho a cinquenta metros do anfiteatro, próximo da encosta da colina.

****

O amor e o cuidado dos amigos nos carregaram. Deus se mostrou fiel. Estávamos confiantes em promessas. Mesmo assim, sentíamo-nos vazios e machucados pela dor e perda. A dor que vivíamos há anos pela Somália atingira o ponto máximo. Aparentemente, estávamos bem. Por dentro, em completo desespero.

Começamos a planejar uma viagem aos EUA, para descansar e visitar a família. Antes da viagem, porém, deparamos com outro telefonema arrasador do outro lado, a 15 mil quilômetros de distância. Era o pai de Ruth informando que a mãe dela havia morrido. Mais uma morte. Mais dor da crucificação. Nossos corações feridos e tristes tornaram-se ainda mais pesados, pois não pudemos nem ao menos viajar até lá para o funeral.

****

Antes de voltar aos EUA, senti a necessidade de viajar pela última vez a Mogadíscio para me despedir. Omar Aziz foi me buscar no aeroporto. Fiz uma reunião com os poucos funcionários que ainda realizavam o trabalho de ajuda. Eles, porém, sabiam que em breve toda a operação chegaria ao fim.

Agradeci a todos os tantos anos de fiel serviço ajudando nossa empresa a ajudar seu povo. Também agradeci por enviarem Omar Aziz até nós num momento de dor pela morte de Tim. Contei como me sentira surpreso e tocado ao vê-lo entrando por minha porta. Confessei a alegria e a consolação que a presença de meu amigo trouxera no funeral.

Omar aproveitou a oportunidade para compartilhar sobre sua viagem ao Quênia.

— Tem uma coisa que não entendi naquele funeral — admitiu Omar para os amigos. — Nik e Ruth enterraram Timothy, um filho amado pelo casal, amado profundamente. Durante o culto, muitos falaram sobre Tim. As pessoas cantaram. Choraram. Mas todos ali pareciam *saber* que Tim estava no paraíso! Por que nós, muçulmanos, também não podemos saber que nossos queridos estão no paraíso depois da morte? Por que apenas os seguidores de Jesus sabem exatamente para onde irão após a morte? Enterramos os nossos. Choramos. Voltamos à rotina. E não sabemos para onde foram nossos amados. Por que os seguidores de Jesus esconderam essas informações de nós?

As palavras de Omar foram poderosas, apesar de talvez, sem pretender, ele testemunhar para o próprio povo. Suas palavras, porém, tornaram-se um desafio ferrenho para mim. Por que, de fato, os seguidores de Jesus esconderam tais informações dos somalis por mais de 2 mil anos?

Omar Aziz talvez tenha falado demais, e isso me deixou bem preocupado. Temia ter ido longe demais no uso das palavras. Temi por ele também se tornar uma vítima da violência local, talvez até por um dos funcionários muçulmanos ali presentes.

Todos na sala, porém, voltaram a atenção para mim, como se esperassem uma resposta à pergunta agora no ar. *Por que os cristãos ignoraram os somalis por centenas de anos e guardaram Jesus para si?*

Eles esperavam uma resposta, mas eu não tinha uma.

Em vez de responder-lhes, outra pergunta queimou em meu coração, direcionada a Deus: *Por que, Senhor, no final do nosso trabalho aqui, os corações pareciam finalmente preparados para fazer a pergunta certa?*

Também não tive resposta para tal pergunta. E, então, chegou a hora de partir.

Naqueles momentos finais, disse aos meus funcionários que podiam se sentir orgulhosos pelo trabalho pesado de ajudar a alimentar e vestir tantos somalis. Lembrei-lhes quantas vidas haviam salvado. Então disse:

– Gostaria de abençoá-los. Tudo bem se eu orar por vocês?

Eles ansiavam por aquilo. Compartilhei a bênção de Moisés registrada no capítulo seis do livro de Números, palavras antigas que soavam especialmente pertinentes a um povo numa terra não tão diferente da região do Antigo Testamento.

Estendi as mãos da mesma forma como os muçulmanos costumam orar e pronunciei em voz alta a bênção para alguns dos meus melhores amigos em todo mundo:

– O Senhor os abençoe e os guarde. O Senhor faça resplandecer o seu rosto sobre vocês e concedam-lhes graça. O Senhor volte para vocês o seu rosto e lhes dê a paz. Amém.

****

A *caminho* do aeroporto, conversei com Omar Aziz sobre o que ele falara a respeito do funeral de Tim. Eu o lembrei dos sonhos que tivera com meu filho durante o período que ficara em Nairóbi. Pelo visto, Tim continuou a aparecer para Omar em sonhos. Quando meu amigo compartilhou tal informação comigo, contei-lhe a história de Samuel e Eli, do Antigo Testamento. Contei-lhe como o menino tivera o mesmo sonho, na ocasião em que o ancião sacerdote o chamava. Samuel levantava da cama para saber do que Eli precisava. Todas as vezes, ele insistia: que não o chamasse e mandasse Samuel voltar para a cama. Por fim, o sacerdote entendeu tratar-se da voz do Senhor; era Ele quem chamava Samuel. Então, instruiu-o a dizer a Deus que estava ouvindo e pronto para saber o que tinha a dizer.

Lembrei Omar Aziz da história de Samuel e disse-lhe:

– Acredito que Deus tem falado com você por muitos anos por intermédio de várias pessoas, Omar. Ele o chama para Jesus. Nesses dias difíceis na Somália, talvez você seja a última e única chance de seu povo encontrá-lo.

Esse foi o desafio que deixei para meu amigo, e então me despedi.

No voo de volta a Nairóbi, refleti sobre as dúvidas que me assombraram dia e noite. *Depois de todo o tempo, custos, energia* e sacrifício doado por tanta gente, do que teriam valido (se é que tenham valido) os anos gastos na Somália?

Refleti também a respeito da história que Jesus compartilhara sobre o semeador que saiu a semear. Foi exatamente o que fizemos, semeamos. Por mais de milhões de dias, por milhões de feitos e por várias conversas espirituais naturais no contexto diário da vida na Somália, lançamos as sementes por toda parte. Por longos, penosos e áridos seis anos, observamos e esperamos. Meu relacionamento com Omar Aziz tornou-se um lembrete de que alguns indivíduos devem ter notado que talvez a semente tenha sido plantada com sucesso aqui e ali. *Porém, como e quando tais sementes poderiam crescer? Quem estaria ali para regar o campo e cuidar dele? Quem estaria ali para fazer a colheita, se algum dia houvesse alguma?*

Ao olhar lá de cima do avião, avistei uma terra hostil, em sua maioria formada por terreno ressecado, um deserto sem vida, um solo duro e rochoso. *Onde estaria o solo fértil mencionado por Jesus em sua história? Estou tão cansado dos pedregulhos, do solo endurecido, das ervas daninhas e dos espinhos! Onde estaria o bom solo na Somália? Haveria algum solo bom ali? Será que alguma semente conseguiria crescer?*

****

Nossa alma estava fraca. O tempo ali se esgotava, sem dúvidas. Tantas perdas e dores. Ao chegarmos aos EUA, os questionamentos não me deixavam descansar.

Valeu ou não a pena? Aquelas 50 mil pessoas alimentadas por nós, todos os dias, de qualquer jeito vão morrer de fome ou não? Poderia ter feito algo diferente? O quê? Como? A fé em Jesus é capaz de sobreviver e, acima de tudo, desenvolver-se em lugares tão hostis? E agora, para onde iremos, o que faremos daqui em diante?

A morte de Tim causou mudanças em nós. Depois de tudo que enfrentamos, estaríamos ainda dispostos a nos arriscar e colocar a família em risco para obedecer ao chamado do Senhor? Sinceramente, achava que tal resposta já fora resolvida, mas agora não tinha mais certeza.

****

Finalmente entendi como os discípulos de Jesus se sentiram naquele sábado desesperador e escuro entre a cruz e o túmulo vazio. Até mesmo em meus momentos escuros, nunca duvidei do amor de Jesus ao escolher morrer por mim naquela cruz. Até mesmo em meus momentos mais escuros, nunca duvidei da ressurreição de Jesus.

No entanto, aqui estava meu conflito: Não conseguia enxergar a relevância do poder da ressurreição de Jesus na Somália. Não conseguia identificar qualquer evidência do bem vencendo o mal. Não conseguia enxergar o amor vencendo o ódio.

DEZESSETE

Um novo trajeto

Sentíamos que as coisas seriam drasticamente diferentes dali em diante. Estávamos dolorosamente conscientes do quanto havíamos mudado – e do quanto mais ainda haveríamos de mudar. É um truísmo, mas entendíamos o significado de dizer: nunca mais nos sentiríamos em casa. Mesmo assim, pela graça e pelo cuidado da família de Deus, nossa família encontrou um lugar.

Nossa *Alma Mater* convidou Ruth e eu para morarmos e trabalharmos no campus durante o ano de licença. Tal oportunidade nos aproximaria da família e nos ofereceria um trabalho muito importante. Estar nesse campus – e, mais uma vez, com pessoas que tanto amávamos – facilitou nossa adaptação e auxiliou nossa cura.

****

Mais uma vez, nossa família imediata se beneficiou com as habilidades divinas que Ruth tinha para lidar com pessoas. Durante todos os anos em Nairóbi, Ruth fez de nosso lar um porto seguro, um refúgio e uma enfermaria para amigos exauridos e machucados. Da mesma forma, em nosso antigo campus, ela criou o mesmo ambiente, mas, dessa vez, para nós. Em pouco tempo, um grupo de comprometidos estudantes cristãos encheu nossa casa para refeições, diversões e comunhões. Talvez sem saberem, os alunos ministraram em nossa família de forma profunda. A animação, o amor e a paixão deles por Cristo nos curaram.

****

Com o tempo, pude discutir e processar algumas das experiências, questões e desafios sobre os quais contendi na Somália. Com muita dor, revivi lembranças dos momentos de escuridão e desânimo de quando me senti irado, frustrado e desesperado.

Comecei a entender como consegui sobreviver à insanidade da Somália: deixava de lado os questionamentos e as dificuldades. Uma das maneiras de lidar com o impossível é não pensar sobre ele. Percebi ter feito isso por anos. Naqueles momentos, simplesmente não havia tempo para tentar compreender tudo. Talvez suspeitasse de que haveria tempo para refletir sobre tudo em algum lugar, no futuro. E de repente – e com clareza – entendi ser esse o tempo.

Num lugar seguro, e rodeado de pessoas amorosas, obriguei-me a enfrentar tais questões. *Deus pode mesmo vencer o mal? O amor é mesmo maior do que o ódio? Como alguém pode guardar, ainda que muito pouco, a esperança num lugar de escuridão? Como é possível a fé sobreviver num contexto insano como o da Somália? Como pode alguém gozar a vida abundante e vitoriosa prometida por Jesus num dos lugares mais difíceis do mundo? Pode o cristianismo funcionar fora dos países ocidentais, bem-vestidos e bem organizados? Em caso positivo, como?*

Mais uma vez, percebi quão deplorável era o meu preparo e o de Ruth para tentar realizar o que fizemos no Chifre da África. Aterrissamos em Mogadíscio, a capital militante de um país muçulmano, em meio a uma guerra civil brutal sem saber: (1) morar num lugar onde existe perseguição, (2) ser testemunhas de pessoas que não sabiam nada sobre Jesus e eram hostis a tal informação, (3) ensinar os cristãos a sobreviver numa cultura tão hostil. Jamais seríamos capazes de imaginar a insanidade do mal que encontraríamos na Somália. E sem dúvida não fôramos treinados para lidar com ele.

Nossa agência missionária não nos enviou ignorantes e desqualificados. O problema era mais profundo. Em nossa igreja local, nunca vivemos uma experiência que nos preparasse para a Somália. A forma como aprendemos, crescemos e amadurecemos na fé não prepararia ninguém para a Somália. O fato de não sermos os únicos despreparados não nos trazia alívio algum.

****

Nossa nova família, composta pelos estudantes da faculdade, desempenhou inestimável papel em nossa cura emocional e na ajuda em processarmos o desânimo e o desespero agrilhoados nas lembranças. Fomos sinceros com os alunos sobre as histórias de nossa vida. Eles queriam saber mais sobre nosso chamado para proclamar Jesus em outras nações, e sobre como o ouvimos, tanto individualmente quanto como casal. Fomos sinceros não só sobre nossos erros e medos, sobre nossa insensatez e limitações, mas também sobre o poder de Deus trabalhar mesmo com nossos erros. Os alunos emocionaram-se quando compartilhamos o mover de Deus em Malawi e na África do Sul.

Muitos deles pensavam seriamente em servir a Deus, de alguma forma, em outras nações, por isso nos sentimos impulsionados a mostrar-lhes a realidade daquilo que poderiam enfrentar. Sem reserva alguma, compartilhamos o bom, o ruim e o lado feio de tal chamado. Assim fazendo, fomos obrigados a lidar também com nossos próprios sentimentos.

Foi prazeroso contar-lhes as histórias inspiradoras e entusiásticas do sucesso missionário. Porém, também compartilhamos a insanidade do mal, a selvageria das pessoas e a dor do fracasso. Descrevemos os horrores que nos abalaram. Admitimos ter dúvidas e conflitos de fé. Desafiamos cada um a realizar as mesmas perguntas que nos atormentavam: *As Boas-Novas do Evangelho são poderosas mesmo para vencer as forças do mal nos lugares mais sombrios do mundo? Em caso positivo, por que vimos tanta crucificação na Somália e tão pouca ressurreição?*

Não tivemos qualquer dificuldade em ser transparentes com os estudantes. Advertimo-los, caso atendessem ao chamado de servir a Deus em outra parte do mundo, que provavelmente chegaria um momento (ou vários) em que a família e os amigos, e talvez até mesmo a igreja local, questionariam a sanidade deles. Às vezes, seria difícil responder às perguntas: *Por que sair pelo mundo para falar de Jesus quando aqui tem tanta gente perdida? Por que arriscar sua vida, perder tempo, investir sua energia e gastar tantos recursos pessoais e do Reino para tentar mudar a cabeça e o coração de quem não quer mudar, e nem sequer acha que precisa mudar?* Encorajamos aqueles jovens a tais indagações perturbadoras, num lugar seguro, antes de decidirem sobre o chamado de Deus.

Quando nos sentimos confortáveis com os ensinamentos de Cristo, eles já perderam a força em nós. Muito dos ensinamentos de Jesus não faz sentido à perceptiva humana. *Ame seus inimigos. Se deseja ser grande, primeiro aprenda a ser servo. Se alguém bater na sua face, vire o rosto e deixe-o bater no outro lado. Se alguém roubar seu casaco, ofereça a ele sua camiseta também. Se quer viver, primeiro precisa morrer para si.* A lista completa dos ensinamentos insanos é bem mais longa que essa.

Para mim, a frase mais alarmante já citada por Jesus ocorreu quando ele ordenou aos seus seguidores que saíssem em par para compartilhar as Boas-Novas aos povos perdidos. Ele lhes disse que os enviava como "ovelhas em meio de lobos". Apesar disso, esperava que prevalecessem. Na história do mundo, nenhuma ovelha jamais vencera uma briga com um lobo. A própria ideia é insana.

Conversamos muito sobre isso com os estudantes. Dissemos que Jesus ainda hoje convoca seus seguidores para sair e viver como "ovelhas entre lobos". Dissemos que estávamos conscientes ao optar por fazer isso quando fomos à Somália. E falamos de como o trabalho realizado ali parecia completamente insano. Admitimos, também, que, naquele momento, os lobos pareciam ter vencido.

Nunca nos sentimos confortáveis para abordar assuntos desse tipo quando falávamos nas igrejas sobre o trabalho. No entanto, aquele maravilhoso grupo de estudantes universitários nos deu a oportunidade de ser transparentes e sinceros sobre nossos conflitos pessoais mais profundos.

Ruth e eu compartilhamos os conflitos que nortreariam nossos próximos passos. Não tínhamos certeza de estar dispostos a voltar à Somália, caso possível. Questionávamos (em alto e bom tom) se estaríamos dispostos a voltar e mais uma vez ser "ovelhas entre lobos". Caso isso acontecesse, no entanto, não gostaríamos de ser ovelhas bobas entre os lobos! Decerto não gostaríamos que nossa ignorância, falta de preparo e insensatos e involuntários erros colocassem outras ovelhas em perigo.

Pedíamos às famílias dos estudantes que orassem para o Senhor mostrar aonde deveríamos ir, com quem deveríamos falar, e o que precisávamos aprender a fim de nos tornar ovelhas mais bem preparadas da próxima vez. Nessa época, Ruth e eu começamos a explorar, com seriedade, opções futuras. Não sabíamos como Deus nos prepararia para que fôssemos ovelhas mais espertas entre os lobos.

****

Ruth e eu nos sentíamos como o discípulo Pedro quando Jesus estava pronto para encarar o perigo e a morte que sabia estar a sua espera em Jerusalém. Muitos de seus temerosos seguidores viraram as costas e o abandonaram. Quando Jesus perguntou aos outros discípulos se eles também o deixariam, Pedro respondeu: "Para onde iremos nós?".

Ruth e eu estávamos convencidos disto: *Se Jesus não for a resposta para a condição humana, então não existe resposta.*

À medida que orávamos e esperávamos, não conseguíamos parar de pensar nisto: Se gostaríamos de aprender a viver em países como a Somália, o melhor a ser feito seria visitar *países como a Somália!* No momento em questão, a conclusão parecia óbvia. Porém, naquele contexto, o pensamento era alarmante. Existiriam outros lugares no mundo onde os cristãos eram forçados a viver debaixo de perseguição? Será que conseguiam viver assim? Como?

Como os cristãos sobreviveram ao ódio e à hostilidade tão brutais? Será que havia cristãos perseguidos em algum lugar no mundo? Seria possível encontrá-los e aprender com eles?

Enquanto perseverávamos em oração e avaliações, começamos a nos questionar. Travamos um único pensamento que cativou nosso coração: *Sem dúvida, onde houvesse cristãos que sofreram, e ainda sofrem, em razão da fé, poderíamos encontrar pessoas sábias e fiéis dispostas a compartilhar suas estratégias espirituais de sobrevivência e outras lições de fé aprendidas com as dificuldades que enfrentaram. Talvez seus conselhos pessoais, práticos, aprovados e baseados na Bíblia pudessem nos ser muito úteis. E talvez a sabedoria desses irmãos ajudasse outros cristãos como nós a ministrar com mais eficácia em lugares impossíveis, como na Somália. Seria possível a fé florescer em lugares assim?*

A ideia era revigorante. No entanto, não imaginávamos como colocá-la em prática. Nem mesmo de onde começar.

Ruth e eu não tínhamos os recursos ou a sabedoria para concretizar sozinhos tal ideia. Começamos, então, a criar o que se tornou a *Força-Tarefa da Perseguição* para nos aconselhar e fazer parceria nessa empreitada. Em pouco tempo, enumeramos um impressionante painel de especialistas: líderes experientes de nossa própria agência missionária, antigos professores e mentores pessoais, missiólogos de diferentes denominações e seminários. Ficamos animadíssimos ao ver o desprendimento em nos ajudar a desenvolver um plano. Visitaríamos cristãos que haviam vivido sob perseguição, sentaríamos aos pés de cada um e aprenderíamos com eles.

Começamos a relacionar os países onde acreditávamos haver perseguição. Consultamos a lista da "Classificação da Perseguição Religiosa" divulgada anualmente pela organização do Irmão André (conhecido pelo livro *O contrabandista de Deus*), da Portas Abertas Internacional. Comparamos a lista às de outras organizações com atenção especial pela igreja perseguida em todo mundo. Com tais informações adicionais de nossa equipe de conselheiros, em pouco tempo tínhamos uma lista de 45 países onde acreditávamos que encontraríamos um número significativo de cristãos perseguidos.

Em alguns casos, sabíamos da possibilidade de encontrar refugiados que já haviam deixado seus países. No entanto, sempre que possível, queríamos entrevistar cristãos em seu contexto cultural. Queríamos ouvir aqueles que, de alguma forma, sobreviviam e floresciam na perseguição, sendo sal e luz em lugares difíceis.

Incapacitada de financiar o sonho, nossa agência missionária nos autorizou a tirar dois anos de licença para correr atrás do projeto. Não nos desligamos da faculdade, e começamos a levantar recursos para nos manter e lançar um projeto independente de pesquisa. Por mais que quiséssemos alegar que o projeto era de nossa autoria, estávamos certos de que se tratava de uma dádiva de Deus. Tínhamos certeza de que encontraríamos respostas em algum lugar. E tínhamos uma vaga ideia de onde as encontrar.

****

Os membros da força-tarefa nos ajudaram a desenvolver uma ferramenta de pesquisa que poderia, assim esperávamos, ser usada transculturalmente a fim de obter as informações necessárias. Ruth e eu começamos a planejar a primeira de nossas viagens de pesquisa. Em face da recente queda do comunismo na URSS e em outras nações do Leste Europeu, e da bem documentada opressão religiosa naquela parte do mundo durante quase todo século XX, concluímos ser a Rússia e alguns países circunvizinhos os lugares mais lógicos e produtivos para começar.

Começamos a desenvolver uma lista de possíveis contatos na Rússia e países circunvizinhos. Escrevemos cartas, demos telefonemas, enviamos e-mails e rapidamente coletamos a lista de nomes de quem poderia ou talvez falaria comigo, ou, pelo menos, encontraria pessoas disponíveis. Descobrimos alguém desconhecido que concordara em me hospedar na Rússia, e outro desconhecido disposto a ser meu intérprete. Ruth finalizou meu itinerário, comprou as passagens aéreas e entrou com pedido de autorizações para eu visitar meia dúzia de países da antiga Cortina de Ferro.

DEZOITO

Buscando respostas na URSS

Nunca visitara um país comunista ou ex-comunista. Não tinha ideia do que encontraria na Rússia. Nos últimos quinze anos, vivera numa cultura onde, em virtude da cor da minha pele, eu era automaticamente identificado como "alguém de fora".

Estranhamente, eu me senti tão conspícuo em Moscou quanto em Nairóbi ou Mogadíscio.

Minha *singularidade* me surpreendeu na Rússia tão logo desci do avião. O aeroporto de Moscou não era maior, mas apenas um pouco mais "moderno" se comparado à maioria dos aeroportos africanos onde eu estivera. A atmosfera do lugar, entretanto, era fria, impessoal, monótona e faltava o calor da hospitalidade africana, algo que eu tinha conhecido.

Embora o calendário indicasse o mês de julho, o céu estava cinzento e frio, igual ao aeroporto. No hotel turístico do centro da cidade nada foi diferente. Senti-me ainda mais perturbado quando saí do hotel e andei pelo distrito financeiro central e governamental, passando junto ao Kremli, na Praça Vermelha. Não foi possível fazer contato visual com uma pessoa sequer, ninguém olhou nos meus olhos. Percebi o que me diferenciava, e não era a cor da minha pele, mas as cores sobre minha pele! Minhas roupas eram normais e lisas, mas se destacavam contrastando com os tons marrons e cinza vestidos por todos. A sensação era a de que notavam minha presença. Em vez de olhares diretos, olhares furtivos do canto dos olhos vinham de todas as direções. A desconfiança instintiva das pessoas parecia ter origem sintomática da tristeza desgastante e exaurida da alma, muito mais profunda do que qualquer hostilidade real. No entanto, minha primeira exposição à psique do povo russo me fez pensar sobre o que eu aprenderia, se é que aprenderia, das entrevistas cujas datas já estavam definidas para o dia seguinte.

Devido à falta de familiaridade com o metrô e também com a sinalização em russo, minha jornada pela cidade na manhã seguinte foi uma aventura. Não sei como, mas consegui encontrar o endereço do compromisso agendado na sede da igreja nacional, onde se encontrava uma das maiores denominações protestantes da Rússia. O colaborador ocidental, que vinha sendo meu contato, agendara reuniões com vários cristãos russos. Ele também prometera ser meu intérprete. No entanto, no último minuto, fui informado de que, por motivo de emergência médica, houvera mudanças de planos. Fui confiado aos cuidados competentes de Viktor, meu tradutor. Ele fora o antigo pastor e líder nacional nessa mesma denominação antes de se aposentar.

Viktor me apresentou a vários líderes denominacionais, e eles me cumprimentaram e deram as boas-vindas rapidamente. Em seguida, Viktor e eu iniciamos o trabalho e entrevistamos dois cristãos convidados. Queria saber sobre a vida pessoal de cada um e estava curioso para descobrir como décadas de regime comunista lhes afetara a vida sendo eles seguidores de Jesus.

Na tentativa de estabelecer empatia, compartilhei um pouco minha própria jornada de fé. Em poucas palavras, resumi como sentira o chamado de Deus. Compartilhei com eles o compromisso em servir na África e, resumidamente, descrevi como fora meu tempo em Malawi, na África do Sul e na Somália. Contei-lhes a gravidade da perseguição na Somália, onde uma geração inteira de cristãos fora assassinada ou forçada a deixar o país. Com muito pesar, mencionei não ter noção alguma de como ajudar os cristãos a crescer naquele tipo de contexto. Em seguida, concluí meu relato dizendo que vimos muitos cristãos serem mortos em razão da fé. Confessei meu desânimo e minha tristeza de ter voltado para os EUA.

– Por isso – expliquei –, vim até a Rússia com a intenção de aprender com os cristãos que serviram a Cristo em países que vivem em circunstâncias difíceis. Quero aprender lições espirituais com vocês. Quero saber como sobreviveram, cresceram e compartilharam sua fé. Quero aprender com sua experiência e sabedoria.

Dali em diante, os dois homens começaram falar. As duas primeiras entrevistas duraram o dia todo. Os homens falaram sobre a perseguição sistêmica que o governo comunista e a sociedade russa infligiram nos cristãos durante quase oito décadas no século XX. Os homens relembraram as próprias experiências e contaram histórias de outros cristãos e membros da família.

Ambos cresceram em famílias cujos avós eram ativos e comprometidos com a igreja antes da Revolução. Com sanção oficial, as organizações da juventude comunista e o sistema educacional trabalharam para alienar as crianças com pais e avós cristãos. Na escola, contaram, os professores levantavam a Bíblia e perguntavam aos alunos de pré-escola se já tinham visto um livro como aquele em casa. Se as crianças respondessem sim, um oficial local do partido visitava a casa antes mesmo do final do turno escolar no mesmo dia.

Os entrevistados falaram de pastores e leigos que foram presos, e membros da família que desapareceram no Gulag soviético, sobre os quais nunca mais se ouviu falar. Quando perguntei como se mantiveram firmes na fé durante os anos difíceis e de perseguição, ouvi histórias de familiares cujos exemplos inspiraram a comunidade da fé. Ouvi outras histórias tristes de pessoas que abriram mão e abjuraram a fé.

O governo exigia a presença de pastores uma vez por semana para uma reunião com um oficial do partido (ou "guarda--costas"). Este pedia informações não apenas sobre visitantes, mas também sobre qualquer outra relevância ocorrida na semana anterior. Os tópicos dos sermões precisavam ser aprovados e, de vez em quando, os oficiais davam "sugestões" em todas as atividades da igreja. Os líderes das igrejas dispostos a fazer concessões – de início pequenas, mas cada vez maiores com o passar do tempo – eram, por vezes, permitidos a continuar com seu posto, prosseguir com os cultos semanais e desfrutar a "bondade" do governo. Aqueles não muito "cooperativos" eram, normalmente, substituídos por um sacerdote mais obediente de escolha do partido. De tempos em tempos, as igrejas eram fechadas e os líderes sumiam.

O primeiro dia foi muito produtivo e informativo. Todas as minhas perguntas foram respondidas. Para muito além das respostas, ouvi palavras ainda mais úteis após o encerramento das perguntas. Simplesmente pedi que falassem sobre a família, a vida de um modo geral, e sobre a jornada espiritual em particular. Viktor e eu não víamos a hora de voltar cedo no outro dia para outra rodada de entrevistas.

****

No entanto, quando chegamos, pediram-nos que esperássemos sentados no saguão do prédio. E assim esperamos. Por muito tempo, muito mesmo. Ninguém nos convidou para entrar no escritório. Ninguém nos trouxe chá. Primeiro Viktor se desculpou pelo atraso. Porém, quanto mais esperávamos, mais agitado ele ficava.

– Não sei o que está acontecendo! – disse.

Eu tinha a ligeira impressão de saber.

Finalmente uma recepcionista veio até o saguão e nos comunicou que não teríamos mais a permissão de realizar outra entrevista. Fui informado de que não era mais bem-vindo no complexo e de que precisávamos sair dali imediatamente.

A notícia sobre a ordem de deixarmos o lugar se espalhou na sede denominacional, e as pessoas agendadas para conversar conosco naquele dia ficaram tão chateadas que ligaram para o Viktor sugerindo se encontrarem conosco em outro lugar, em segredo, fora do complexo, independentemente de ordens superiores. Inclusive os mais relutantes a nosso encontro, de repente, decidiram nos encontrar. No dia seguinte, antes do amanhecer, estávamos num apartamento. O homem queria ser entrevistado antes de sair para o trabalho. Outras pessoas foram entrevistadas até muito depois da meia-noite. As pequenas gotinhas de entrevistas pré-arranjadas agora já formavam um oceano.

O razão de nossa recepção na sede denominacional ter sido cancelada, sem demora, tornou-se bem clara. Eu não escondera em momento algum minhas motivações e intenções: Queria descobrir se, e como, a fé foi afetada pela perseguição. As primeiras entrevistas ocorreram em escritórios de portas abertas. As pessoas andavam livremente pelo corredor enquanto conversávamos. Caso quisessem parar e ouvir, nada as impediria. Obviamente, quando alguns líderes ouviram minhas perguntas e também as respostas, tiveram sérias restrições sobre o que estávamos fazendo.

Conforme a primeira entrevista secreta (o que foi confirmado por Viktor e por outros entrevistados), muitos líderes denominacionais estavam engajados em negociações com o novo pós-governo comunista russo para a recuperação de igrejas e propriedades que o antigo regime comunista confiscara. Também exigiam restituição financeira, e o mesmo apoio anual do governo recebido pela Igreja Russa Ortodoxa.

Em virtude de alguns novos oficiais do governo também terem sido parte no antigo sistema comunista, os líderes da igreja, obviamente, não queriam fazer nada para afetar, de modo negativo, sua posição negocial. Mesmo após a queda do comunismo, era claro o risco iminente de falar sobre fé e perseguição religiosa.

Um sentimento de justa ira começou a despontar nas próximas entrevistas: "Por décadas, muitos falaram, o governo tentou nos impedir de praticar a fé. Agora os próprios líderes das igrejas querem nos manter calados! Pelo menos com os comunistas, o motivo era visivelmente opressão espiritual. A questão agora é dinheiro e finanças. Se permitirmos que tais motivos nos calem, devemos sentir vergonha".

Não sei explicar qual seria a razão, mas aquelas entrevistas "secretas" pareciam mais livres e muito mais informativas se comparadas com as que pudemos realizar na sede denominacional. Os irmãos se abriram e falaram sobre como eles, e muitos outros cristãos, eram suspeitos de crime de deslealdade. Alegavam, principalmente durante os anos de governo do Presidente Jimmy Carter, que os cristãos russos, particularmente os batistas, eram nomeados espiões pelo presidente americano, cristão convertido batista, fato conhecido pelo mundo inteiro. Cristãos nos âmbitos militares na Soviética achavam difícil, se não impossível, ganhar promoção. Durante o governo de Carter, os batistas russos eram encarregados, apenas, das tarefas militares mais baixas e triviais.

Pastores e líderes comuns de igrejas eram pegos e aprisionados. As esposas eram pressionadas a se divorciar, filhos eram desencorajados a escrever para os pais. Filhos e filhas de cristãos conhecidos eram detidos na escola após o turno escolar para serem questionados e eram importunados pela equipe de professores que denegriam a fé da família. De vez em quando, os filhos eram chamados para ir à frente de grandes ajuntamentos e ridicularizados publicamente pelos funcionários da escola e pelos colegas de sala por terem "crença retrógrada, traidora e anticomunista". A maioria dos jovens vindos de famílias cristãs não era aceita nas universidades e só lhes era permitido buscar serviços ou carreiras de baixo status, a não ser que renunciassem à religião dos pais. A estratégia do governo era clara: faria o necessário para impedir que a fé em Jesus florescesse para além da atual geração. A maior preocupação do governo era a genealogia da fé.

Ao terminarmos as inúmeras entrevistas de catorze horas de duração, fiquei maravilhado com o fato de todos os cristãos terem conseguido permanecer na fé na antiga URSS. A oposição era incansável. O fato de tantos conseguirem sobreviver e permanecerem fortes na fé me emocionou.

Viktor começou a abraçar minha missão como se fosse dele. E disse:

— Outras pessoas da sede querem falar com você, mas amanhã gostaria de lhe apresentar alguém específico. Eu mesmo não o conheço muito bem, mas sei um pouco sobre seu testemunho. Ele sofreu demais em razão da fé e acredito ser imperativo ouvir a sua história!

Intrigado, concordei, no mesmo instante, em estar pronto às cinco horas para me encontrar com Viktor e um amigo dele de carro.

— Porque este irmão – informou – vive a muitos quilômetros de Moscou.

Antes de nos separarmos para dormir, comentei com Viktor que havia percebido evidências de que alguém estivera bisbilhotando meu quarto do hotel durante minha ausência. Tive certeza de que alguém mexera nos meus pertences.

Viktor olhou para mim, olhou ao redor para se certificar de não haver ninguém ouvindo e concordou com a cabeça.

— Sem dúvida. Isso acontece com a maioria dos estrangeiros – informou com a voz suave. – Esse é um dos motivos pelos quais nunca devemos realizar as entrevistas aqui no hotel.

****

No dia seguinte, bem cedo, Viktor e seu amigo vieram me buscar. Começamos a viagem de quatro horas pelo interior do norte de Moscou. No caminho, Viktor contou-me o que sabia sobre Dmitri, o cristão camarada que sofrera demais por sua fé. Até o fim da viagem, ouvi Viktor e seu amigo relembrarem a caminhada de fé e a história de vida dele.

Depois de algum tempo, chegamos a um pequeno vilarejo russo e paramos em frente a uma pequena choupana. Dmitri abriu a porta e graciosamente nos recebeu em seu pequeno lar.

– O senhor sente aqui – instruiu-me. – Aqui era onde eu estava sentado quando as autoridades chegaram para me levar prisioneiro por dezessete anos.

Acomodei-me e ouvi Dmitri com absorta atenção enquanto contava sua incrível história durante as próximas horas.

Dmitri contou ter nascido e ser criado numa família cristã, disse que seus pais o levavam à igreja desde criança. Durante décadas, explicou, o comunismo aos poucos foi destruindo a maioria das igrejas e lugares de cultos. Muitos pastores foram aprisoados ou assassinados.

Já na fase adulta, contou, a igreja mais perto, ainda não destruída, localizava-se a três dias a pé de sua casa. Era impossível para ele e a família frequentarem a igreja mais de duas ou três vezes ao ano.

– Um dia – prosseguiu Dmitri – falei para minha esposa: Você, provavelmente, vai pensar que sou louco... sei bem que não tenho treinamento religioso ou qualquer coisa do tipo, mas estou preocupado com nossos filhos crescendo sem aprender quem é Jesus. A ideia pode parecer loucura, mas o que acha de, apenas uma vez na semana, nos reunirmos com os meninos para ler com eles uma história da Bíblia e tentar oferecer um pouco do treinamento que estão perdendo por não termos mais uma igreja de verdade?

Dmitri, entretanto, não sabia que sua esposa já vinha orando há anos para o esposo praticar o que acabara de dizer. Sem hesitar, ela abraçou a ideia. Então, ele começou a ensinar a família uma noite por semana. Dmitri lia uma Bíblia antiga da família e depois explicava o que acabara de ler a fim de que seus filhos entendessem.

Conforme reaprendia e relembrava as histórias bíblicas, os filhos começaram a ajudá-lo também. Logo, os meninos, Dmitri e a esposa contavam as histórias conhecidas, de frente e pra trás, uns aos outros. Quanto mais aprendiam, mais os filhos pareciam gostar do culto da família.

Com o passar do tempo, os meninos começaram a pedir mais:

— Papa, vamos cantar as canções que cantam quando estamos na igreja de verdade?

Então, Dmitri e sua esposa ensinaram aos meninos os hinos tradicionais de sua fé.

A sequência dos fatos era previsível, a família não apenas começou a ler a Bíblia, a cantar, mas também a separar um tempo para orar juntos. E assim faziam.

Entretanto, em pequenos vilarejos, nada pode ficar às escondidas por muito tempo. As casas eram muito próximas e as janelas quase sempre ficavam abertas. Os vizinhos começaram a notar o que acontecia na família de Dmitri. Alguns perguntaram se podiam entrar para ouvir as histórias bíblicas e cantar as canções conhecidas.

Dmitri dizia não ter sido treinado para recebê-los, afinal ele não era pastor. Suas desculpas não puderam dissuadir os vizinhos e, assim, um pequeno grupo começou a se reunir para compartilhar a leitura, discutir e contar as histórias da Bíblia, além de orar e cantar juntos também.

Quando o pequeno grupo cresceu, já com 25 pessoas, as autoridades os haviam descoberto. Oficias locais do partido vieram ver Dmitri. Ameaçaram agredi-lo fisicamente, algo já esperado. Porém, a acusação a seguir o entristeceu muito mais:

— Você começou uma igreja ilegal!

— Como tem coragem de falar isso? – argumentou. – Não tenho treinamento religioso. Não sou pastor. Aqui não é templo de igreja. Somos apenas um grupo de amigos e famílias se reunindo. Tudo que fazemos é ler e falar sobre a Bíblia, cantar, orar e, às vezes, dividir o dinheiro para ajudar os vizinhos pobres. Como pode chamar isso de igreja?

(Eu quase ri da ironia de seu argumento. Mas isso foi no início de minha peregrinação. Não tinha facilidade de vislumbrar a verdade sendo compartilhada. Agora, lembrando-me daquele tempo, eu entendo que uma das maneiras mais precisas para se mensurar o mover de Deus é identificar o tamanho da oposição presente. *Quanto mais forte for a perseguição, mais relevante a vitalidade espiritual dos cristãos.* Por incrível que pareça, os perseguidores, inúmeras vezes, identificam o mover de Deus antes mesmo de os participantes cristãos perceberem a importância do que está acontecendo! No caso de Dmitri, os oficiais sentiram a ameaça do que ele estava fazendo muito antes de ele mesmo notar!)

O oficial comunista disse a Dmitri:

– Pode chamar do que quiser, mas isto, pra nós, parece uma igreja. E, se você não a fechar, algo muito ruim acontecerá.

Quando o grupo aumentou para cinquenta pessoas, as autoridades fizeram questão de cumprir a ameaça.

– Fui demitido do meu emprego na fábrica – lembrou Dmitri. – Minha esposa perdeu o direito de lecionar. Meus filhos foram expulsos da escola. E isso continuou, *pequenas* situações como essas.

Quando o número de participantes subiu para 75, não havia lugar para todos se sentarem. Os aldeões ficavam em pé, apertados, esbarrando-se uns nos outros, colados dentro da casa. Ficavam grudados nas janelas, do lado de fora, para ouvir enquanto esse homem de Deus levava o povo de Deus em adoração. Então, certa noite, enquanto Dmitri falava (sentado na cadeira em que eu estava), a porta de sua casa se abriu, de repente, com toda força e violência. Um oficial e soldados entraram se empurrando entre a multidão. O oficial agarrou Dmitri pela camisa, esbofeteou-o – direita e esquerda num ritmo de ódio violento –, lançou-o na parede e disse friamente:

– Nós já o tínhamos alertado, e alertado, e alertado. Não vou alertá-lo mais uma vez! Se você não der um fim nessa baboseira, isso é pouco comparado ao que vai lhe acontecer!

Quando o oficial começou a se espremer e empurrar para sair, uma pequena vovó arriscou a vida, saiu do anonimato daquela comunidade cristã e apontou o dedo na cara do oficial. Com a voz de um profeta do Antigo Testamento, declarou:

– Você colocou as mãos num homem de Deus e NÃO vai sobreviver!

O acontecido foi numa terça à noite, e na quinta à noite o oficial caiu morto, vítima de um ataque cardíaco. O temor do Senhor se espalhou pela comunidade. No próximo culto da igreja doméstica, mais de 150 pessoas compareceram. As autoridades não podiam mais permitir a continuidade de tal atividade, então prenderam Dmitri, que lá ficou por dezessete anos.

Como Dmitri estava sentado bem na minha frente em sua própria casa, eu sabia que essa história de perseguição em particular fora, no final das contas, uma história de sobrevivência e vitória. Era óbvio que teria um final feliz. Contudo, não sinalizava que seria uma história "legal" ou fácil de ouvir.

De fato, a história era de muita dor. Dmitri falou, calmamente, de sua longa e dilacerante separação. Suor, sangue e lágrimas discorriam em suas palavras. Comentou sobre os filhos crescerem sem a presença do pai. Descreveu a história de uma família pobre, sofrida enfrentando profundas dificuldades. Não se tratava de um testemunho de inspiração que todos gostamos de celebrar, mas de fé bíblica em seu legítimo sentido. Estava diante da história de um homem que se recusara a abandonar Jesus e deixar de compartilhar as Boas-Novas para seus familiares e vizinhos.

Como se não bastasse, o restante da história de Dmitri seria um dos mais marcantes e transformadores testemunhos que eu já tinha ouvido em toda minha vida...

DEZENOVE

O cárcere canta

As autoridades encarceraram Dmitri a milhares de quilômetros de distância da família. Sua cela era tão minúscula que, quando saía da cama, com apenas um passo chegava à porta, à pia manchada e rachada na parede do outro lado, ou ao banheiro imundo, sem porta, no "canto" da cela. Pior ainda, de acordo com Dmitri, ele era o único cristão entre os 1500 piores criminosos habituais.

Pior do que a tortura física, a qual ele sofreu bastante, foi ficar isolado do corpo de Cristo. Ainda assim, seus agressores não conseguiram quebrá-lo. Dmitri ressaltou dois motivos de sua força mediante a tortura. Duas rotinas espirituais cuja prática aprendera com seu pai, condicionamentos levados consigo para a prisão. Sem esses dois condicionamentos, insistia Dmitri, sua fé teria desfalecido.

Durante dezessete anos de prisão, todas as manhãs, ao romper do dia, Dmitri ficava em posição de sentido ao lado da cama. Como de costume, virava-se para o leste, erguia os braços em louvor ao Senhor e cantava louvores a Jesus. A reação dos outros prisioneiros era previsível. Dmitri lembrou-se das gargalhadas, dos xingamentos e escárnios. Os outros prisioneiros batiam forte com as canecas de metal nas barras das celas irados em protesto. Jogavam alimento e, às vezes, desejos humanos a fim de tentar fazê-lo calar a boca e apagar a única luz verdadeira brilhando naquele lugar escuro todas as manhãs, ao romper do dia.

Havia ainda o outro condicionamento, outro costume que ele compartilhou. Todas as vezes em que encontrava um pedaço de papel, o escondia e levava para sua cela. Lá pegava um toco de lápis ou um pequeno pedaço de carvão que guardara, e escrevia naquele pedaço de papel, com a menor letra possível, todos os versículos e histórias bíblicas ou canções que conseguia lembrar. Quando o pedaço de papel estivesse todo preenchido, ele dava um passo até o canto da pequena cela, aproximava-se da coluna de concreto, de onde pingava uma constante goteira, exceto no inverno quando a umidade se transformava em uma camada de gelo na superfície, pegava o pedaço de papel, erguia-o o mais alto possível e o colava na coluna úmida como oferta de louvor a Deus.

No entanto, sempre que um dos carcereiros encontrava um pedaço de papel na coluna, entrava na cela, arrancava o papel da parede, lia-o e torturava Dmitri severamente, ameaçando-o de morte. Ainda assim ele se recusava a deixar seus dois condicionamentos.

Todos os dias, levantava-se pela manhã para entoar sua canção e, sempre que encontrava um pedaço de papel, preenchia-o com a Palavra e louvores.

Agiu assim durante muitos longos anos. Os guardas tentavam fazê-lo parar. As autoridades praticaram atos indizíveis a sua família. Certa vez, tiveram a coragem de fazê-lo acreditar que sua esposa fora assassinada e seus filhos levados pelo estado.

Com crueldade o aterrorizavam:

– Aniquilamos seu lar. Sua família já era.

A determinação de Dmitri finalmente chegou ao fim. Confessou a Deus não suportar mais e admitiu aos guardas:

– Vocês venceram! Vou assinar qualquer confissão, é só pedir. Preciso sair daqui e descobrir onde estão os meus filhos.

Então lhe responderam:

– Vamos preparar sua confissão hoje à noite, e amanhã você assina. Depois estará livre.

Após todos esses anos, bastava assinar o nome num documento dizendo não crer em Jesus e confessar ser agente pago do governo ocidental na intenção de destruir a URSS. Uma vez assinadas as linhas pontilhadas, ele estaria livre.

Dmitri reafirmou sua intenção:

— Traga o documento amanhã e o assinarei!

Na mesma noite, sentou-se na cama da cela. Sentiu profundo desespero e tristeza dolorosa por ter desistido. Naquele mesmo instante, a milhares de quilômetros longe da família, sua esposa, seus filhos, de cujo crescimento não participava, e seu irmão sentiram, por intermédio do Espírito Santo, o desespero do homem aprisionado. Seus queridos se agruparam em volta do lugar onde eu estava sentado enquanto Dmitri contava a história. Ajoelharam-se num círculo e começaram a orar em voz alta por ele. Milagrosamente, o Espírito Santo do Deus vivo permitiu a Dmitri ouvir as vozes dos seus amados enquanto oravam.

Na manhã seguinte, quando os guardas marcharam para dentro de sua cela com os documentos, sua coluna estava reta, seus ombros alinhados e havia força estampada no semblante e no olhar dele. Então, olhou para os agentes penitenciários e declarou:

— Não vou assinar nada!

Os guardas ficaram céticos. Pensaram que Dmitri estaria arrasado e destruído.

— O que aconteceu? — exigiram resposta.

Dmitri sorriu e disse:

— À noite, Deus permitiu que eu ouvisse a voz da minha esposa, dos meus filhos e do meu irmão orando por mim. Vocês mentiram! Sei que minha esposa está viva e sã. Sei que meus filhos estão com ela. Também sei que ainda estão em Cristo. Portanto, não vou assinar nada!

Seus perseguidores não desistiram de tentar desanimá-lo e silenciá-lo. Dmitri, no entanto, permaneceu fiel. Um dia, surpreendeu-se com um presente especial recebido das mãos de Deus. No pátio do presídio, encontrou um papel inteiro.

— E Deus — contou — deixou um lápis bem do lado! E continuou: — Voltei para minha cela e escrevi todas as referências bíblicas, todos os versículos, todas as histórias, todas as canções de que consegui me lembrar. Eu sabia que tal atitude era um pouco tola – disse –, mas não pude me conter. Escrevi e preenchi ambos os lados do papel com o máximo possível de passagens bíblicas. Levantei a mão, me estiquei e colei o papel naquela coluna úmida. Depois fiquei em pé olhando para ele. Para mim, era como se estivesse oferecendo o melhor presente para Jesus de dentro da minha cela. Claro, o carcereiro viu. Fui açoitado, punido, e ameaçaram-me de execução.

Dmitri foi arrancado da cela. Ao ser arrastado pelo corredor até o centro do presídio, algo muito estranho aconteceu. Antes de chegar até a porta do pátio, antes de pisar no lugar onde seria executado, 1500 criminosos habituais se colocaram em posição de sentido, ao lado da cama, viraram para o Leste e começaram a cantar. Dmitri contou que o som aos seus ouvidos soava como o maior coral de toda a história da humanidade. Mil e quinhentos criminosos ergueram os braços e começaram a cantar o louvor que ouviam Dmitri cantar para Jesus, todas as manhãs, todos aqueles anos.

Os carcereiros soltaram os braços de Dmitri, no mesmo instante, e se afastaram apavorados.

Um deles exigiu saber:
– Quem é você?

Dmitri deixou o máximo que conseguiu a coluna ereta, e, com o tom de voz mais orgulhoso do mundo, respondeu:
– Sou o filho do Deus Vivo, e Jesus é seu nome!

Os guardas o colocaram de novo na cela. Algum tempo depois, Dmitri foi solto e retornou para a família.

****

Agora, muitos anos depois, ouvi Dmitri contar sua história. A história de seu sofrimento indescritível e da fidelidade imutável de Deus. Comecei a pensar na Somália quando visionei elaborar materiais de discipulado que talvez ajudassem cristãos em lugares onde houvesse perseguição, cristãos como Dmitri. Que ideia ridícula parecia! *Como eu teria capacidade de ensinar esse homem a seguir Jesus? O que poderia ensinar a ele? Nada, simplesmente nada!*

Fiquei deslumbrado com o que acabara de ouvir. Coloquei minhas mãos na cabeça e clamei em voz alta dentro de meu coração: *Oh, Deus! O que faço com uma história assim? Sempre soube do seu poder, mas nunca o vira à mostra desse jeito!*

Vagueando em meus pensamentos, percebi que Dmitri ainda falava.

– Oh, desculpe, não estava ouvindo!

Dmitri dispensou meu pedido de desculpa, sacudiu de leve a cabeça e deu um sorriso jocoso.

– Tudo bem – retrucou. – Eu não estava falando com o senhor. E se explicou:

– Quando chegou aqui hoje de manhã, eu e Deus estávamos discutindo algo, sua visita interrompeu a conversa. Então, agora, quando eu o vi tão compenetrado em seus pensamentos, Deus e eu retomamos a conversa para terminá-la.

Naquele instante, eu soube qual seria a próxima pergunta.

– Irmão Dmitri, o senhor faria algo para mim? – questionei. Hesitei, mas seus olhos me encorajaram a prosseguir: – Aquela canção? O senhor a cantaria para mim?

Dmitri levantou-se da mesa e se ajeitou esticando as costas. Fitou meus olhos por três ou quatro segundos, que, para mim, foram longos como a eternidade. Virou-se devagar em direção ao Leste. Esticou a coluna para ficar em posição de sentido. Ergueu os braços e começou a cantar.

Não entendo russo, logo não entendi uma só palavra da canção. Mas não foi necessário. As palavras, provavelmente, não eram tão importantes. Quando Dmitri ergueu as mãos e a voz em louvor e cantou a mesma canção que cantara durante dezessete anos todas as manhãs, as lágrimas começaram a verter em meu rosto e no dele. Só então comecei a entender a magnitude do louvor e dos hinos.

Eu viera à Rússia em busca de respostas, questionando-me sobre a capacidade da fé de sobreviver e até mesmo crescer nos contextos mais hostis do mundo. Dmitri se tornou um dos meus primeiros guias nessa jornada. *Comecei a entender que essa viagem não seria sobre desenvolver materiais de discipulado, mas sobre como andar com Jesus em lugares difíceis. Senti-me atraído pelo modo de vida de Dmitri: conhecer Jesus, amar Jesus, seguir Jesus, viver com Jesus.*

****

Conheci muitos outros irmãos naquela viagem para a Rússia. Ouvir a história de Dmitri deve ter inspirado Viktor também, pois ele quase ficou frenético ao contatar e encontrar outras pessoas com quem tínhamos de falar – desenterrando histórias que precisávamos ouvir.

Após anos de desânimo diante da perdição da Somália, as histórias na Rússia, histórias de perseverança ante a perseguição, fizeram reviver em mim a esperança. O emergir da pequena semente de esperança me pegou totalmente de surpresa.

Certa manhã, Viktor agendou um encontro com um grupo de amigos – vários pastores russos, alguns evangelistas e fundadores de igrejas, e alguns anciões, vários representantes da sua igreja. Ouvi cada relato maravilhado. Relatos dos irmãos, com muita casualidade, relembravam terem sido aprisionados por "cinco anos", "três anos" ou "sete anos", "torturados", "forçados a dormir despidos na cela fria e úmida" ou "não terem nada para comer a não ser pão embolorado e repolho cozido durante meses". Esses mesmos homens compartilharam lembranças alegres de quando "minha esposa e filhos me visitaram no presídio", "quando era colocado numa cela com outro irmão e este me encorajava e eu a ele" e como "a igreja cuidou das necessidades da minha família enquanto estive preso".

Quando paramos para almoçar, gentilmente repreendi o grupo:

– Suas histórias são fantásticas! Por que não estão sendo anotadas? São como as histórias bíblicas ao vivo! Não acredito que ainda não compilaram todas num só livro, ou gravaram um vídeo. Outros irmãos em Jesus pelo mundo afora poderiam conhecê-las e serem encorajados pelo que Deus tem feito aqui entre os irmãos perseguidos.

Pareciam confusos com meu comentário. A comunicação não fluía. Então, um dos pastores mais velhos levantou-se e fez sinal para eu acompanhá-lo. Fui levado até uma janela enorme no cômodo da frente da casa. Ali, juntos em pé, de frente para a janela, o idoso começou a falar um inglês compreensível, mas com sotaque bastante carregado:

– O senhor disse que tem filhos, certo? – Respondi que sim. Ele balançou a cabeça e me perguntou: – Diga-me, Nik, quantas vezes já acordou seus filhos antes do amanhecer e os trouxe até uma janela como esta, voltada para o Leste, e disse-lhes: "Meninos, prestem bem atenção. Hoje presenciarão o sol nascer do Leste! Vai acontecer daqui a poucos minutos. Preparem-se, meninos!" Quantas vezes já fez isso com seus filhos?

– Bem – dei risadinhas sem graça –, nunca. Se um dia fizesse isso, meus filhos pensariam que havia enlouquecido. O sol *sempre* nasce no Leste. Todas as manhãs!

O ancião assentiu com a cabeça e sorriu. Não entendi aonde queria chegar.

Não sabia aonde queria chegar, até ele continuar:

– Nik, por isso nunca fizemos livros e filmes das histórias que acabou de ouvir. Para nós, a perseguição é como o sol nascendo no Leste. Acontece o tempo todo. É assim mesmo. Não há nada de diferente ou surpreendente nisso tudo. Perseguição pela fé sempre foi, e provavelmente sempre será, parte normal da vida.

As palavras daquele ancião me deixaram sem fôlego. Embora entendesse o que dizia, não me conformei; seria sempre verdade? Nunca ouvira tal afirmação. Na verdade, parte de mim gostaria de refutar aquela alegação. A certeza da perseguição levou-me a questionar se o inimigo estaria em vantagem. E ainda me perguntei se seria loucura acreditar numa fé capaz de florescer onde a perseguição é sempre normal e corriqueira, como o "sol nascer ao Leste".

Sempre tomei por certo que a perseguição é anormal, excepcional, incomum. Em meu ponto de vista, a perseguição deveria ser evitada. Era um problema, um revés, uma barreira. A colocação do ancião me impactou. E se a perseguição fosse mesmo o normal? Algo esperado para o cristão? E se a perseguição fosse, de fato, solo apropriado para o crescimento da fé? E se a perseguição é, de fato, o bom solo?

Comecei a pensar em qual seria a importância da perseguição para a igreja americana, e a imaginar o resultado dela para uma igreja em potencial na Somália.

VINTE

Genealogia da fé

Ouvi mais histórias na Rússia. Por exemplo, ouvi sobre o incidente que acontecera no início da década de 1950, quando três pastores pentecostais estavam organizando igrejas domésticas. Embora animados com o expressivo crescimento do movimento, que sempre abria novas igrejas domésticas, cada "congregação" contava com as mesmas dez ou vinte pessoas semana após semana, ano após ano. Por motivos de segurança, muitas igrejas domésticas eram formadas por pessoas conhecidas ou conhecidas o suficiente para merecerem confiança.

Nesse contexto, imaginei como os adolescentes e jovens entendiam a igreja e o corpo de Cristo. Toda experiência de fé que tiveram fora formada apenas nas reuniões semanais no cômodo da frente da casa com o papai e a mamãe e alguns outros parentes. Aos olhos deles, isso era igreja. Não havia conhecimento de um reino de Deus ainda maior, nem conhecimento do agir de Deus em outras igrejas domésticas, ou até mesmo em outros países. Aqueles jovens, sem dúvida, precisavam de parceiros espirituais e noção ampliada sobre comunidade, mas, provavelmente, sentiam-se isolados, sozinhos e desencorajados.

Esses três perceberam a situação e decidiram realizar uma experiência. Tiveram uma ideia bem ousada (alguns chamariam de *tolice*). Planejaram e organizaram um congresso de jovens em Moscou e convidaram todos os membros jovens, solteiros, com a idade de dezoito até trinta anos, de várias igrejas domésticas para se encontrarem e se encorajarem. Os três tinham a esperança de ocorrer a polinização cruzada espiritual entre os diferentes grupos de igrejas domésticas e de que os jovens cristãos ouvissem sobre os feitos de Deus num sentido mais amplo.

As pessoas julgaram ser "tolice" a ideia de realizar um encontro de uma semana com quase setecentos jovens cristãos na Rússia durante o início da década de 1950, pois seria impossível escapar do olhar do governo comunista. Sem dúvida, as autoridades souberam do congresso. Quando o evento chegou ao fim, os três pastores responsáveis foram condenados a três anos de prisão.

As pessoas que agora me contavam a história afirmaram que os pastores sofreriam com alegria a mesma sentença quantas vezes necessárias, pois confessaram:

– O Espírito Santo se derramou naquele congresso.

O principal propósito era reunir os jovens, os membros espalhados do corpo de Cristo, num só lugar, com o objetivo de ouvirem o que Deus estava fazendo com outras pessoas e simplesmente desfrutarem a experiência de estar numa comunidade cristã. No início da conferência – claro, sem muito preparo ou planejamento –, os jovens receberam um desafio muito interessante. Nenhum deles jamais possuíra uma Bíblia. Nunca tiveram hinários ou apostilas com louvores, ou louvores gravados. Então, sem planejamento prévio, os três pastores, decidindo avaliar a quantidade de conhecimento bíblico presente naquele grupo de jovens, falaram:

– Vamos fazer uma dinâmica. Todos os dias desta semana, vocês se reunirão em pequenos grupos. Queremos saber o quanto sabem e memorizaram dos quatro evangelhos do Novo Testamento – Mateus, Marcos, Lucas e João. Em seus grupos, observem quanto dos evangelhos conseguem reproduzir. Façam o mesmo com canções e hinos. Vamos ver o quanto conseguem citar de cor.

No final da conferência, ao compararem e reunirem os esforços de todos os pequenos grupos, os jovens tinham recitado os capítulos de Mateus, Marcos, Lucas e João com apenas alguns poucos erros. Recitaram de cor também a letra de mais de 1200 canções, refrãos e hinos da fé.

Naquele momento, entendi claramente por que e como a fé cristã sobrevivera e, com muita frequência, florescera, por décadas debaixo da opressão comunista na União Soviética. Também entendi o que capacitara tantos russos cristãos a permanecerem fortes e fiéis.

No dia em que ouvi a história daquela conferência, consegui visitar alguns dos jovens. Os mais novos ficaram animados pela oportunidade de conhecer um americano de verdade ao vivo. Queriam praticar o inglês. Muitos eram netos dos pastores que me contaram as histórias do tempo mais antigo. Perguntei aos netos dos homens que com tanto orgulho me contaram sobre o quanto da Bíblia e de letras de música os jovens das igrejas domésticas foram capazes de recitar nos anos de 1950:

– Digam o quanto da Bíblia os jovens nas suas igrejas sabem hoje?

Eles se entreolharam e, um pouco encabulados, confessaram:
– Não muito.

Minha intenção não era envergonhá-los ou colocá-los numa situação difícil e perguntar-lhes o quanto podiam recitar de Mateus, Marcos, Lucas e João. Por isso, perguntei quantas histórias dos evangelhos conseguiam lembrar e enumerar. Citaram apenas algumas.

– Quantos livros da Bíblia conseguem lembrar? – perguntei.
– Alguns poucos – responderam.

Não sei dizer se aqueles jovens se envergonharam com as respostas. No entanto, consegui enxergar o que a igreja russa perdera em sua primeira década de "liberdade". Debaixo do poder do comunismo, a igreja russa encontrara uma maneira para sobreviver e muitas vezes florescer. A Bíblia e as canções inspiradas constituíam a força vital. Agora, num contexto mais liberal para a igreja, a Palavra e as canções espirituais não pareciam ter, nem de perto, a mesma importância de antes. Essa questão envolvendo as histórias antigas era patética e triste.

****

Muitas das histórias que ouvi na Rússia celebravam a fidelidade e a provisão de Deus.

Um pastor foi preso e sua família levada para morar (ou morrer) na Sibéria.

Numa noite gelada e sombria, distantes em sua casinha de madeira deteriorada, agora seu novo lar, os três filhos dividiam o último pedaço de pão, e bebiam a última xícara de chá antes de irem para a cama ainda com fome. Ajoelhados para orar, perguntaram:

— Mamãe, onde vamos conseguir mais comida? Estamos com fome! Será que papai ao menos sabe onde moramos agora?

A mãe lhes garantiu que o pai *celestial* sabia onde moravam. E por enquanto Ele providenciaria tudo. Oraram e pediram provisão a Deus.

A trinta quilômetros de distância, no meio da noite, Deus acordou o diácono de uma igreja e o instruiu:

— Saia da cama. Sele seu cavalo, acople o trenó ao animal, abasteça com todas as verduras a mais colhidas pela igreja, e também carne e outros alimentos que a igreja coletou, e os leve àquela família do pastor que mora nos arredores do vilarejo. Eles estão famintos!

O diácono respondeu:

— Mas, Senhor, não posso fazer isso! Lá fora está abaixo de zero. Meu cavalo talvez congele, e eu também!

O Espírito Santo lhe disse:

— Precisa ir! A família do pastor está em apuros!

O homem alegou:

— Deus, o Senhor deve saber da existência de lobos espalhados por aí. Eles podem devorar meu cavalo, e, se assim fizerem, depois devorarão a mim! Nunca mais voltarei pra casa.

No entanto, o diácono afirmou que o Espírito Santo respondeu:

— Você não precisa voltar. Só precisa ir.

Então, lá foi ele.

Quando bateu com toda força à porta daquela casinha raquítica na escuridão, pouco antes do amanhecer, o barulho deve ter apavorado a mãe e as crianças. Imagine, porém, a alegria e o vislumbre quando, com medo e relutância, abriram a porta e lá estava um pequeno membro do corpo de Cristo, congelando em pé do lado de fora, com o trenó carregado de alimento. Em suas mãos carregava um enorme saco e anunciou:

— Nossa igreja arrecadou este mantimento para vocês. Sejam alimentados. Quando acabar, trarei mais.

Tempos depois de ter ouvido tal história, não parei de pensar sobre o comando final para o diácono: *Você só precisa ir.*

Não precisa voltar. Só precisa ir.

No entanto, ele voltou. Mesmo assim, a instrução é muito clara: *Você só precisa ir. Só precisa ir. Mesmo sem nenhuma certeza do retorno, você só precisa ir.*

A lembrança da corajosa obediência daquele diácono ainda permanece viva em sua história, que já foi contada pela família por gerações. O caso também é contado pelos familiares daqueles que foram salvos por tão lindo presente. Ele celebra a obediência de um homem e a provisão milagrosa de Deus.

****

Viktor me levou para conhecer Katya em um de meus últimos dias na Rússia. De acordo com os registros que ela possuía, o evento descrito ocorreu em 1917.

Katya disse que tinha sete anos quando seu avô, pastor protestante, recebeu um aviso de que a polícia viria prendê-lo no dia seguinte. Ele aproveitou o curto período para organizar algumas coisas e enterrar a Bíblia da família no terreno atrás da casa. Tinha esperança de que as autoridades não a confiscassem quando fosse levado sob custódia. Não acho que Katya presenciara o avô sendo pego e levado pelo policial para a prisão.

Muitas semanas depois, a família recebeu permissão para visitar e levar roupas, alimento e dinheiro ao pastor idoso e, assim, ajudá-lo a enfrentar o inverno cortante. Katya contou como "os guardas armados vigiaram sem pestanejar os irmãos, as irmãs, os filhos e netos enfileirados aguardando a vez de se despedirem do homem de Deus do outro lado da cerca de arame farpado".

Interrompi sua fala e perguntei:
– A senhora já contou toda a história de seu avô a sua família? – Ela disse não ter certeza. Então sugeri: – Antes de prosseguirmos, chame sua filha e seu genro aqui; eles estão na cozinha. Chame seus netos também; eles estão no quintal.

Naquela época, eu já ouvia histórias impactantes há *bastante* tempo para identificar uma oportunidade muito especial.

– Sua família precisa ouvir essa história – falei –, desde o dia do seu nascimento, sobre seu avô, sobre sua vida e fé por todos esses anos. Deixe sua família se sentar aqui conosco e ouvi-la.

Ela vivia com o pouco salário de aposentadoria e ficou feliz quando sugeri mandar um dos filhos comprar chá, açúcar, leite e biscoitos.

Logo após todos tomarem uma xícara de chá e comerem biscoitos, os quatro netos de Katya e os filhos se sentaram no chão lotado de uma pequena sala de estar. Pedi à vovó Katya que começasse tudo de novo, desde o início. Enquanto ela falava, peguei-me prestando atenção na reação da família e também na história daquela idosa.

Katya contou, mais uma vez, o aprisionamento do avô, a visita da família no campo de trabalho forçado, os guardas armados, a família organizando-se perto da cerca para se despedir. E prosseguiu dizendo:
– Quando estendi com cuidado minha mãozinha entre os arames cortantes da cerca para tocar meu avô, não sabia que aquela seria a última vez que o veria.

Ela disse que ninguém da família poderia imaginar que o homem seria mártir apenas duas semanas depois. Mas ele foi. Katya recebera a cópia da polícia oficial e os relatórios do presídio. Então abriu aqueles documentos e os passou para cada um examiná-los.

Katya lembrou que a última pessoa na cerca foi sua avó. Quando as mãos da idosa tocaram as do marido pela última vez, a avó sentiu um pedaço de papel dobrado em suas mãos. Ela o agarrou com toda força e, sem demora, deslizou-o para dentro do bolso, sem deixá-lo à vista.

Na privacidade de seu lar, a avó de Katya puxou o papel do bolso. Era um bilhete que dizia onde o avô teria enterrado a Bíblia da família. O bilhete também a instruía a cavar, tirar a Bíblia, juntar toda a família e ler as páginas que escrevera, dobradas e escondidas dentro da capa da Bíblia. Foi isso que a avó fez.

– Acredito que cerca de trinta membros da família estavam presentes – comentou Katya – enquanto a vovó abria a Bíblia, desdobrava os papéis deixados ali pelo vovô, e lia a última mensagem dele para nós.

Katya descreveu as cartas do avô como se fossem um testamento espiritual para a família.

– E a última frase que escreveu no final da carta – mencionou –, sua última mensagem para a família pedia a todos que lessem e nunca se esquecessem de Apocalipse 2:10. "Aqui está o que exijo de todos, que sejam 'fiéis até a morte'".

Setenta anos mais tarde, Katya não apenas se lembrava claramente das palavras finais do avô, como contava que outras pessoas na mesma comunidade ainda se aproximavam dela na rua para falar do avô pastor, do quanto o admiravam e para agradecer a Katya e a sua família o exemplo de fé que ainda é honrado e falado todos esses anos.

Quando Katya terminou a história, vi sua filha e seu genro se levantarem e a abraçarem. A filha disse:

– Ah, mamãe, nunca soubemos disso.

Os netos se juntaram em torno dela e abraçaram o pescoço da vovó, beijaram-lhe o rosto e disseram que ela havia sido uma menininha corajosa.

Fazer parte daquela cena especial de família foi para mim um momento sagrado. Senti que havia acabado de testemunhar a genealogia da fé que o avô de Katya lhe deixara setenta anos atrás. A genealogia agora era repassada para fortalecer a fé da quarta e da quinta gerações daquela família.

****

O *aeroporto* de Moscou não parecia mais aconchegante desde minha chegada. A maioria dos russos com quem cruzei ainda tinha o semblante cansado e oprimido; ainda abaixavam os olhos e evitavam contato visual.

No entanto, meu coração estava reaquecido. Não sei dizer se conseguiria explicar o motivo na época. Agora, quando lembro, sei que meu tempo na Rússia e com os cristãos que conheci, me mudou. Ou pelo menos minhas experiências ali começaram a me mudar.

Percebi que demoraria muito para conseguir processar o que ouvira, para ligar os pontos, ou até mesmo para começar a entender o que aprendera. Iniciara minha viagem com uma enorme lista de perguntas elaboradas com cuidado, na intenção de usá-las. Quando conheci Dmitri, meu quinto entrevistado, percebi que aquelas perguntas não eram a chave para minha busca.

Não encontraria a verdade que buscava em respostas simples e diretas para meu apurado questionário. A sabedoria, as diretrizes, as percepções se tornaram lindas camadas de papéis de presentes, desvendando as narrativas pessoais que os irmãos compartilharam comigo antes e depois de eu fazer as perguntas.

Chegara a Moscou com grandes expectativas e muitas incertezas.

Deixei Moscou seguro de uma coisa: eu me encontrava no caminho certo, mesmo ao perceber que minha jornada estava apenas começando.

Minha próxima parada foi na Ucrânia, um lugar muito diferente da Rússia, como a primavera é do inverno.

VINTE E UM

Aprendendo a Viver; Aprendendo a Morrer

O espírito do povo ucraniano era oposto ao do povo russo. Notei a diferença logo ao sair do avião em Kiev. Os funcionários do aeroporto e do hotel eram graciosos, receptivos e prestativos. Enquanto os russos pareciam presos aos grilhões do passado, em que pairava a incerteza de rompimento eterno, os ucranianos que conheci pareciam apreciar a nova sensação de liberdade com grandes expectativas de um futuro melhor. Andavam com a cabeça erguida e pareciam ter molas nos pés. Faziam contato visual e sorriam para mim nas ruas. Os entrevistados estavam não apenas com muita vontade de falar, mas também ansiosos para descrever o impacto do comunismo em sua fé e falar da esperança e dos sonhos renovados sobre o futuro.

Um dos primeiros cristãos ucranianos entrevistados foi um pastor de quase sessenta anos, líder nacional de sua denominação. Entusiasmado, relembrou uma recente experiência que epitomou a rápida mudança da atmosfera espiritual daquela região da União Soviética.

– Na semana passada – comentou –, a liderança do exército ucraniano me convidou para orar por eles numa cerimônia militar pública. Concordei. Antes de orar, lembrei os militares de que eles e outras autoridades governamentais me consideravam inimigo do Estado. Mencionei que apenas alguns meses atrás haviam tentado me prender. Agora, pediam-me que orasse por eles. Foi emocionante ficar em pé diante de todos ali para orar e agradecer a Deus as grandes mudanças que Ele tem feito em nosso país!

O otimismo e o orgulho evidenciados pelas pessoas que conheci em Kiev ao falarem sobre a mais nova independente Ucrânia, porém, não apagaram as lembranças das dificuldades estarrecedoras que suportaram por longas décadas do governo comunista. Na verdade, é bem provável que as recordações ruins tenham servido de inspiração para o otimismo do presente. As recentes mudanças eram recebidas com alegria.

Algumas histórias de fé que ouvi na Ucrânia se assemelhavam às da Rússia. Muitas eram inspiradoras e ao mesmo tempo assustadoras. Não sei dizer se a opressão dos irmãos ucranianos fora pior se comparada à da Rússia. No entanto, ao narrarem as histórias, os ucranianos pareciam mais à vontade para descrever os detalhes horrendos do sofrimento.

Conheci um homem ucraniano chamado Kostyantyn que estava disposto a falar comigo. Ele também gostaria que eu conhecesse seu filho, Alexi, líder bem conhecido em sua denominação. Enquanto falávamos, descobri que Kostyantyn estivera preso por muitos anos durante o governo comunista por causa da fé. O filho se voluntariou para ser intérprete do pai e facilitar o senhor idoso no relato de sua história.

Kostyantyn não era pastor, mas um homem comum tão ativo na igreja a ponto de as autoridades locais decidirem que ele e mais dois anciões da congregação se beneficiariam com o programa de reeducação num campo de trabalho soviético. Durante seu encarceramento, as autoridades regionais aplicaram duras medidas em muitas igrejas da região e prenderam mais de duzentos pastores, levados para o mesmo campo por onde, sem demora, a notícia se espalhou. Esses pastores representavam séria ameaça ao Estado, por isso deveriam ser mantidos separados dos outros prisioneiros. Os guardas do campo foram instruídos a tratá-los da maneira mais severa possível a fim de que nenhum dos pastores conseguisse sobreviver ao aprisionamento.

No entanto, ocorria que as autoridades não queriam executar os pastores. O que fizeram, porém, pode ter sido ainda pior. Concederam aos pastores as piores ferramentas (pás quebradas e bastões afiados) e a tarefa de cavar valetas no chão congelado. Além disso, seriam punidos a cada dia se não progredissem de forma satisfatória.

Era impossível atingir a meta diária, claro. Assim, quando os pastores eram escoltados de volta para a caserna, a cada noite, tinham as roupas arrancadas, até mesmo a íntima, e eram mergulhados em água congelante, recebendo crostas de pão envelhecido e água para o jantar, e então arrebanhados de volta para dormirem na gelada cela a noite toda.

Não havia tortura formal. Não batiam. No entanto, de acordo com Kostyantyn, mais de duzentos pastores morreram num período de três meses em consequência de doenças ou outras "causas naturais". Kostyantyn sabia que os pastores haviam sido enviados para o Gulag e, quase sempre, condenados a morrer, pois tinham se recusado a negar a fé. A coragem e a convicção desses homens deram a Kostyantyn força para vencer o próprio infortúnio. Ele decidiu nunca esquecer o exemplo de fidelidade deles.

Quando Kostyantyn foi liberado do campo, recebeu a notícia do falecimento de sua esposa e de que seu filho adolescente, Alexi, já morava há anos com parentes. Ele e seu filho voltaram a viver juntos e visitaram o túmulo da esposa. No domingo seguinte, Kostyantyn levou Alexi para a igreja. Naquele dia, Kostyantyn soube: nem todos os pastores tomaram as mesmas decisões dos corajosos cujas mortes presenciara no campo de trabalho forçado.

Em sua antiga congregação, o novo pastor fizera concessões às autoridades comunistas para manter o emprego. E, no primeiro domingo de Kostyantyn de volta à igreja com o filho, o pastor estava prestes a fazer outra concessão.

O homem parecia triste lá no púlpito, olhando para todos os presentes. Hesitante e com a voz quase em tom pesaroso, anunciou que o governo estabelecera nova lei que já estaria em vigor dali em diante. Ninguém abaixo de 26 anos poderia participar dos cultos na igreja. Sua voz, dominada pela emoção, anunciou total aflição com a nova lei. Informou também que, caso a congregação preferisse manter as portas abertas, seriam obrigados a cumpri-la. Orientou a todos os menores de 26 que deixassem o local no mesmo instante.

Sabendo da existência de alguém ali naquela manhã que denunciaria às autoridades, Kostyantyn levantou-se quando seu filho Alexi se levantou para sair. Ao deixarem juntos o santuário, Kostyantyn jurou nunca mais pisar naquela igreja de novo. Esclareceu:

— Não era mais a igreja que eu frequentara e conhecera. Além do mais, o Evangelho pregado pelo atual pastor não era a fé pela qual fui levado à prisão!

Conforme ouvia Kostyantyn contar sua história de fé, percebi que seu filho estava aos prantos. Alexi, que já era um homem de meia-idade, ajoelhou-se diante do pai, e Kostyantyn acariciou o cabelo dele como se fosse de novo um garotinho. Alexi ergueu os olhos e declarou:

— Tenho muito orgulho do senhor, pai! Nunca soube tudo que viveu.

O homem idoso abriu um triste sorriso e retrucou:

— Não achava que precisasse saber. Não sabíamos se aqueles dias difíceis voltariam. Não queríamos machucá-lo. Mas fico feliz que agora saiba.

Embora Alexi nunca tivesse sabido os detalhes do infortúnio de Kostyantyn, sempre soube o bastante sobre sua genealogia de fé. As convicções e coragem do pai o inspiraram e influenciaram em sua própria decisão de ser seguidor de Jesus, para aceitar o próprio chamado ao ministério e se tornar líder espiritual de seu povo.

****

Kostyantyn ficou sabendo que nem todos os pastores permaneceram firmes em suas convicções diante da oposição comunista. De acordo com as histórias que ouvi, tanto na Rússia quanto na Ucrânia, os líderes condescendentes da igreja eram tratados de várias maneiras. Em alguns casos, quando um pastor era preso por não abrir mão de suas convicções e continuar a pregar o Evangelho, as autoridades governamentais locais indicavam outro pastor, mais colaborativo, para preencher o púlpito e liderar a congregação. No entanto, quando o novo pastor indicado pelos comunistas chegava para seu primeiro culto matinal de domingo, os membros das igrejas (na maioria das vezes as senhoras) mostravam seu desdém e criavam uma barreira segurando uma no braço da outra para bloquear o acesso do pastor ao púlpito. Caso ele conseguisse quebrar a barreira e subir, as mulheres sentavam-se nos lugares de costume nos bancos e juntavam-se ao restante da igreja para cantar hinos. Então, quando o novo pastor (cujos membros desconfiavam ter negociado a fé para escapar da prisão) se levantava para dar o sermão pré-aprovado pelo governo, as mesmas mulheres se levantavam em silêncio e viravam de costas para o pregador. Permaneciam viradas olhando para os fundos do santuário até o final da pregação, no momento de cantar o hino de encerramento.

Em toda antiga União Soviética, muitos líderes de igreja se recusaram a ser condescendentes com a fé. Tal convicção impressionou e inspirou tanto as congregações que os cristãos de hoje ainda se lembram de honrar seus pastores. Agora, em cultos semanais por toda antiga URSS, os congregantes consumam ficar em pé para honrar o pastor *em ofício* todas as vezes em que ele entra no santuário. Até o pastor chegar à plataforma e sentar-se atrás do púlpito, todos permanecem em pé em respeitoso silêncio pelo que é, claramente, um tributo emocionante e cheio de significado.

Como preletor convidado em algumas dessas igrejas, entrar e andar ao lado dos meus irmãos russos e ucranianos ao serem honrados daquela forma me fez sentir totalmente indigno. Senti que deveria descer da plataforma, pois minha presença ali desvalorizaria o momento. Constrangia-me receber uma honra pela qual nunca batalhara.

****

Outros pastores nunca tiveram a chance de escolher se morreriam ou não. Ao serem presos, as autoridades simplesmente decidiam que deveriam morrer. A única escolha, no momento, era a de optar se morreriam honrando sua fé e seu Deus ou negando seu nome. Hoje as igrejas na Rússia e na Ucrânia honram a fé dos que permaneceram firmes. Ao honrarem tal fidelidade, os cristãos se esforçam para valorizar as doloridas lições aprendidas sob o peso da perseguição.

Uma indagação sempre incomodava minha mente: *Como tantos russos e ucranianos cristãos se mantiveram firmes e fortes na fé durante décadas da opressão comunista?* O pesquisador profissional dentro de mim queria descobrir respostas simples, práticas, mensuráveis e objetivas. No entanto, eu não era apenas um pesquisador profissional. Ainda era um pai enlutado, um potencial curador ferido, um trabalhador humanitário fracassado, pois me sentia muito impotente diante de milhares morrendo de fome. Era difícil manter minha neutralidade. Muitas vezes, nas entrevistas, eu simplesmente desabafava:

– Como você (ou sua família, igreja ou povo) aprendeu a viver assim? Como aprenderam a morrer assim?

A resposta de um dos primeiros homens a quem perguntei isso veio por meio de sua história:

– Eu me lembro do dia como se fosse ontem, Nik. Meu pai colocou os braços sobre minha irmã, meu irmão e sobre mim e nos levou até a cozinha para sentar à mesa e conversar. Minha mamãe estava chorando, então, logo percebi que algo estava errado. Papai não olhou para ela, pois falava direto para nós. Ele disse: "Filhos, vocês sabem que sou pastor da nossa igreja. Foi o chamado de Deus para mim, a fim de falar dele para outros. Fui informado de que as autoridades comunistas virão aqui amanhã para me prender. Serei encarcerado, pois querem me fazer parar de pregar a respeito de Jesus. Mas não posso parar, pois devo obedecer a Deus. Sentirei muita saudade, mas confio em Deus para cuidar de vocês na minha ausência.

Ele abraçou cada um de nós e disse:

– Em toda parte deste lado do país, as autoridades estão encurralando os seguidores de Jesus e exigindo que neguem a fé. Às vezes, quando se recusam, elas pegam a família inteira e os enforcam. Não quero que isso aconteça com nossa família, então oro para que, quando eu for preso, deixem vocês e a mamãe em paz. Contudo – e aqui deu uma pausa e nos fitou –, se for preso e receber a notícia de que minha esposa e filhos foram enforcados, em vez de negarem a Cristo, serei o homem mais orgulhoso daquele presídio!".

Ao terminar a história, fiquei enternecido. Nunca tinha ouvido esse tipo de narrativa na igreja onde cresci. Nunca deparara com tal situação em minha peregrinação. Tinha certeza de nunca ouvir em minha vida sobre um pai valorizar mais a fé do que a própria família.

Quase imediatamente, então, comecei a me lembrar de alguns exemplos bíblicos semelhantes. *Acredito fazer parte de nossa história*, concluí em silêncio. Porém, é a parte da história mantida em sigilo.

Esse foi mais um relato insano aos meus ouvidos. *A intenção de Deus para seu povo viver seria mesmo essa? Estaria eu tão seguro da ressurreição a ponto de me encontrar disposto a viver da mesma forma, até mesmo disposto a morrer da mesma forma?*

****

Numa outra oportunidade, realizei a mesma pergunta a outro narrador:

– Como aprendeu a viver e morrer assim?

A resposta do homem foi esta:

— Lembro-me de quando meus pais reuniram a família, e meu pai informou: "Filhos, por todo o bairro as autoridades comunistas estão aos poucos matando de fome os cristãos que se recusam a negar a fé. Se nossa família tiver de morrer de fome por Jesus, que assim seja, e com alegria".

E agora? O que fazer com uma história como essa? Apenas conseguia imaginar o que aquela experiência e as palavras do pai significaram para a família.

A pergunta "como aprendeu a viver e a morrer assim?" não foi apenas respondida por aqueles dois, mas também por muitos outros testemunhos que ouvi na Rússia e na Ucrânia. Na verdade, se eu fizesse ou não a pergunta, as respostas seriam ouvidas em quase todas as histórias relatadas.

Até mesmo na história das senhoras cujas convicções deixaram evidentes ao se levantarem (literalmente) e virarem de costas para os pastores condescendentes.

Como tantos russos e ucranianos cristãos permaneceram fortes na fé por quase um século de perseguição comunista? Como aprenderam a viver e a morrer da forma que faziam? Repetidas vezes ouvi as mesmas palavras: "Aprendemos com nossas mães, avós e bisavós. Com os pais, avôs, e bisavôs".

****

Minha permanência na Ucrânia já chegava ao fim e me lembrei dos meus últimos dias na Rússia, principalmente da conversa em que me falaram da normalidade da perseguição, tão comum quanto o "sol nascendo ao Leste". Teriam meus amigos ucranianos a mesma visão?

Ainda me encontrei com mais um grupo de cristãos e ouvi as histórias de prisão e perseguição, bem como a provisão de Deus para seu povo. Mais uma vez, o poder dos testemunhos e das histórias relatadas me impactou. No final do encontro, perguntei:

— Não consigo entender por que não colocaram as histórias num livro. Cristãos em todo mundo precisam saber dos relatos contados aqui hoje. Suas histórias são fantásticas! Os testemunhos são inspiradores! Nunca tinha ouvido nada parecido!

Um pastor com mais idade estendeu um braço no meu ombro e com o outro agarrou meu braço, olhando bem no fundo dos meus olhos, e disse:

– Filho, quando você parou de ler a Bíblia? Todas as histórias contadas aqui estão lá. Deus já as escreveu. Não há razão para nos preocuparmos em escrever livros a fim de contar nossas histórias quando Deus já as tem escritas. Se apenas lesse a Bíblia, veria todas ali. – Ele pausou e me perguntou de novo: – Quando parou de ler a Bíblia?

Sem esperar minha resposta, virou-se e foi embora. Não houve sorriso simpático, nem tapinha de encorajamento nas costas, nem beijo no rosto.

Essa pergunta condenatória ainda ecoa em minha mente.

VINTE E DOIS

Medo ou liberdade?

Muito do que ouvi dos cristãos em todo Leste Europeu nos demais dias ecoavam as histórias relatadas a mim na Rússia e na Ucrânia. No entanto, o país mais desalentador que visitei, cujo nome manterei em sigilo, fez parte do antigo bloco comunista, onde a igreja, na realidade, sofria pouca perseguição explícita.

Parecia algo positivo, até eu descobrir o verdadeiro motivo. As entrevistas revelaram que, no início do governo comunista, as igrejas dessa nação abraçaram rápida e completamente os versículos escritos por Paulo em Romanos 13 sobre honrar e obedecer à autoridade dos governos do mundo. Na verdade, as igrejas enfatizavam esses versículos de tal forma que ignoravam muitos outros trechos das escrituras, desobedecendo ao que afirmavam, incluindo-se aí alguns ensinamentos centrais de Cristo.

Por exemplo, em consequência de as igrejas praticarem a estratégia da "boa política" para sobreviver, propósito fundamental para exercerem a fé, automaticamente se esqueceram da última instrução de Jesus aos seus: vá e faça discípulos. O governo então concluiu que a ação da igreja não representava grande ameaça, sendo bem provável que desvanecesse e morresse, de modo que não haveria necessidade de perseguição estruturada para controlar os cristãos. Essas igrejas condescendentes agrilhoaram a si mesmas.

Esses irmãos falharam por não compartilharem a fé ou por não se defenderem. Falharam por não defenderem outros quando milhares de judeus eram sacrificados a apenas alguns quarteirões das sedes de suas igrejas. Permitiram que a liderança comunista compartilhasse espaço dentro dos escritórios denominacionais. Por que algum dia sofreriam perseguição aberta quando já tinham entregado quase tudo?

****

Um pequeno grupo em outro antigo país da Cortina de Ferro havia caído no mesmo erro – por um tempo. Pouco a pouco, ao longo de décadas de severa perseguição, cederam permissão ao governo de ditar como, onde e quando poderiam cultuar. Durante esse período, tais cristãos lamentaram a perda da liberdade religiosa em função do comunismo. Um de seus pastores entrou com pedido de autorização do governo a fim de estudar teologia na Inglaterra. *Milagrosamente* (e aqui não teria outra explicação), o governo comunista aceitou.

Após três anos de estudo, o pastor voltou para casa. Numa reunião com pastores companheiros, repartiu sua experiência.

– A ÚNICA lição importante aprendida – disse aos colegas – foi: Somos livres! Somos livres, pois nossa liberdade vem de Deus, e não do nosso governo. Precisamos começar a agir como pessoas livres!

No ano seguinte, esses pastores tiveram dificuldades com o significado da possível prática da ideia radical. Durante aquele mesmo ano, oraram e jejuaram. Tentaram entender como tal liberdade estaria relacionada a Romanos 13. No final, cerca de metade dos pastores assinou uma carta cuidadosamente redigida, que foi enviada ao governo comunista repressivo. Em sua essência, dizia o seguinte:

Nossa Bíblia nos instrui a respeitar e aceitar sua autoridade sobre nós e sobre os cidadãos deste país. Há muitos anos temos respeitado esse preceito. Porém, nossa Bíblia também nos instruiu a distinguir entre a autoridade outorgada a governantes e a autoridade pertencente a Deus.

Na carta, tentaram articular tal diferença. Garantiram às autoridades não haver intento algum de se oporem ou derrubarem o governo. Porém, com todo respeito, também explicaram que obedeceriam a Deus e cumpririam o mandamento. Esclareceram que o Espírito Santo lhes dera a liberdade e a força para assim agirem. Daquele dia em diante, afirmaram, estavam determinados a cumprir o papel histórico e bíblico da fé: proclamar o Evangelho, plantar igrejas, testemunhar aquilo em que criam em público, batizar novos convertidos e cultuar juntos onde e quando quisessem.

Os líderes das igrejas enviaram a carta. Então, aguardaram, sem dúvida com medo, o possível resultado. Para a surpresa de todos, o governo não fez nada. A única mudança significativa ao reivindicarem a liberdade foi que podiam colocá-la em prática. Enfim voltaram a fazer parte do corpo de Cristo.

Durante a conversa com vários líderes que assinaram e enviaram a declaração de liberdade ao governo, inclusive com o pastor idoso que fora morar em outro país a fim de estudar Teologia três décadas atrás, contei algumas das histórias que ouvira na antiga URSS. Depois de compartilhar a história de Dmitri na prisão entoando seu louvor todas as manhãs, ficaram animados no mesmo instante. Disseram ser indispensável que eu conhecesse mais um cristão e falasse com ele antes de deixar o país.

– O senhor *precisa* falar com ele! – insistiram.

O homem morava logo no final da rua da igreja onde as entrevistas aconteciam.

****

Depois de quatro lances de escadas crepitantes, dentro de um apartamento bem pequeno, encontramos um homem de cabelos brancos, encurvado, desgastado pela vida. Pela estrutura física, sua sombra, quando mais novo, era mais longa. Ele nos convidou a entrar. Os móveis antigos conferiam ao cômodo um tom de museu.

Tavian, o dono do apartamento, nos levou de volta ao tempo ao nos contar sua história. Disse que durante a ocupação soviética, na década pós-Segunda Guerra Mundial, antes de seu país estabelecer o próprio governo comunista, ele fizera parte de um movimento carismático clandestino dentro da tradicional Igreja Ortodoxa do país. Intitulavam-se "O Exército de Deus". Ao lerem a Bíblia, descobriram o que Jesus dissera sobre enviar o Espírito Santo a fim de capacitar seus discípulos para realizar a vontade dele na terra. Entenderam que esse era o mesmo Espírito Santo habilitado para capacitá-los a realizar o trabalho do corpo de Cristo, com ou sem a bênção da Igreja Ortodoxa, ou mesmo a autorização do governo.

Quando começaram a praticar sua crença, atraíram a atenção de outros, claro. A igreja nacional oficial se opôs aos seus esforços. Ocupantes soviéticos os apontaram como perigosos. E mais, o próprio novo governo comunista os acusara de traidores. Tavian e muitos outros cristãos foram presos. A igreja oficial participou do encarceramento.

Tavian rememorou muitos incidentes de torturas físicas e emocionais. Os soviéticos especialistas em endoutrinamento vieram da URSS para treinar os policiais e oficiais de presídios das nações satélites. Embora simples, as diferentes formas de tortura eram eficazes. Por exemplo, colocava-se grande quantidade de sal na comida dos prisioneiros, e, ao mesmo tempo, reduzia-se a quantidade permitida de água. Em outros momentos, os prisioneiros eram pendurados pelos punhos, os pés impedidos de alcançar o chão. Havia também a privação de sono, quando os mantinham acordados por dias a fio. Ao começarem a adormecer, eram espancados ou derrubados da cadeira.

Semelhante aos outros países comunistas, as autoridades tentaram destruir a alma ou, pelo menos, a identidade daqueles cujo comportamento inspirava ameaça. Era necessária muita força do prisioneiro para deter o menor remanescente de sua identidade original. Muitos perderam tal batalha. Alguns ficaram isolados numa cela por anos. Outras vezes, os carcereiros abarrotavam cinquenta prisioneiros numa cela com capacidade para apenas quatro.

Tavian falou sobre os abusos de forma direta e objetiva. Contudo, a dor emitida em sua voz tornava-se cada vez mais audível ao contar como o movimento de renovação clandestino fora traído e delatado pelos líderes da igreja tradicional. Notei aflição ainda mais profunda quando descreveu a dor desesperadora ao saber da morte de sua esposa.

Contudo, com uma voz muito diferente, falou sobre algo que o ajudara a permanecer firme.

– Compus muitas canções – comentou. – Deus me deu as palavras e melodias para fortalecer e acalmar minha alma.

– Quantas canções o senhor compôs? – perguntei.

Ele sorriu e respondeu:

– Por volta de seiscentas!

Isso confirmou a informação já recebida pelos irmãos que insistiram que eu conhecesse esse homem. Já haviam me informado que Tavian era conhecido pelos irmãos em todo país. Antes do comunismo, a Igreja Ortodoxa entoava as antigas canções tradicionais no culto. Os cristãos pentecostais, normalmente, transliteravam hinos ocidentais e canções de fé para cantarem no culto. No entanto, desde que Tavian saiu da prisão, os cristãos passaram a cantar em todos os cultos matinais de domingo a maioria das canções compostas por ele.

Sem perder a oportunidade, perguntei-lhe se cantaria uma das canções para mim. Tavian cantou duas. Ao cantar, entendi como ele conseguira silenciar seus capturadores e perseguidores, pois entoava o poder de Deus sobre a vida deles.

Quando saí do prédio, imaginei Tavian chegando ao céu um dia e sendo recebido por um coral de anjos entoando uma de suas composições de louvor enquanto estivera preso por causa de Cristo.

****

Em outra nação do Leste Europeu, encontrei outro cristão que compartilhou uma história esclarecedora e instigante.

Eugen contou sobre os dias de governo comunista em seu país; ele já havia sido entrevistado por um ocidental representante de uma revista de uma organização cristã que apoiava cristãos perseguidos em razão da fé. Quando o repórter perguntou a Eugen como fora tratado pelo governo comunista, ele respondeu que as autoridades locais o atormentaram e agrediram fisicamente. Disse que às vezes tentavam intimidá-lo parando bem em sua frente e o encaravam até que desse espaço para passarem.

Eugen contou como alguém (supostamente o mesmo policial) furara os pneus do carro e quebrara o para-brisa com um martelo. Contou como seus filhos eram ridicularizados com frequência diante dos colegas de sala por serem de uma família cristã. Impedindo que as crianças fossem direto para casa, os administradores da escola diziam: "Seu pai é pastor e por isso vocês são humilhados na frente dos colegas. Por isso não têm amigos". Evidentemente, os comunistas acreditavam que, se conseguissem denegrir a fé dos pais, seriam capazes de colocar os filhos contra eles, e, fazendo isso, as igrejas desapareceriam na próxima geração.

O jornalista ocidental, ao ouvir a história de Eugen, ficou abismado e disse:

– O que o governo tem feito ao senhor e a sua família não é certo! Precisamos contar a sua história na revista para conseguir mais pessoas para orar!

– Ah, por favor, não faça isso! – exclamou Eugen. – Tudo que ocorreu comigo e com minha família é normal aqui. Trata-se apenas de uma pequena cruz para carregar. Se algum dia souber que fui preso, torturado e ameaçado de morte, talvez então poderá tornar nossa história pública. Talvez então seu governo possa intervir por nós e talvez então as pessoas possam orar. Mas agora não! Não queremos envergonhar os perseguidores e causar mais problemas por fazer uma tempestade num copo d'água.

O jornalista e sua organização cheia de boas intenções ouviram o pedido de Eugen, mas se recusaram a aceitar. Apesar do que foi dito, pensaram que poderiam (e deveriam) fazer algo para ajudá-lo. A história dele foi publicada. Para proteger Eugen e sua família de retaliações, a revista estampou um aviso legal: "Os nomes das pessoas nessa matéria, assim como o nome e a localização da cidade, foram alterados. Porém, os detalhes da história são verdadeiros. Os cristãos são tratados assim pelo governo _____". (E, por incrível que pareça, o aviso legal mencionou o nome verdadeiro de um dos municípios da cidade!).

A revista inventou um nome não apenas para o personagem principal da história, mas também para a esposa e os filhos. A escolha para o nome da cidade foi 100% aleatória, e usaram o nome de uma cidade daquele mesmo país. Apesar de escolherem o nome aleatoriamente, o pessoal não tinha a menor ideia se havia ou não cristãos morando ali. Portanto, concluíram ser perfeitamente seguro usarem nomes e lugares escolhidos de modo aleatório no artigo da revista.

As autoridades no país de Eugen depararam com uma cópia da revista. Provavelmente leram o aviso legal, mesmo assim foram até a cidade mencionada na matéria e investigaram. Quase no mesmo instante descobriram mais de uma dúzia de antes desconhecidas igrejas domésticas ilegais funcionando naquela região. Sem demora, prenderam pessoas de cada uma das igrejas.

Eugen, cuja entrevista provocara indiretamente tal tragédia, ficou estarrecido e de coração partido. Anos depois, compartilhava a mesma história comigo com a intenção de impedir a repetição de tamanho erro.

Em virtude disso, demorei mais de uma década e meia para publicar essas histórias.

O alerta de Eugen é crucial. Na verdade, decidi ali mesmo contar essa história de alerta a outros com a intenção de apoiar e ajudar irmãos companheiros ao redor do mundo em países onde enfrentam perseguição. Minha esperança é a de que esta história ilustre de forma poderosa algo importante: se não tivermos cuidado ao contar histórias de cristãos perseguidos em tempo real, podemos agravar ainda mais a perseguição. A Bíblia nos instrui a orar por nossos irmãos e irmãs oprimidos. Algumas vezes não é útil ou sábio agir além dessa instrução e compartilhar suas histórias. Até mesmo nas melhores das intenções, nem sempre é possível ter certeza dos resultados de tal compartilhamento.

Enfrentar perseguição por causa de Jesus é diferente. Minha vivência na Somália e as histórias fantásticas e poderosas que ouvi convenceram-me de que Deus é capaz de usar a perseguição para sua glória. No entanto, causar a perseguição (mesmo sem intenção) dos irmãos por obra da tolice e da falta de cuidado da nossa parte é outro assunto. Que tragédia desperdiçar a perseguição!

Quando saí da Somália, decidi não permitir que isso acontecesse. De acordo com Jesus, seus discípulos seriam "como ovelhas entre lobos". Entretanto, agir sem cuidado e com estupidez é desnecessário. Foi esta uma das razões pelas quais iniciei essa jornada: obter sabedoria com as experiências de outros. Apesar de ter sido muito encorajado pelas histórias conhecidas até aqui, sabia que ainda havia muito mais a aprender.

VINTE E TRÊS

Ficar em silêncio, jamais!

Meu próximo narrador chamarei de Stoyan. O nome, que significa "permaneça firme" ou "fique", é comum no Leste Europeu. Stoyan tinha quase sessenta anos, cheio de energia e amistoso. Conhecemo-nos na capital de seu país. Depois da minha costumeira explanação: quem eu era e qual meu trabalho, Stoyan começou a me contar sua história.

Ele iniciou falando sobre seus pais. Após o término da Segunda Guerra Mundial, os comunistas começaram a consolidar o poder em todo país. Por fim, tomaram posse do governo. Durante décadas as autoridades oprimiram os cristãos. Quando Stoyan tinha doze anos, prenderam seu pai, pastor protestante, que ficou detido por dez anos.

– Primeiro – disse –, prenderam-no num lugar secreto aqui na cidade. Todas as manhãs, um dos guardas levava seus dejetos, espalhava-os num pedaço de pão e levava para meu pai no café da manhã.

Segundo Stoyan, os impactos emocionais e psicológicos eram ainda piores, e deixaram marcas mais profundas se comparadas a quaisquer maus-tratos físicos. Nove meses sofridos se passaram sem nenhuma notícia do pai. Finalmente, a mãe de Stoyan recebeu uma notificação sobre a transferência do marido junto a outro grupo de prisioneiros para um campo de trabalho muito distante.

Os carcereiros permitiram uma hora de visita para as famílias antes da transferência. Stoyan e a mãe foram até o bem conhecido alojamento de torturas da polícia secreta no dia determinado.

Seguiram acompanhados até um espaço do tamanho do campo de futebol, juntamente com muitas outras famílias que iriam visitar os amados maridos, pais e filhos.

– A maioria dos prisioneiros correu para falar com os parentes do outro lado de uma longa fileira de mesas alinhadas para separar os visitantes dos detentos – lembrou Stoyan. – Mas meu pai não apareceu. Minha mãe e eu nos sentamos e esperamos. Esperamos por muito tempo. Por fim, quando o tempo permitido para visita estava quase se encerrando, outro prisioneiro, provavelmente um curador, atravessou a sala de visita carregando algo semelhante a um amontoado de trapos. Ele, a passos largos, veio em nossa direção e colocou o amontoado em cima de uma das mesas. Minha mãe pegou minha mão – continuou Stoyan –, e juntos nos aproximamos da mesa quando, graças, aos olhos azuis de olhar penetrante fixados em mim, misturado em meio aos trapos, foi possível reconhecer a forma esquelética do homem como meu pai. Segurei-lhe a mão e coloquei meu rosto encostado no dele. Falei bem baixinho: "Pai, estou muito orgulhoso do senhor!". Eu tinha treze anos de idade.

"Mamãe sabia qual seria o melhor presente, na opinião do meu pai, então deslizou um Novo Testamento de bolso por debaixo da touca de lã dele. O carcereiro viu, correu até nossa direção, pegou o pequeno livro e depois chamou o comandante. O oficial deu uma olhada no livro antes de, com toda fúria, jogá-lo ao chão. Ele gritou com minha mãe, na frente de todos em redor: 'Mulher, esqueceu que por causa deste livro e de seu Deus seu marido está aqui? Posso matá-lo, matar você, e matar seu filho. E ainda receber muitos aplausos por isso!'".

Stoyan estava se lembrando de algo ocorrido décadas atrás. Mas recitava as palavras com tanta vivacidade e elas pareciam tão recentes quanto as do passado.

– Minha mãe olhou para o oficial do presídio e disse: "O senhor está certo. O senhor *pode* matar meu esposo. Pode me matar. Sei que pode até mesmo matar nosso filho, mas nada que faça poderá nos separar do amor que está em Cristo Jesus!".

Stoyan confessou:

– Minha mãe me deixou muito orgulhoso!

Depois de o governo comunista transferir o pai pastor para um Gulag do lado de fora da cidade, as autoridades exilaram o restante da família de Stoyan em um vilarejo remoto de ciganos bem distante do país. A polícia bateu à porta tarde da noite e deu a Stoyan, sua mãe e seus três irmãos mais novos uma hora para fazerem as malas. Tinham permissão para levar duas malas cada um. Foram jogados dentro de um trem à meia-noite, a caminho de um lugar desconhecido.

Em um dado momento na solitária viagem de trem, amedrontados e carregados de sentimento de perda total, os irmãos mais novos de Stoyan começaram a chorar. Lamuriaram com a mãe:

– O que será de nossa casa? Mama, onde moraremos agora? Como o papa saberá onde estamos? O que vamos fazer? O que acontecerá conosco?

A mãe de Stoyan não tinha resposta para sua família traumatizada. Tudo que podia fazer para tranquilizá-los era dizer:

– Meus pequenos, Deus terá de providenciar.

Em seguida os levou a cantar um hino. Depois de terminarem, enquanto o trem quase estava chegando ao destino, um estranho se aproximou da família agarrada e amedrontada e disse à mãe:

– Vocês são parentes do pastor preso? (Ao perguntar, citou o nome do homem).

– Sim, somos – respondeu a mãe.

O homem disse:

– Nossa igreja se reuniu ontem à noite. Durante o período de oração, o Espírito Santo orientou a colher uma oferta para eu trazer a este trem para lhe entregar, e acompanhá-los até seu novo lar. – Entregando-lhes uma sacola pequena de pano, diminuiu o tom de voz e continuou: – Aqui tem dinheiro suficiente para seis meses. Traremos mais quando acabar.

****

Nos anos seguintes ao aprisionamento do pai, a família de Stoyan recebera a permissão de visitá-lo duas vezes, cada visita com uma hora de duração. De algum jeito, conseguiram sobreviver. Mas não foi fácil para nenhum deles.

Stoyan era obrigado a se apresentar à polícia três vezes ao dia na delegacia local. Em 1955, as autoridades comunistas o expulsaram da universidade. O pai de Stoyan, assim como qualquer outro pastor evangélico preso pelo governo, fora acusado de ser um espião americano ou britânico. Assim, virara "preso político". Em virtude da ligação dele com o pai, a polícia secreta carimbou "Inimigo da República" nos relatórios universitários de Stoyan, e declarou-o inelegível para se graduar. Ele foi então recrutado pelo serviço militar. Lá não recebeu promoções e foi destinado a apenas fazer trabalhos braçais numa unidade de distribuição.

Mais de 10 mil "presos políticos" morreram no país de Stoyan durante aqueles anos. A esperança de que o pai sobrevivesse era muito pequena. Próximo ao fim, os guardas fizeram uma última tentativa para tentar destroçá-lo. Informaram ao pastor que estava agendada sua execução. Levaram-no para o lado de fora, amarraram-no num pilar e ofereceram-lhe a última chance para negar a fé. Se não negasse, levaria tiros.

Ele ergueu a coluna, ficou em posição de sentido e declarou:
– Não negarei a Cristo.

Os guardas ficaram furiosos. Sem dúvidas não tinham autorização para cumprir a ameaça de execução. Pelo visto haviam recebido ordens bem diferentes. Deram prosseguimento aos insultos e xingaram-no logo que começaram a desamarrá-lo. Então, para sua grande surpresa, em vez de escoltá-lo de volta para a cela, levaram-no até o muro do presídio, destrancaram e abriram o portão, e literalmente o lançaram para fora sem uma palavra de explicação. O ocorrido o deixou tão chocado que ficou sem saber o que fazer.

Por fim percebeu: estava livre. Começou a andar. Muito tempo depois, encontrou o caminho e seguiu para a nova casa da família. Chegou num sábado, mas não tinha ninguém. Depois encontrou a igreja e deparou com sua família e outros membros orando por ele no altar. Após um jubilante reencontro, finalmente pôde voltar a pregar.

Num domingo, alguns meses depois, uma idosa, a quem ele desconhecia, pediu ajuda ao pastor. Ela contou ter um filho diabético, que havia pouco tempo ficara cego e estava à beira da morte. Precisava de remédio para controlar a dor agonizante. Infelizmente, sendo cristã, não tinha como consegui-lo. O pai de Stoyan prometeu tentar adquiri-lo, e conseguiu algum tempo depois.

Quando levou a medicação até o apartamento daquela senhora, foi guiado por ela até o quarto para ser apresentado ao filho. Agradecida por ele ter conseguido o remédio, queria que o pastor orasse pelo filho.

O pai de Stoyan, ao entrar no quarto, teve o maior choque da vida.

O homem cego, inválido, de meia-idade e deitado naquela cama diante de seus olhos era o carcereiro que passara dejetos humanos na torrada do café da manhã do pastor todas as manhãs durante os primeiros nove meses de prisão.

– Oh, Senhor! Não permita decepcioná-lo agora! – orou baixinho. Sem se identificar ou dizer algo que desse a dica de quem era, o pastor ofereceu, de coração, perdão ao seu antigo torturador, ajudou a idosa a aplicar o medicamento para aliviar a dor do homem, orou pelo filho dela e retornou para casa impressionado com o novo e profundo entendimento da graça de Deus. Na realidade, ficou tão deslumbrado a ponto de a experiência ter mudado sua vida e a de seus familiares.

****

Quando seu pai foi liberado da prisão, Stoyan já tinha cumprido suas obrigações militares. Encontrara um emprego numa oficina de fundição e começara a estudar Teologia por correspondência. Seu objetivo era também se tornar pastor. Porém, seu plano foi adiado quando a polícia invadiu seu apartamento e destruiu os livros e os sermões que escrevera.

Em 1962, mais ou menos, Stoyan conseguiu seu diploma de estudo a distância e tornou-se pastor. O fato fez com que fosse demitido da oficina de fundição, e depois ainda conquistou mais um diploma de Teologia por correspondência.

Por volta de 1966, após conseguir duas Bíblias ilegais em sua língua nacional, teve a ideia de criar um centro clandestino, em sua casa, para contrabandear materiais. Nas duas décadas subsequentes, ele traduziu mais de vinte livros cristãos, cujos autores são muito bem conhecidos: Corrie ten Boom, David Wilkerson, Billy Graham. Stoyan organizou uma rede de editora clandestina. Os detalhes de seu trabalho e os métodos usados por sua organização para publicar e distribuir milhares de livros por todo Leste Europeu ainda eram secretos quando o conheci no verão de 1998.

Ele me contou que a polícia secreta suspeitara de suas atividades. Uma vez, até mesmo o prenderam. Diferente, porém, da situação pela qual passara o pai, seu período na prisão durou meses, e não anos. As autoridades o teriam mantido preso por mais tempo caso fosse encontrado com algum material ilegal, mas isso nunca aconteceu.

Stoyan contou-me histórias de arrepiar os cabelos de livramentos e escapes milagrosos. Uma vez, ele recebeu um alerta de última hora de que a polícia o aguardava em sua casa. Deixou sua esposa na floresta a noite toda com o carro lotado de livros para chegar em casa na maior inocência e de mãos vazias. Outra vez, um policial sentou-se numa pilha de Bíblias embrulhadas em papel pardo enquanto orientava o esquadrão a vasculhar por longas e inúteis horas a casa de Stoyan. Ao terminar de ouvir as histórias por dois dias inteiros, desejei ter mais um mês para conversar.

****

Fiquei maravilhado com o progresso alcançado na minha viagem.

Na Rússia, eu encontrara um povo desconfiado e cansado, ainda escondendo suas histórias não somente do mundo, mas do próximo.

Na Ucrânia, descobri cristãos celebrando a nova liberdade fresca como a primavera. Contavam histórias abertamente e cheios de alegria.

No Leste Europeu, onde muros caídos não faziam mais sombras, as cortinas tinham sido tão abertas que os cidadãos estavam livres para atravessar as fronteiras de seus países. Ali, cristãos como Stoyan, pareciam relaxar sob o sol. Estavam começando a refletir sobre suas experiências e lembranças de estações passadas.

Apesar das décadas de extremas aflições, as histórias de Stoyan eram positivas e esperançosas.

Ele estava convencido de que as pessoas afluíram a Cristo em maior número durante dias difíceis de perseguição, pois foi quando puderam reconhecer como Deus sustenta e fortalece seus seguidores. Disse ter aprendido que a família é o maior reservatório de fé e resistência diante da perseguição. Em seguida explicou que, por incrível que pareça, a liberdade trouxera consigo uma nova série de desafios que embaçou as linhas de batalha.

Quando a entrevista com Stoyan estava chegando ao fim, sabia que levaria muito tempo para processar a sabedoria, discernimento e conclusões que aquele homem singular extraíra de sua valiosa vida de fé.

Quando mencionei isso a Stoyan, e lhe agradeci por sua disponibilidade de tempo, ele deu um sorriso modesto e retrucou:

– Agradeço a Deus e me alegro sobremaneira em saber que estava sofrendo na prisão em meu país, para que você, Nik, pudesse estar livre para compartilhar Jesus em Kentucky.

Aquelas palavras atingiram fundo minha alma. Olhei bem nos olhos de Stoyan e disse:

— Ah, não! Não! Você não vai fazer isso! NÃO vai jogar isso pra cima de mim. A dívida é tão grande e nunca serei capaz de pagar-lhe!

Stoyan olhou bem nos meus olhos de volta e afirmou:

— Filho, esta é a dívida da cruz! — Ele inclinou-se para frente, cutucou-me no peito com seu dedo e prosseguiu: — Não roube minha alegria! Para mim foi motivo de muita satisfação ter sofrido em meu país para você então estar livre para testemunhar em seu país. — Em seguida, ergueu a voz e disse, como num desafio de profeta que me perseguiria para sempre: — Nunca abra mão em liberdade daquilo que jamais abriríamos mão na perseguição! Esse é o testemunho do poder da ressurreição de Jesus Cristo!

****

As *palavras* de Stoyan me assombraram dentro do avião de volta para os Estados Unidos. *Teria eu aberto mão em liberdade daquilo que ele e outros se recusaram a entregar sob as formas mais terríveis de perseguição? Teria?*

Eu não conseguia parar de ouvir as vozes que ouvira nas entrevistas. Não conseguia me esquecer dos rostos. Tantas histórias de vida acumuladas em tão pouco tempo. *Tudo isso acontecera em menos de um mês. Seria possível?* Minha mente estava tomada por tudo que descobrira, e tudo que vira, ouvira e vivenciara.

Como era de se esperar, abri meu coração para minha família, depois para meus colegas e parceiros e por fim aos alunos da faculdade, que se tornaram nossa nova família adotiva.

Apenas algumas semanas mais tarde, os alunos se reuniram em nossa casa. Tentei lhes contar um resumo rápido das minhas viagens, mas não demorou para falarem que desejavam ouvir toda a história. Então, comecei a contá-las.

Contei de Dmitri e seus louvores. Contei de Katya e a instrução de seu avô para "serem fiéis até a morte". Contei do diácono fiel e obediente ao preparar seu cavalo no trenó para entregar mantimento na nevasca. Contei sobre o pastor russo de quem recebera a explicação sobre o que é perseguição: "como o sol nascendo ao Leste". Contei estar começando a entender a "normalidade" da perseguição para milhares de cristãos pelo mundo.

Minhas lembranças incluíram confissões:

– Não sei como consegui viver 45 anos – confessei – sem entender as implicações. Já daria para eu ter entendido, pois morei quinze anos na África! Estudei a Bíblia! Sei que Jesus disse aos seus discípulos que sofreriam por causa de seu nome. Logo, nada deveria ser surpresa para ninguém, mas mesmo assim é – disse bem devagar.

Em seguida, contei a eles como me senti desmoronado diante da pergunta do pastor ucraniano: "Quando parara de ler minha Bíblia?".

Os alunos se sentiram arrasados e culpados ao ouvirem a história dos jovens russos capazes de recitar e reproduzir os primeiros quatro livros no Novo Testamento praticamente na íntegra naquela conferência de jovens em Moscou, nos anos de 1950. Ao comentar a triste observação "a igreja Russa perdeu na primeira década de 'liberdade' tudo aquilo que os cristãos soviéticos tinham conseguido sustentar debaixo da força do comunismo por quase um século", muitos alunos se identificaram com a triste informação.

Já era tarde e hora de encerrar o dia. Porém, ninguém parecia querer ir embora. Continuei a contar histórias.

Contei de Tavian e das seiscentas canções escritas por ele na prisão, agora entoadas nas igrejas de seu país todos os domingos de manhã. Comentei os louvores da fé e notei que muitas pessoas entrevistadas citaram um louvor ou trechos favoritos das Escrituras como poderosos recursos de força espiritual durante momentos de lutas.

Toquei a gravação de Dmitri e Tavian cantando seus louvores favoritos. Os alunos choraram comigo.

Compartilhei a história de Stoyan e de sua família, e expliquei como as dificuldades do pai e a fé corajosa da mãe tinham garantido uma genealogia de fé que foi essencial para moldarem sua incrível história. Comentei o último momento de conversa com Stoyan e confessei àqueles jovens a necessidade de pedir perdão a Deus por "ter aberto mão em liberdade daquilo que Stoyan e muitos outros nunca abriram mão na perseguição".

Já era ainda mais tarde. Os alunos, porém, se recusavam a ir embora. Ruth e eu subimos as escadas para o quarto e os deixamos lá cantando, orando e chorando.

Os alunos voltaram na semana seguinte com mais amigos. Pediram-me que recontasse as histórias, as mesmas que haviam ouvido na semana anterior. Com certeza, Deus nos incumbira de algo sagrado.

Decerto não encontrara todas as respostas que procurava. Aliás, voltara para casa com ainda mais questionamentos. No entanto, na Rússia e no Leste Europeu encontrara nova esperança. Pequena, mas era esperança.

****

Eu tinha saído da África, depois da morte de Tim, questionando como minha fé poderia ser eficaz, se é que poderia, em lugares brutais como Mogadíscio. Ruth e eu tínhamos ido à Somália em obediência às instruções de Cristo aos seus discípulos "vão e façam discípulos". Assim fizemos acreditando, de todo coração, no que a Bíblia proclama sobre o poder da ressurreição de Jesus. Seis anos mais tarde, voltara às pressas para casa duvidando desse poder – e pensando ser, talvez, o mal mais forte do que Deus.

Se o poder de ressurreição não fosse encontrado hoje no mundo, então eu tinha um grande problema. Se o poder da ressurreição não estivesse presente e vivo, teria questões muito importantes às quais responder, questionamentos que abalavam minhas bases: *Qual a relevância dos últimos quinze anos da minha vida? O que eu faria dos anos do resto da minha vida?*

Tínhamos, supostamente, criado nossa Força-Tarefa da Perseguição e elaborado um conjunto de objetivos de pesquisas para nos ajudar a aprender como fazer discípulos nos lugares mais hostis ao cristianismo no mundo. Essa era nossa meta. Muito além disso, eu sabia desde o início que minha busca era muito mais pessoal. Fui para a Rússia com uma pergunta cuja resposta ansiava obter: *E se o que a Bíblia ensina sobre o poder da minha fé não for verdade hoje?*

Ao voltar da Rússia, no entanto, uma pergunta diferente encheu meu coração, e foi fortalecendo-se com as entrevistas marcantes e cheias de vida. Era uma pergunta que me trouxe uma ponta de esperança: *E se o poder da ressurreição disponível para os discípulos de Jesus no Novo Testamento for real aos cristãos no mundo de hoje?*

Seria possível isso ser verdade? Movido por tal questionamento, minha jornada seguiu em frente.

VINTE E QUATRO

Pontos de encontros secretos

Desde o início das entrevistas aos irmãos perseguidos, Ruth e eu sabíamos que, se quiséssemos aprender como a fé espiritual pode sobreviver em momentos penosos e lugares hostis, uma visita à China Continental seria essencial. Decidir viajar para a China foi fácil; planejar e colocar em prática os detalhes da viagem provou ser muito mais desafiador.

Nunca tínhamos trabalhado na China. Nunca tínhamos viajado para aquela parte do mundo. Eu mesmo não conhecia ninguém lá. Buscamos ajuda em organizações e agências com trabalhos naquele país, na esperança de conhecer alguém que tivesse contatos na China. Precisávamos de um grupo ou mesmo de uma pessoa com credibilidade e confiança entre os cristãos chineses. Alguém capaz de abrir as portas para nós.

Nossa busca foi difícil. Era normal encontrarmos portas fechadas. Acreditávamos que algumas pessoas poderiam nos ajudar, mas disseram que não – ou, por qualquer motivo, não gostariam. Foi desafiador até mesmo expressar nossas intenções e nossos objetivos, e ainda mais arquitetar a logística da viagem e os contatos pessoais. Ruth e eu passamos semanas escrevendo e-mails, dando telefonemas e pedindo assistência.

Finalmente soubemos de um homem chamado David Chen. Nascido na China, fora criado na América do Norte. Ele se tornara pastor e professor de seminário. Melhor ainda, já realizara mais de cem viagens sozinho para China, onde se dedicava a treinamentos teológico e bíblico aos líderes chineses das igrejas domésticas. Ele também desenvolvera sozinho um estudo ao longo dos anos sobre o crescimento do cristianismo na China sob o governo comunista.

David nos disse estar planejando outra visita a China no outono e indicaria meu nome como confiável para seus contatos, encorajando-os a cooperarem comigo. Se tudo desse certo, viajaríamos juntos.

A antiga máxima era verdadeira: *"Não importa o que você sabe, mas a quem você conhece"*. As indicações e endossos abriram as portas para uma ampla rede de cristãos em toda a China. Aqueles irmãos, mediante a incontestável recomendação de David, concordaram em se abrir e, em alguns casos, também seus lares e igrejas domésticas. Dentro de dias, os planos detalhados para minha viagem de sete semanas começou a tomar forma.

****

Minha iniciação na China e na cultura chinesa ocorreu em Hong Kong. David Chen, com quem me encontraria na China Continental mais adiante, me dera curso intensivo sobre a tradição chinesa e a história do cristianismo de sua terra natal antes da viagem. Ele me colocara em contato com muitos cristãos em Hong Kong que concordaram falar comigo sobre como as igrejas locais tinham sido impactadas com a transição do governo, ocorrido apenas alguns anos antes. Depois de mais de um século e meio como colônia britânica, Hong Kong agora estava sob controle da China.

Os cristãos de Hong Kong com os quais me encontrei disseram haver muitas especulações e preocupações com a chegada da tão esperada (e para muitos tão aterradora) transferência de poder. Na verdade, incerteza e medo do futuro já estavam muito presentes nos anos e meses antes da posse comunista em julho de 1997, e 75% dos pastores protestantes da cidade haviam emigrado de Hong Kong. Muitos deles, alegando status de refugiado político e/ou religioso, foram para Taiwan, e outros foram para o ocidente.

Os líderes leigos e cristãos deixados para trás disseram que, até aquele momento, as autoridades chinesas vinham cumprindo suas promessas. Permitiam que Hong Kong continuasse a operar sob um estilo bem diferente de governo, bem mais ocidental e capitalista, menos autoritário e, de certa forma, democrático. De acordo com os cristãos de Hong Kong, o maior problema enfrentado por eles na época era saber lidar com a repentina perda de liderança experiente e treinada dentro das igrejas da cidade. Achei interessante, até mesmo preocupante, a quantidade de pastores que saíram de Hong Kong.

Nunca em minha vida me sentira tão conspícuo, tão estrangeiro, tão fora de contexto como me senti andando pelas ruas de Hong Kong. Meu incômodo me surpreendeu e me fez pensar um pouco no que estaria me aguardando nas próximas semanas nos vários destinos pelo continente, e nenhum deles seria tão "ocidentalizado" como Hong Kong.

****

Meu inesperado choque cultural reforçou meu incômodo depois de David Chen me informar que seria melhor se fôssemos separados para o continente chinês. David sabia que a viagem aumentava o risco de ele se tornar mais suspeito e assim ser preso pelas autoridades chinesas por causa do trabalho com as igrejas domésticas. Como eu nunca tinha ido à China, ele me garantiu serem poucas as chances de ser detido. Contudo, caso ele fosse finalmente preso e eu estivesse junto, ou caso decidissem investigá-lo por estar viajando com um americano, poderiam, de alguma forma, descobrir a verdadeira intenção de sua visita. Eu, provavelmente, pego na mesma rede, seria impedido de entrar ou expulso do país.

– Em breve me encontrarei com você – disse David. – Até lá, estará mais seguro sem mim. As pessoas que se encontrarão com você nas primeiras paradas falam um excelente inglês. Poderão ser intérpretes caso alguém agendado para entrevista não fale inglês. O jovem casal que irá encontrá-lo na estação de trem na cidade cuidará muito bem de você. No final dos três dias, o casal lhe dará instruções sobre como fazer contatos na segunda parada.

– Mas como poderei identificá-los? – perguntei.

David sorriu.

– Não se preocupe – respondeu. – Eles o identificarão.

Mas insisti. Queria ter certeza.

– Mas como irão...

A risada de David me interrompeu.

– Não se preocupe, Nik – retrucou. – Eles saberão.

****

Em pé na plataforma de carga na principal estação de trem de Hong Kong, aguardando para subir no meu trem em direção ao lado continental, cheguei à seguinte conclusão: metade da população da China estava na cidade de férias e naquele momento estaria voltando para casa, arrastando bolsas pesadas com compras sabe-se lá do que tivessem comprado em Hong Kong.

De repente, percebi por que David riu quando perguntei como as pessoas que me buscariam no trem me reconheceriam. Com um metro e meio a mais de altura acima de qualquer um, eu me vi olhando um mar de lisos cabelos negros de milhares de cabeças até o infinito. Nenhum africano, europeu ou latino à vista. Lá estava a China inteira e eu abarrotados naquele terminal de trem.

Sem qualquer aviso, toda a multidão brotou diante das portas lentas dos vagões. Para minha sorte, estava entre os primeiros passageiros esmagados e empurrados para dentro do trem. Consegui topar com um assento vazio num vagão que se enchera muito além da capacidade.

****

Ao chegarmos à cidade sulista chinesa, o trem se esvaziou tão rápido que nem tive tempo de me situar. Simplesmente fui levado junto ao fluxo de seres humanos pela estação. Sem outra opção, confiei nas instruções de David Chen e torci para que seus amigos fossem tão dignos de confiança quanto ele havia me falado. Como predito, em poucos segundos senti alguém andando rente ao meu lado e sutilmente me dando tapinhas na mão conforme eu andava. Quando virei, avistei o jovem casal chinês, que fez contato visual e com muita discrição sinalizou para segui-los até a rua. No meio-fio, acenaram para um táxi, jogaram minha única bagagem no porta-malas e fizeram gestos para me sentar no banco traseiro.

Meus recepcionistas deram as direções ao motorista. Iniciamos a corrida de quarenta minutos em quase absoluto silêncio para algum lugar da cidade, cujo destino suspeitei ainda não ser o final. Conforme o previsto, após esperar o motorista do táxi ir embora, os anfitriões me guiaram por ruas labirínticas que se estendiam por muitos quarteirões. Diminuíram os passos. Com cuidado investigaram as ruas desertas, as da frente e as de trás, e então, num relâmpago, pela porta destrancada adentraram num minúsculo saguão, semelhante a um prédio residencial. Somente conseguiram ficar à vontade para conversar depois de me guiarem por três lances de escadas e me conduzirem para dentro de seu apartamento.

Daniel e Lydia Wang me informaram que mais tarde, depois do anoitecer, me acompanhariam de volta ao centro da cidade até um dos hotéis "oficiais" de turismo pertencentes ao governo, onde os visitantes estrangeiros eram obrigados a se registrar e hospedar. Até lá, informaram, o apartamento deles seria o lugar mais seguro para conversar. Lydia serviu chá e biscoitos logo no início da conversa.

Os Wang explanaram seus papéis de líderes da igreja doméstica local numa rede regional das congregações afiliadas. Foi assim que conheceram David Chen.

Exteriorizei minha gratidão e respeito por David e expliquei seu papel de valoroso conselheiro. Prossegui resumindo o objetivo de minha visita à China e compartilhei algumas histórias coletadas na Rússia e no Leste Europeu. Também compartilhei minha história, inclusive a experiência que vivera na África. Claro, não deixei de mencionar também minhas dificuldades na Somália e como elas me fizeram chegar até a China.

Num esforço para demonstrar empatia com a situação, declarei estar grato e entender as razões de terem sido cautelosos. Contei sobre os cristãos da Somália, cuja vida poderia ser dizimada pelo simples fato de terem contato com estrangeiros. Deixei bem claro ao casal que estava disposto a obedecer a qualquer precaução de segurança estabelecida por eles, pois não gostaria de colocá-los em perigo.

O casal justificou nossa rota sub-reptícia até o apartamento naquela tarde. Nos últimos meses, as autoridades pareciam ter acentuado o nível de vigilância. Um grupo de colegas da igreja doméstica havia informado de ter sido seguido.

– Acham que nos seguiram? – perguntei.

– Acho que não – respondeu Lydia. – Mas somente daqui a alguns dias teremos certeza.

– O que quer dizer? – indaguei.

– Se alguém por acaso nos seguiu hoje, continuará a nos vigiar até o senhor ir embora a fim de descobrir qual sua atividade aqui e o que está acontecendo – esclareceu Daniel. – Ficariam satisfeitos em coletar evidências até sua partida. Então, caso houver algum problema, voltarão e irão nos prender.

Quando Lydia viu meu semblante de preocupação, sorriu e tentou me acalmar:

– Não se preocupe; Daniel e eu fomos muito cuidadosos na estação hoje. Não vimos ninguém. Temos certeza de que não fomos seguidos.

– Se fomos seguidos e descobertos – acrescentou Daniel –, serão bem remotas as chances de tudo isso resultar em vida ou morte como para seus amigos na Somália. Então, não se preocupe. Aqui na China grande parte dos cristãos levados para prisão, até mesmo os evangelistas para quem a penalidade é severa por abrirem igreja doméstica ilegal, quase sempre recebem condenação não superior a três anos.

A tranquilidade das palavras me deixaram pasmo. Preocupado era pouco para descrever meu estado; estava apavorado! Não somente por mim, mas só de pensar nas possíveis consequências da minha visita, meus anfitriões poderiam ser presos!

– Por que não pediram que eu não viesse? Deve ser bem perigoso para vocês – perguntei.

– Estamos dispostos a enfrentar os riscos – afirmou Daniel.

– Se eu soubesse das implicações, com certeza não teria aceitado o risco – disse. A minha resposta pareceu surpreender a ambos. Comecei a descrever a lição aprendida na Somália sobre a importância de garantir qualquer tipo de perseguição somente por causa de Jesus. – O que quero dizer – elucidei –, caso tenham problemas com as autoridades por cultuarem ou testemunharem a Cristo, Deus pode e honrará isso. Quando as pessoas mais próximas a vocês, a família, os amigos, os vizinhos e até mesmo as autoridades que estão cientes de seu caso, veem e entendem sua atitude e qual foi o resultado de seu comprometimento com Jesus, Deus pode usar tal situação para glória dele. Talvez até leve outras pessoas a refletirem sobre Jesus. Se, porém, forem presos por terem contato comigo (ou com qualquer outro ocidental) simplesmente pela razão de alguém os ter comigo na estação de trem ou andando pela rua, ou se alguém, por acaso, nos viu entrando neste prédio juntos, não sei se Deus abençoará da mesma forma. Por exemplo, muitos conhecidos talvez nunca entendam o motivo real da perseguição que vivem: Jesus. No entanto, se for preso cultuando com outros cristãos, o motivo do aprisionamento será claro. Digo, poderiam existir muitas motivações por estarem em contato com estrangeiro. Entendam, as pessoas podem dizer que fizeram isso para ganhar dinheiro, ou concluir estarem planejando sair do país. Podem até mesmo achar que estão envolvidos em questões políticas. Logo, como Deus usaria tal situação para apontar o caminho a Jesus? A Bíblia nos garante que Deus usa *tudo* para o bem, mas não acredito que queira nos recompensar quando atitudes desnecessárias dificultam seu trabalho. Aprendi durante o período na Somália que jamais gostaria que minhas palavras, minhas ações ou meu trabalho servissem como razão do sofrimento de qualquer um. Ser perseguido por minha causa NÃO é o mesmo de ser perseguido por causa de Jesus. Causar sofrimento por minha culpa, principalmente se tal sofrimento for o resultado de negligência, falta de informação ou decisão ou ação puramente estúpida de minha parte, seria triste e desnecessário. Seria errado. Até mesmo pecado.

Daniel e Lydia pareciam muito interessados no que eu estava falando, e também perturbados.

Lydia foi a primeira a se manifestar:

– Entendo e agradeço o que está dizendo. Faz sentido. Mas Daniel não explicou por que estávamos decididos a nos arriscar, e o senhor precisa entender que jamais diríamos a alguém como o senhor, um visitante, que não viesse. Simplesmente não faríamos tal coisa!

Não sei dizer se tinha entendido muito bem aonde ela queria chegar. Então, buscando esclarecimento, perguntei:

– Por que não?

– Porque não receber um visitante vai contra tudo em que *acreditamos*. Seria contraditório a tudo que *somos*!

Ela continuou a esclarecer sobre o alto valor da hospitalidade, um dos valores mais importantes na cultura chinesa. Dizer a alguém que não os visitasse seria inconcebível. Qualquer chinês julgaria tal procedimento vergonhoso e errado. Exemplificou:

– Jamais seria apropriado recusar um pedido de um visitante ou hóspede.

Naquele instante entendi a questão. Eu tinha sido treinado a ficar atento a diferentes valores entre culturas e povos. Os chineses, obviamente, dão extrema importância à hospitalidade (assim como os árabes e muitas outras culturas muçulmanas). Negligenciar tal valor seria uma ofensa terrível.

Naquele momento, entendi que tais questões não se restringiam a uma cultura em particular. Ao ouvir os Wang, fiquei pensando em coisas que aprendi quando criança, nas experiências vividas na Somália e nas histórias compartilhadas na recente visita à Rússia e ao Leste Europeu. Fui tomado por enorme desejo de reunir todos numa mesma sala, ao mesmo tempo! Comecei a pensar na possibilidade de todas essas lições e percepções serem transferíveis de uma cultura para outra. *Possibilidade viável*, pensei.

Ouvir Lydia falar sobre o profundo valor da hospitalidade em sua cultura me fez recordar uma experiência durante meus dias na Somália, a qual destacou a diferença de valores entre culturas.

Na África subsaariana, muitas tribos valorizam o relacionamento como um elemento que precede a *verdade*, considerada pela maioria dos ocidentais a mais importante entre os dois. A diferença em perspectiva pode gerar sérios mal-entendidos, conflitos desnecessários e muitas vezes graves consequências. Um africano escolhe mascarar ou encobrir a verdade, ou omitir informações importantes, pois não quer provocar afrontas. Ele pode se recusar dizer alguma coisa que outros talvez não queiram ouvir.

Quando isso acontece, é fácil um americano, por exemplo, encarar tal atitude como enganosa fraudulenta, indigna de confiança e até mesmo como sinônimo de falta de caráter. O africano, porém, pode achar que na verdade demonstrara altíssima integridade e confiabilidade honrando aquilo que sempre fora ensinado a acreditar ser o valor cultural mais importante. Para ele, dizer conscientemente algo que teme gerar grande estrago ou prejudicar um relacionamento, o que seria muito pior.

Deparei com esse tipo de mal-entendido transcultural logo após começarmos a trabalhar na Somália. Busquei conselhos sobre segurança com o recém-contratado Omar Aziz. Perguntei se ele acharia seguro eu ir até certa parte da cidade para uma reunião em que precisava estar presente. Teria perigo eu ir até lá? Seria melhor cancelar meus planos?

Omar Aziz disse que não haveria problema.

Saí para a reunião. Ao me aproximar do destino, começou um tiroteio com balas para todo lado. Corri para me proteger.

Quando cheguei ao meu seguro complexo e disse o que acontecera, outros funcionários somalis falaram que eu nunca deveria ter ido àquela parte da cidade sozinho. Disseram:

– Todos sabem que ali é uma das regiões mais perigosas de todo Mogadíscio.

Fiquei furioso. Quando encontrei Omar Aziz, acusei-o de quase ter provocado minha morte. Exigi saber por que mentira. Exigi saber por que me colocara em tão grande risco.

Sua reação imediata e indignada me deixou perplexo. Ele acreditou ter justificado o incidente quando disse:

– Não o conheço o bastante para ser obrigado a lhe falar a verdade.

Para Omar Aziz, *relacionamento* merece e suscita *verdade*. Na minha formação, a *verdade* era crucial para desenvolver qualquer relacionamento. Ambos enxergamos fortes relações entre os dois pontos de vista, mas a forma de enxergar as coisas era muito diferente.

Após entendermos e aceitarmos a diferença em nossos valores culturais, começamos a perceber que desejávamos a mesma coisa. Omar Aziz buscava um relacionamento forte e profundo o suficiente para sobreviver diante da verdade mais difícil. Para mim, verdade e honestidade eram o principal fundamento sobre o qual se constrói um bom relacionamento.

Após entendermos e honrarmos o valor de cada um, desenvolvemos a amizade mais profunda da minha vida. Eu sabia poder confiar em Omar Aziz com minha vida – e muitas vezes confiei. Ele sabia que eu me importava mesmo com ele, e assim provei em muitas ocasiões. Descobrimos que relacionamento e verdade eram cruciais, e jamais precisaríamos entrar em conflito. Ambos conseguimos o que queríamos e nos enriquecemos com isso.

Compartilhei tal lembrança com Lydia e Daniel. Comentei acreditar que, com bom esforço para uma comunicação sincera, um pouco mais de entendimento transcultural e sensibilidade com nossas diferenças de valores, grande parte dos conflitos poderia ser evitada e resolvida.

Depois, continuei:

– Por isso, permitam-me dar uma sugestão que lhes permitirá honrarem e manterem seu compromisso com o valor cultural da hospitalidade. Permitam-me sugerir uma maneira de assim fazer sem colocar em ricos, sem necessidade, sua situação pessoal de segurança ou colocar os outros da igreja doméstica em perigo. Quando forem contatados por alguém de fora, da próxima vez...

– Calma! – reagiu Lydia empolgada. – Temos amigos que precisam ouvir o que está dizendo. Vamos telefonar e convidá-los para vir aqui. Então poderá falar com todos ao mesmo tempo.

Enquanto Daniel e Lydia telefonavam a seus amigos, eu ouvia:

– Temos um ocidental nos visitando hoje à noite. Ele compartilhou muitas coisas interessantes e vocês precisam ouvi-las.

Sem demora, quinze companheiros da igreja doméstica de Daniel e Lydia se juntaram naquele minúsculo apartamento. Daniel disse em poucas palavras aos seus amigos quem eu era, e resumiu minha história e intenções durante a visita à China. Contou aos amigos que eu pretendia aprender com eles não somente como a fé sobrevivera, mas também, literalmente, explodira, multiplicara e espalhara por toda a China, apesar de décadas sob o governo comunista e da incansável oposição das autoridades locais e nacionais.

O mais rápido possível, tentei atrair o grupo, naquele momento já maior, para o ponto em que Daniel, Lydia e eu tínhamos interrompido a conversa. Expressei meu medo em piorar a questão de segurança para o casal, para as pessoas reunidas ali e para todo o movimento da igreja doméstica. Admiti estar colocando todos em perigo pelo simples fato de estar ali. Mencionei ter questionado a decisão de Daniel e Lydia de me permitirem chegar até eles, e que me disseram que jamais diriam não a um visitante. Mais uma vez expliquei a diferença entre ser perseguido por minha causa e enfrentar perseguição por causa de Jesus.

Sugeri que da próxima vez que alguém de fora pedisse para visitá-los ou visitar a igreja doméstica durante uma época difícil, perigosa ou especialmente inconveniente, talvez existisse uma estratégia simples e direta. Eles poderiam, com elegância, informar que seriam bem-vindos, afirmando que estavam ansiosos para recebê-los e conhecê-los. Mas poderiam também com sinceridade esclarecer por que não seria o melhor momento para receberem tal visitante. Por fim, poderiam sugerir à pessoa que retornasse o contato no futuro, quando talvez a situação estivesse melhor para visitá-los. Então, poderiam garantir ao visitante que estariam dispostos a fazer tudo que fosse preciso para a visita ser significativa e produtiva. Enquanto isso, orariam para Deus direcionar todos os envolvidos ao melhor momento e aos detalhes do plano.

Tal abordagem honraria o valor cultural chinês e cristão e lhes permitiria manter o espírito genuíno e acolhedor da hospitalidade. Eles ofereceriam plano prático e sensato jamais capaz de ofender qualquer futuro e sensato visitante. Agiriam assim sem colocar em risco sua própria segurança ou sem arriscar, desnecessariamente, qualquer membro ou qualquer congregação. Nunca falariam "não" para alguém de fora; simplesmente diriam "hoje não"!

****

Nos próximos três dias, fui ainda mais encorajado pelo que os membros da igreja doméstica puderam me ensinar. Ouvi histórias maravilhosas de como cada indivíduo conheceu a Cristo e outros relatos sobre a movimentação de Deus pela igreja doméstica.

Gostei mais de como descreveram a vida dos cristãos na China comunista. Muitas pessoas entrevistadas afirmaram que para o governo pouco importava a *crença* dos cidadãos. Alegaram que a longa e brutal oposição do governo contra religião não tinha nada a ver com *fé*, e sim com *controle*.

Eu conhecia, claro, a "política do filho único" na China. Meus novos amigos elucidaram que a aplicação da lei com abortos involuntários era meramente uma das inúmeras maneiras de o governo imputar o controle a cada detalhe da vida de um indivíduo. O governo determinava onde as pessoas morariam e se teriam ou não permissão de algum dia se relocarem para outra parte do país. O governo determinava que escola os filhos deveriam frequentar. As autoridades escolares determinavam se e onde cada aluno daria continuidade aos estudos. O governo decidiria a carreira de cada um e em que local a pessoa trabalharia, e até mesmo o salário que receberia.

Antes de os jovens se casarem, deveriam obter permissão de seu supervisor. Para requisitar certidão de casamento, era necessário aguardar a aprovação do governo. Na hipótese de o casal querer formar uma família, era obrigado a pedir permissão às autoridades do local de trabalho e ao governo.

Todas as gestações deveriam ser comunicadas e pré-aprovadas. Gestações não planejadas ou inesperadas, mesmo sendo a primeira do casal, resultavam, às vezes, em abortos. Logo após a mulher dar à luz o bebê autorizado, quaisquer gravidezes subsequentes seriam automaticamente interrompidas por aborto involuntário por ordem do governo. Muitos locais de trabalho exigiam teste de gravidez para todas as funcionárias em idade fértil a fim de identificar gestação não aprovada o mais rápido possível.

Mulheres em busca de permissão e documentação para viajar de uma província para outra dentro da China deveriam se submeter a um teste pago de gravidez para se certificarem de que não estavam indo para outro lugar a fim de dar a luz em segredo. O custo pessoal do teste seletivo de gravidez chegava ao valor do salário de um mês.

Qualquer mulher que, de alguma forma, conseguisse infligir a política de notificação de gravidez, ou qualquer família que se recusasse a se submeter à *política do filho único*, pagaria um preço terrível. O governo emitia somente uma certidão de nascimento por família, por isso nenhum outro filho poderia, jamais, possuir identidade oficial. Para o governo, aquela criança a mais não existia. Assim, nunca poderia frequentar escola e jamais conseguiria emprego.

Qualquer governo com total intenção de controle sobre os cidadãos seria incapaz, claro, de reconhecer o poder de um Deus onipotente! Qualquer religião que solicitasse obediência a alguém (visível ou invisível) acima e além do governo estaria colocando o poder governamental em risco. Tal ameaça não poderia e não seria tolerada.

Percebi, num estalo, o perigo de simplesmente dizer: "Jesus é Senhor". A fé dos cristãos feriria o âmago do poder do governo.

****

Comecei a assimilar outra lição instrutiva numa outra entrevista.

Quando as autoridades prenderam um pastor de uma igreja doméstica, pai de sete filhos, também condenaram sua esposa à prisão domiciliar. Falaram-lhe que apenas teria permissão de sair de casa para ir às compras no supermercado mais próximo. Tal condenação não parecia acarretar muito problema para ela, pois não tinha dinheiro para comprar comida. Portanto, precisou confiar na fidelidade dos membros da igreja doméstica para receber mantimento. O resultado? Cuidaram muito bem de sua provisão.

Ela vestia uma bata folgada com bolsos enormes por cima das roupas quando saía para a feira ao ar livre do vilarejo. Andava devagar entre a multidão, vagava de uma barraca para outra e sentia uma acotovelada aqui, um puxãozinho ali, até passear por toda feira. Quando chegava em casa, os bolsos estavam cheios de tomates, cebolas e outros itens. De vez em quando também encontrava dinheiro. Sempre chegava com o suficiente para alimentar os oito membros da família por mais um dia.

Ocasionalmente, quando os sete filhos ficavam com muita fome, a mãe era surpreendida ao encontrar uma galinha nos degraus da porta de entrada. Certo dia, o filho mais velho recebeu uma proposta de emprego numa cidade circunvizinha, e *por acaso* apareceu uma bicicleta encostada na entrada da casa. Algo, em princípio, "acidental", providenciara ao rapaz um meio de transporte para ir ao trabalho e voltar.

A rede das igrejas domésticas não tinha, ou não queria ter, prédios onde se reunirem, ou santuários com fileiras de bancos para as pessoas se sentarem e cultuarem aos domingos pela manhã. Mas sem dúvida sabiam o significado de amar e cuidar das preocupações e das necessidades de seus membros.

Sabiam *ser* igreja um para com outro.

Creio que o exemplo desses irmãos pode servir de inspiração e desafio a outros cristãos. E de fato serviu, muito mais rápido do que jamais esperava.

VINTE E CINCO

Uma cueca a mais

Do sul da China voei para uma grande cidade em outra província onde dois amigos de David me encontraram no aeroporto. Ao disfarçar para não chamar atenção, entrar no carro, sentar-se no banco traseiro, longe da vista do público, um dos homens pegou o celular e fez um rápido telefonema:
– O visitante chegou. Iremos levá-lo ao local número quatro, no horário número sete.

Depois de desligar, explicou que, por motivo de segurança, a igreja doméstica da qual faziam parte criara um sistema de sempre mudar os códigos numéricos quando precisam conversar sobre logística ao telefone. Nunca usavam nomes de lugares ou pessoas, a não ser em extrema necessidade. Caso as autoridades estivessem ouvindo a conversa naquele dia, não conseguiriam decifrar o plano, pois o amigo do outro lado da linha também estaria usando os mesmos códigos e sabia, exatamente, onde e quando chegaríamos.

Imersos em tráfego intenso de fim de tarde numa via pública principal, o motorista diminuiu a velocidade e a aparente pressa desvaneceu. Tive tempo de sobra para me familiarizar com meus recepcionistas enquanto seguíamos em direção a voltas sem destino, labirínticas e irregulares em círculo pela e por entre a cidade até o silêncio da noite. Enfim paramos num perímetro de um conjunto habitacional do governo no centro da cidade – milhares de metros quadrados de retângulos de concreto cinzento emergindo em direção ao céu estrelado.

No encalço dos guias, fomos andando apressados pelas sombras da noite rumo à parte de trás de um prédio. Logo me empurraram pela porta de saída de emergência, e me puxaram com muita pressa pelos degraus acima da escada traseira até um corredor onde bateram baixinho e com delicadeza em uma das portas.

Quando se abriu, fui recebido por sete pastores e evangelistas das igrejas domésticas, quatro dos quais, fui informado num instante, já tinham sido presos em razão da fé. Haviam acabado de ganhar a liberdade e permaneceram na cidade por mais alguns dias para falar comigo. Depois da nossa reunião, enfim iriam para casa encontrar a família. Um dos homens falava um inglês razoável, por isso foi meu intérprete durante as entrevistas nos próximos dias.

****

Por estar num trecho da China onde se permitiam apenas chineses, permaneci enclausurado no apartamento por quatro dias. Meus companheiros chineses, por outro lado, estavam livres para entrar e sair quando quisessem. Fizeram passeios ao ar livre. Andaram até o mercado mais próximo para comprar ingredientes para uma simples refeição, que foi preparada num fogão de uma boca a gás butano.

Os quatro homens recém-liberados da prisão desfrutaram com prazer a liberdade. Suas histórias eram impressionantes.

Em especial o pastor Chang me deixou surpreendido. Tinha 83 anos e acabara de sair da prisão. Passara toda sua vida adulta pregando e ensinando o Evangelho, e pagando alto preço pelo privilégio. Já vivera o bastante para lembrar os primórdios do comunismo, quando o novo governo do presidente Mao tentou expurgar a influência cristã e ocidental do país.

Missionários estrangeiros foram banidos da China da noite para o dia. Igrejas foram bloqueadas com tábuas ou transformadas em prostíbulos e bares. Milhares de cristãos e implantadores de igrejas como pastor Chang foram presos e submetidos a campos brutais de trabalho forçado e programa de reeducação.

Na realidade, três vezes prenderam o pastor. A primeira vez quando se convertera. A segunda, por ter chamado outros para

Jesus e por implantar igrejas. A terceira, por liderar o movimento da igreja doméstica.

Esse tipo de abuso era comum na China. Na verdade, a detenção, de tão comum no meio cristão, tornava normal encontrar outros cristãos na mesma cela. Em pequenos grupos, eles se uniam na prisão para comunhão e estudo. Encorajavam-se para compartilhar a fé, ganhar novas almas entre outros prisioneiros e implementar outras pequenas igrejas em vários pontos do presídio. Apesar das adversidades, o movimento de implantação de igreja *dentro* das prisões chinesas era enorme!

Na prisão, discipulavam-se inúmeros novos convertidos. Depois de um período, eram liberados para retornarem a suas comunidades espalhadas em todas as regiões e províncias do país. Quando voltavam para casa, juntavam-se à igreja doméstica local ou ajudavam a iniciar uma nova. As igrejas domésticas se alastravam como fogo incontrolável por toda China.

David Chen já tinha compartilhado comigo um excelente panorama da história do cristianismo e seu impacto na China; além disso, eu também pesquisara a questão. Portanto, já possuía boas noções dos marcos e das tendências históricas. Ouvir a história detalhada vivida na pele em primeira pessoa na narrativa de um participante ativo na mais rápida expansão do cristianismo na história do mundo, no entanto, foi um enorme privilégio.

Pastor Chang não apenas sobreviveu à incansável campanha do governo chinês de eliminar os ganhos do Evangelho, mas também viu grande número de cristãos chineses se multiplicarem sobremaneira durante seu ministério. Em um dado momento, quando havia muitos pastores para prender, o partido político mudou a estratégia e criou a oficialmente reconhecida e aprovada "Igreja das Três Autonomias" como meio de regulamentar e limitar o crescimento das então chamadas "religiões estrangeiras".

A estratégia começou tarde e fraca demais. No início da década de 1960, o movimento das igrejas domésticas ilegais já havia se espalhado para tão longe e tão rápido que nada seria capaz de conter o Espírito Santo. Até mesmo o reencarceramento dos líderes mais influentes, como pastor Chang, não conseguiu apagar as velozes chamas da fé.

Quando o cristianismo foi considerado ilegal depois da Segunda Guerra Mundial, o número estimado de chineses cristãos estava entre centenas de milhares. (A situação foi resultado de quase um século de trabalho dos ocidentais cujas presenças não eram permitidas dentro da China até a última metade do século XIX). Já na época da Revolução Cultural Chinesa liderada por Mao, depois de mais de 25 anos de perseguição comunista, existiam milhões de chineses cristãos cultuando secretamente em igrejas domésticas por todo país. (Em 1983, estimativas sugeriram haver 10 milhões de cristãos na China.)

Na época de minha visita em 1998, após 50 anos de oposição governamental ao cristianismo, ninguém sabia ao certo quantos cristãos chineses existiam ali. Muitos especialistas estimavam que o número estaria acima de 100 milhões, e ainda crescia diariamente.

Antes de sair da China, estava agendada uma reunião na qual conheceria líderes de quatro grupos de igrejas domésticas. Cada grupo alegava ter mais de 10 milhões de membros. Os sete homens que conheci naquele apartamento eram todos evangelistas e implementadores de igreja em um dos movimentos.

Pastor Chang, pelo visto, participara de todos esses momentos. Como o apóstolo Paulo, aprendera a contentar-se com toda e qualquer circunstância. Dentro ou fora da prisão, pregava a mesma mensagem do Evangelho e instruía qualquer interessado a se tornar seguidor de Jesus Cristo. Pastor Chang era como o apóstolo Paulo de outra maneira também: dedicou sua vida a servir de conselheiro e treinar cristãos mais novos, assim como o apóstolo Paulo fizera com o jovem Timóteo.

De fato, os seis outros homens no apartamento, com idade entre vinte e quarenta anos, eram os "Timóteos" do pastor Chang – homens que conquistara para Jesus e a quem aconselhara ao longo dos anos. O regozijo do pastor Chang era visível ao falar sobre sua própria história de fé e celebrar o modo como sua vida influenciara a história daqueles homens. Por dois dias ouvi o pastor Chang recordar com tranquilidade várias histórias da fidelidade, proteção e provisão de Deus por muitos anos de sua peregrinação espiritual.

No entanto, o que mais me chamou a atenção no homem, até mesmo mais do que os detalhes de sua vida incrível, foi sua conduta nos próximos dias ao ouvir a entrevista de seus pupilos espirituais. Conforme os mais novos compartilhavam os testemunhos, o ancião permaneceu agachado num canto da sala, os olhos fechados, e ouviu. De vez em quando percebia que ele cantarolava baixinho algo semelhante a canções de louvores. Mesmo assim, eu tinha certeza de que ainda ouvia atentamente os relatos. Repetidas vezes sorriu de satisfação e assentia com orgulho e aprovação em momentos específicos das histórias de seus jovens amigos.

Senti estar presenciando alguma coisa semelhante ao processo de transferência do manto do profeta Elias do Antigo Testamento ao seu jovem substituto Eliseu. Aquele idoso, recém-liberado da prisão, desprovido de qualquer bem, dono de nada além das roupas do corpo e uma cueca a mais, não tinha casa para onde retornar, e nenhum membro vivo da família para recebê-lo. Planejava viver o restante de seus dias semelhante a um apóstolo do Novo Testamento, viajando pelo país e visitando igrejas domésticas, uma atrás da outra. Encorajaria cristãos na fé, e confiaria no Senhor e no corpo de Cristo. Faria isso, a não ser ou até que fosse preso e lançado mais uma vez no cárcere.

Como de praxe, o pastor Chang vivera uma vida muito difícil. Não tinha nada tangível para provar todo seu trabalho. Mesmo assim, parecia mais satisfeito, mais cheio do espírito de paz e mais de bem com a vida do que qualquer pessoa que eu conhecera.

Os dois homens que me buscaram no aeroporto e cuidaram da logística para as entrevistas paravam todos os dias perto do apartamento para saber como estávamos. Cada vez que apareciam, eu lhes agradecia por me terem preparado tal oportunidade. Tentava expressar todo meu entusiasmo com o que ouvia e aprendia.

Durante quatro dias, pude conversar detalhes com o pastor Chang e seus três pupilos espirituais. A experiência foi gigantesca. Contudo, acho que meus amigos chineses perceberam que nosso alojamento apertado e meu confinamento estavam me exaurindo. Não tive como negar. Quatro noites com pouco ou nenhum momento de sono me deixaram quase no meu limite.

Os dois amigos de David Chen falaram com determinação:
— Queremos que o senhor ainda entreviste outros três homens que acabaram de sair da prisão. Em vez de fazer a entrevista aqui, entretanto, vamos dar sua entrada num dos hotéis de turismo no centro da cidade. Lá poderá realizar a próxima entrevista.

Alegrei-me pela mudança de cenário e pela hipótese de dormir bem.

****

Ao dar entrada no hotel de turismo, notei um vigilante por trás do balcão de registros para turismo. A impressão era que cabia a ele a única responsabilidade de observar todos que entravam ali. E parecia especialmente interessado em chineses em contato com qualquer hóspede estrangeiro.

Perguntei aos meus anfitriões se seria seguro para os recém-colocados em liberdade condicional virem até meu quarto no dia seguinte para entrevista. Eles me garantiram que ninguém na cidade inteira conhecia ou poderia identificar qualquer um dos homens. Não demorariam em voltar para casa, cada uma localizada em áreas diferentes da província, e não ficariam conosco tempo suficiente para levantar qualquer suspeita perigosa das autoridades locais. A reação à minha preocupação foi forte e inequívoca: estaríamos "seguros" nos próximos dias. Fiquei aliviado por tal garantia, pois minha nova acomodação me agradava bem mais, se comparada às anteriores.

Eu esperava mais três entrevistas individuais. No entanto, o processo durou mais de dois dias e incluiu os três de uma só vez.

O trio de evangelistas na faixa dos trinta anos decidiu fazer a entrevista juntos, pois as experiências eram parecidas. Na verdade, agradeciam o fato de terem sido presos simultaneamente. Também receberam a mesma sentença, e ficaram no mesmo presídio. O fato de estarem juntos, disseram, acabou sendo uma das maiores bênçãos de Deus. Também receberam a liberdade no mesmo dia, menos de uma semana antes de conhecê-los.

Quando fazia uma pergunta para um dos três, os outros dois davam continuidade às respostas com suas próprias conclusões. De vez em quando completavam as frases do outro e se sentiam à vontade para caçoar, corrigir as lembranças erradas e rir das lembranças do outro.

As histórias daqueles três me fizeram lembrar algo que vira na Somália e confirmara mais vezes em algumas entrevistas realizadas na Rússia e em outros países da antiga Cortina de Ferro no Leste Europeu: os aspectos psicológicos da perseguição com frequência causam feridas profundas e deixam marcas ainda maiores do que as dos maus-tratos físicos.

Aqueles homens confirmaram ter sofrido dor psicológica e maus-tratos físicos. Porém, de alguma forma, sobreviveram intactos, em grande parte graças à ajuda e força compartilhadas devido ao laço de amizade que os unia. Antes de serem presos, tinham trabalhado juntos como implantadores das igrejas domésticas. Então, na prisão, juntos enfrentaram anos de aprisionamento e trato cruel em razão da fé. Na prisão, levaram centenas de prisioneiros a Cristo. Naquele momento, em menos de uma semana em liberdade, estavam sentados no meu quarto de hotel, onde encenaram algumas torturas recebidas no presídio. E o melodrama era alegre e até mesmo engraçado. Foi interessante ouvi-los dizendo que o bom senso de humor era uma ferramenta eficaz para lidar com maus-tratos. Apesar de tudo, evidenciava-se a dor profunda por trás dos semblantes sorridentes.

A encenação mais inesquecível foi quando me pediram para imaginar um toalete asiático no meio do chão do quarto do hotel. (Levando em conta minha experiência recente, não foi muito difícil.) Em seguida, dois deles, sem muita força, agarraram os pulsos e cotovelos do outro, torceram os braços e os ergueram. Forçavam a vítima a se curvar cada vez mais próxima ao "toalete imaginário". Giravam e torciam os braços do homem como se estivessem ajustando antenas das antigas televisões.

– Vamos ver como está a recepção da televisão hoje – falavam em tom de escárnio. Imitavam os antigos guardas ao torcerem, mais uma vez, os braços do "prisioneiro", cujo rosto forçavam cada vez mais próximo do "toalete" encravado no chão. Caso houvesse dejetos no vaso sanitário, os guardas exclamavam sarcasticamente:

– Hoje é seu dia de sorte; a recepção está ótima, hoje a televisão é *colorida*!

Caso o toalete tivesse nada além de urina, os guardas riam e lamentavam:

– Pena! Hoje a televisão é só em preto e branco para você!.

Depois faziam mais gracejos conforme ajustavam ainda mais as "antenas" até o "prisioneiro" finalmente desabar de joelhos, quando então lhe forçavam o rosto para dentro do toalete.

A cena encenada era terrível. Quase não conseguia imaginar o tratamento que haviam recebido. O fato de naquele momento estarem rindo, principalmente por terem pouco tempo fora da prisão, era, na verdade, reconfortante. Parecia estranho agirem tão bem-humorados em meio àquele tipo de terror, mas o humor é um sinal poderoso de saúde psicológica.

Uma das evidências mais claras que percebíamos no estresse psicológico descomedido que observávamos entre os trabalhadores de ajuda humanitária na Somália era a perda de senso de humor. Quando achavam impossível corresponder ao humor, era óbvio que estavam em sérias necessidades de ajuda e cura emocional. Quando isso acontecia, era hora de se retirar e se refazer.

Entendi ali que, apesar do terrível sofrimento suportado durante anos por aqueles homens, eles nunca tiveram oportunidade de sair para se reorganizarem. O abuso era constante. Aguentaram três longos anos de perseguição e maus-tratos horríveis, sem qualquer alívio. Ainda assim, não sei como, ao receberem a oportunidade de compartilhar o tormento, agiram com humor saudável e curador. Obviamente, a perseguição planejada para estraçalhar-lhes o ânimo não teve sucesso. Livres da prisão, o ânimo era ainda maior, e a fé, vibrante.

Depois de anos de maus-tratos emocionais e físicos, aqueles três amigos saíram para a liberdade com alegria evidente e contagiante. O testemunho que fizeram se revestia de humor e esperança. Suas vidas eram a prova da força existente na comunidade, comunhão e fé.

VINTE E SEIS

O poder da prisão

Deixei aquela província e peguei um avião para o próximo destino, outra grande cidade e capital regional. Logo no início se tornou claro que precisaria confiar nos meus contatos chineses (e no Senhor) para cuidar de quaisquer e de todas as precauções, independente de aonde eu fosse. Nada da cultura me parecia familiar. Decidi que a melhor maneira (e talvez a única) de evitar equívocos involuntários e perigosos seria confiar nas pessoas que estavam me ajudando. Meu maior medo era causar problemas aos cristãos locais. Não conseguiria conviver comigo mesmo sabendo que a perseguição acontecera por obra dos meus erros. Mesmo assim, de vez em quando, era um desafio confiar nas outras pessoas.

À luz de tudo o que ocorrera na China até aquele momento, fiquei surpreso quando meu contato, na cidade seguinte, telefonou para meu quarto do hotel instruindo-me a juntar-me a ele e a um grupo de amigos cristãos num restaurante, a poucos quarteirões do hotel de turismo. Nenhuma vez na China, até aquele dia, aparecera com um grupo num lugar público. Na verdade, ficara escondido desde minha chegada.

Após andar um pouco, cheguei até o lugar combinado. Quando mencionei meu nome ao recepcionista no restaurante, sem demora fui guiado a um conjunto de escadas até um pequeno corredor, passando por portas duplas, que estavam abertas e entrando num local que evidentemente era uma sala de jantar particular. O lugar já estava ocupado por dez ou doze pessoas, todas em pé e conversando descontraídos em grupos de dois ou três.

Ao entrar na sala, fui recebido por um homem que concluí ser meu anfitrião. Ele informou que planejara aquela noite para me apresentar ao pequeno grupo de evangelistas e implementadores de igrejas de outra afiliação regional da igreja doméstica. Então me pediu que falasse um pouco sobre mim e os motivos da minha visita. Informou-me que depois teríamos um momento para que fizesse as possíveis perguntas a todo o grupo e, antes de sair, haveria oportunidade de agendar entrevistas individuais com quem estivesse disposto e preparado para falar comigo. O tempo ali era curto, pois eu estaria de partida para Pequim em menos de 48 horas.

A agenda do anfitrião parecia tranquila. Ele me conduziu pela sala e apresentou-me a um de cada vez. Um dos homens mais jovens na sala, 25 anos talvez, já estava bastante ansioso para marcar uma entrevista individual. Assim, escolhemos um horário para mais tarde naquela noite.

Depois de nos afastarmos daquele jovem líder da igreja doméstica, meu anfitrião inclinou-se perto de mim e sussurrou:

– Ele ainda vai ser usado poderosamente por Deus um dia. Mas hoje não pode confiar no que diz, pois ainda não foi preso.

Essa era uma atitude constante na China. Ali consideravam a confiança e o respeito pela maturidade espiritual proporcionais à quantidade de sofrimento enfrentado em virtude da fé. Se alguém ainda não tivesse enfrentado perseguição e sofrimento, não merecia confiança até que isso acontecesse. Talvez o mais impressionante de tal conclusão era o pressuposto de que o sofrimento e a perseguição aconteceriam mais cedo ou mais tarde!

O anfitrião proferiu rápidas palavras de boas-vindas. Agradeceu a todos a presença e expôs a agenda para aquela noite. Em seguida, ocorreu uma discussão de vinte minutos para decidir se o grupo deveria ou não agradecer a refeição em voz alta. Um homem de meia-idade insistiu que sim. Portanto, todos curvamos a cabeça e fechamos os olhos enquanto ele, em pé, ergueu o rosto ao céu, subiu a voz alguns decibéis – talvez pensasse que Deus tivesse problema de audição, e prosseguiu *pregando* enquanto orava.

Duas ou três frases após o início da oração, ouvi certo tumulto, ergui os olhos e vi o garçom sumir pelo corredor. Pelo barulho dos seus passos, caminhava quase como se tivesse numa maratona. Momentos depois, ouvi alguém apressado vindo para a sala de jantar, com muito mais classe, porém em ritmo mais acelerado.

Nesse ínterim, a oração continuou. O homem orava com bastante fervor e, pelo visto, ainda não estava terminando. De repente, os passos para sala de jantar pararam. Dei outra olhada rápida e vi um profissional, certamente o dono do restaurante, em pé parado nas portas, olhando e ouvindo as palavras com semblante surpreso e preocupado. Antes de até mesmo terminar a oração, ele fechou as portas duplas, deixando do lado de fora um segurança. Aquelas portas permaneceram fechadas até o final do encontro, e só se abriam quando os garçons entravam e saíam.

Nos próximos trinta minutos, a reunião foi tomada por vigorosa discussão sobre se os cristãos deveriam ou não orar pelo alimento em particular e em público. Nessa altura, comecei a temer a divisão iminente daquele movimento da igreja doméstica em particular, em consequência das discussões sobre a oração de agradecimento nas refeições. Depois de tudo, meus companheiros de jantar quiseram saber minha opinião.

Perguntei se a perseguição aconteceria por orar em voz alta num restaurante. Depois perguntei se tal resultado seria, de fato, por causa de Jesus ou se aconteceria simplesmente por causa de uma oração em voz alta num lugar público. Continuaram longa discussão em chinês, mas finalmente um espírito de paz acalmou o grupo. O ardor da discussão foi diminuindo. Acredito terem, enfim, concordado no método de orar ou não em voz alta pelo alimento num lugar público.

Infelizmente, ninguém me informou a conclusão!

Depois da refeição, chegou a hora de falar com o grupo um pouco de mim mesmo. Contei-lhes, em poucas palavras, minha jornada pessoal e espiritual.

Como sempre, para situar e eleger base de afinidade com os entrevistados em potencial, também resumi minha experiência na Somália. Compartilhei num breve discurso minha frustração e as questões com quais tinha dificuldades. Descrevi como minha experiência na Somália levou-me a lugares como a China e por que gostaria de me encontrar com os presentes. Buscava sabedoria com intuito de ajudar a encorajar cristãos espalhados pelo mundo que enfrentam perseguição. Para ilustrar os tipos de histórias que já ouvira em minha peregrinação, compartilhei rápidos exemplos coletados de cada uma delas.

Em seguida, dei a cada um alguns poucos minutos para que resumissem suas próprias histórias. Logo depois, deixei claro que poderiam fazer perguntas, quaisquer que fossem.

A troca foi bem espirituosa e produtiva. Muitos tópicos específicos me chamaram a atenção.

Das apresentações rápidas, percebi que grande parte dos líderes da igreja doméstica naquele lugar já teria cumprido pelo menos uma pena de três anos de detenção devido à fé. Notara a mesma situação em ambas as paradas anteriores na China. Para minha surpresa, nenhuma das pessoas que relatou o período na prisão parecia particularmente ressentida com tal experiência. Ao mesmo tempo, os cristãos que ainda não tinham sido presos não demonstravam medo diante da possibilidade de algum dia serem.

Era óbvio, os cristãos chineses não buscavam perseguição. Contudo, a atitude diante da possibilidade de serem perseguidos era de tranquila aceitação. Não era uma coisa do tipo "se acontecer", mas "quando vier". Lembrei-me da frase do idoso pastor russo. Ali também, pelo visto, a "perseguição era como o sol nascer ao Leste".

Quase todos os cristãos que conheci na China já haviam sido presos em razão da fé, ou conheciam alguém que já tinha sido. Estavam cientes da situação de muitos de seus irmãos e irmãs espirituais que enfrentaram perseguição e saíram com raízes espirituais ainda mais profundas, fé fortalecida e apreciação ainda maior da comunhão com outros irmãos. A experiência também fortalecia o relacionamento com o Senhor. Um dos líderes da igreja doméstica até me perguntou:

— O senhor saberia dizer qual a importância da prisão para nós? Lá é onde recebemos educação teológica. Prisão na China é para nós como o seminário onde treinam líderes no seu país.

Que comparação! No entanto, esclareceu ainda mais a sabedoria observada no pastor Chang. Ele havia se graduado, com honras, em três desses "seminários".

Foi inevitável refletir sobre minha própria formação e treinamento, e como poderia compará-los ao que estava sendo descrito naquele momento.

****

Outra discussão muito interessante aconteceu naquela noite. Como parte da minha estratégia, lancei uma pergunta que gerou eficaz discussão para muitos pontos na minha viagem. Perguntei:

— Se eu visitasse as comunidades onde vocês moram e falasse com as famílias, amigos e vizinhos não cristãos dos membros da sua igreja doméstica; se eu apontasse os membros da igreja e perguntasse: "Quem são eles? O que têm para dizer?", qual seria a resposta?

Muitos começaram a responder na mesma hora. A resposta que me deixou mais surpreso, no entanto, foi a de um homem que disse:

— Os vizinhos da igreja provavelmente diriam: "Aqueles são os que ressuscitam os mortos!".

— SÉRIO! — exclamei num impulso.

Muitos homens na sala, em particular os mais velhos, sorriram e assentiram.

Fiquei boquiaberto.

Em seguida, como se quisessem validar a afirmação, as pessoas sentadas à mesa começaram a lembrar muitas histórias de suas igrejas, histórias de cura, histórias de respostas milagrosas de oração, histórias de acontecimentos sobrenaturais, histórias justificadas apenas pelo poder de Deus. Os acontecimentos milagrosos eram marcos na jornada pessoal de fé de cada um. Esses acontecimentos marcaram para sempre o poder de Deus em suas lembranças. Foram essas histórias que atraíram descrentes para o reino de Cristo.

Além de me lembrarem de quem Deus é realmente, as narrativas fantásticas me ajudaram a ligar mais alguns pontinhos. O que acabara de ouvir na China era mais uma eloquente evidência que serviu como base para o que havia começado como *hipótese* na antiga URSS, e estava rapidamente se tornando convicção: tudo indica que Deus estaria mostrando seu poder hoje na terra em lugares como Rússia e China. Ele estaria usando os mesmos meios milagrosos e sobrenaturais que usara na igreja do primeiro século do Novo Testamento.

Os cristãos perseguidos estavam me ensinando isso. Senti ainda não ter chegado ao fim da minha aprendizagem. Simplesmente não imaginava o quanto ainda me faltava.

VINTE E SETE

A viagem pelas estradas da China

Ao chegar à próxima cidade, vi um homem fazendo sinal para mim. Pelo menos achei que estivesse. Os gestos eram tão sutis que não consegui ter certeza. Ele me olhou rápido algumas vezes e tive a impressão de estar acompanhando meus passos enquanto eu passava por uma fileira de carros estacionados. Além de sua mínima atenção a minha presença, não teve nenhuma atitude de boas-vindas ou reconhecimento. Nenhum dos outros homens perto dele sequer se virou em minha direção. Conclui que talvez estivessem à espera de outra pessoa.

Naquele momento, não tinha nenhuma certeza de que o homem tinha feito sinal para mim.

Dentro do aeroporto não me senti em perigo. No entanto, de repente, fiquei incomodado e duvidei se encontraria ou não meu contato.

Eu acabara de aterrissar em outra grande cidade chinesa cujo nome nem conseguia pronunciar e nem mesmo soletrar a primeira letra. Hoje em dia é bem provável que eu não consiga encontrar o nome da cidade no mapa. Não conhecia uma pessoa sequer ali, e nem mesmo sabia quem fora enviado para me buscar. Dei-me conta do seguinte: ninguém no mundo sabia onde eu estava naquele momento específico. Eu mesmo não tinha muita certeza.

Pior ainda, nem ao menos sabia como entrar em contato com Ruth ou com qualquer outra pessoa nos Estados Unidos. Achei que seria recebido pela igreja doméstica local, mas encontrá-la seria difícil. Por outro lado, percebi que num país de 1.3 bilhões de pessoas dificilmente ficaria sozinho por muito tempo.

Tomei coragem para abordar os homens amontoados ao lado de uma van. Não fui muito prudente, mas, sem dúvida, estava curioso e cheio de expectativa.

O primeiro homem que havia visto finalmente se virou para mim para saber quem eu era.

– Dr. Ripken? – perguntou baixinho.

Os outros homens deslocaram-se sorrateiramente para o lado da van, abriram as portas e começaram a entrar. Pensei: "Acredito que sejam os contatos agendados por David. Quem mais saberia meu nome?" Decidi não me preocupar mais com a questão. Naquela altura, nem teria como voltar atrás.

Acenei com a cabeça e estendi a mão. O homem acenou também e sorriu com educação. Apertamos as mãos rapidamente e ele se apresentou. Então esquadrinhou o estacionamento com os olhos, e esticou o braço para pegar minha bagagem.

– Devolverei seus pertences depois que entrar – disse, fazendo gestos para que eu entrasse pelas portas ainda abertas da van. – O banco de trás é todo seu.

Os outros passageiros me deram calorosas boas-vindas com um sorriso, logo que entrei na van. Todos nos cumprimentamos com apertos de mão e nos apresentamos enquanto, devagar, deslizava do lado dos bancos para o assento de trás dentro da van para doze passageiros. Os homens naquele momento pareciam bem amigáveis. Ainda assim, torcia para que não fossem a polícia secreta.

Devolveram minha bagagem assim que me sentei. Mesmo então, ainda não tinha certeza de estar entre amigos. Segundos depois, entretanto, comecei a me sentir muito melhor quando o líder do grupo deslizou para o lado do motorista falando no celular. Ouvi-o dizer:

– O visitante chegou. Busquei todos os outros primeiro. Estamos deixando o local número dois agora e devemos chegar ao local onze no horário número sete.

Era o mesmo protocolo básico de segurança usado pela igreja doméstica presenciado antes. Minha respiração começou a se acalmar.

Contudo, a sensação de tranquilidade não durou muito. O motorista virou para mim e desculpou-se dizendo:

– Ainda temos dezoito horas de viagem antes de chegar ao nosso destino amanhã. O senhor precisa ficar deitado, fora da vista. Teremos enormes problemas se as autoridades o encontrarem. Enquanto estivermos na estrada, poderá descansar e até mesmo dormir se quiser.

– Tudo bem – retruquei da forma mais positiva possível.

Tentei me aconchegar numa posição menos desconfortável já na saída do estacionamento. Foi inevitável pensar: "Caramba! Dezoito horas afundado no banco traseiro por um grande trecho da China, sem poder ver nada; eita viagem miserável!".

A última vez que falei com David Chen, ele me prometera que estaria a minha espera no meu próximo destino. Também me dissera que minha próxima parada seria bem diferente das grandes cidades que visitara. Disse que seria "bem rural, mas com cenário muito pitoresco da China".

Só me resta acreditar nas palavras de David, pensei. Apertado no banco, conseguia ver somente o céu e o topo dos prédios, postes de luz e árvores passando. Aqueles cenários incompletos se mesclavam ao movimento das pistas por onde o carro passava, as nervosas buzinas e outros sons de trânsito do lado de fora, e ainda mais o ritmo lerdo de anda, para, anda, indicando que ainda estávamos na cidade. Isso era tudo que sabia.

Numa situação normal, aproveitaria a viagem para conhecer alguns dos companheiros. Em tais circunstâncias, porém, qualquer conversa relevante, obviamente, teria de esperar. Passei a maior parte do tempo pensando.

Pensei nos lugares visitados na China, tentei lembrar o semblante de cada cristão entrevistado. Já eram muitos para que conseguisse me lembrar de cada um.

Minha viagem na China já poderia ser considerada a mais exaustiva da minha vida. E chegara a algumas novas e inesperadas conclusões com relação ao choque cultural. Talvez tais evidências já devessem ser óbvias, mas as descobria dia após dia. Primeiro, quanto maior forem as diferenças entre as culturas, maior o choque cultural a ser enfrentando pelo viajante. E, segundo, quanto maior for o choque cultural, maior a energia exigida simplesmente para viver o dia a dia.

Tais evidências parecem óbvias, mas em todas minhas viagens nunca experimentara choque cultural igual ao da China. Já passara pelo Leste Europeu, pela Europa Ocidental, pela África e por muitos outros lugares, mas a China parecia um mundo paralelo.

Mesmo com minha vivência e aptidão com línguas, raramente identificava e entendia qualquer palavra falada. As palavras e símbolos dos sinais de trânsito, propagandas em prédios, manchetes de jornais e até mesmo cardápios eram indecifráveis. Sempre apreciei grande variedade de comidas étnicas. Contudo, naquela viagem, comi alimentos que não conseguia identificar com um simples olhar, nem mesmo os cheirando, degustando ou pela textura.

Precisei passar por tantas adaptações pessoais, e a necessidade de adaptação era tão constante, que cada dia parecia interminável. O desgaste físico era enorme. Ao mesmo tempo, ficava tão impressionado e entusiasmado pelo que via e ouvia que vivia uma montanha-russa de emoções, desde a euforia emocional e espiritual até o desgaste físico. Alguns dias eram pura adrenalina. Ao anoitecer, sentia, com frequência, que meu motor interno havia sugado todo o combustível e quase não conseguia funcionar com a reserva.

Em termos bíblicos, meu espírito estava pronto, mas a carne era fraca.

Encolhido no banco traseiro de uma van cheia de estranhos, já no início de uma viagem de dezoito horas, entendi que a falha ao prever a quantidade de estresse causado pelo choque cultural era apenas um dos erros de cálculo que fizemos ao planejar a viagem. Na busca por eficiência e parcimônia, apenas gravemente superestimamos aonde eu poderia ir, com quem poderia me encontrar e o que poderia realizar em uma viagem. Subestimamos a distância, o clima, as diferenças de relevo e miríades de outros desafios logísticos e físicos a serem enfrentados viajando pela China.

Foi muito fácil desenhar um trajeto num pedaço de papel. Foi relativamente fácil reservar passagem de ônibus, trem e avião. Ao fazer isso tudo, não nos lembramos do tamanho da China, quase o mesmo dos Estados Unidos.

****

Os gracejos amistosos e constantes risadas entre os companheiros de viagem provavam que se conheciam muito bem. Era perceptível a alegria de também terem a oportunidade de estarem juntos, em comunhão. Desfrutavam a presença uns dos outros. Eu, sendo alguém de fora, num momento como aquele, não podia aproveitar a alegria da camaradagem entre eles.

Naquele instante, senti, mais uma vez, a solidão de ser estrangeiro em terra estranha. Já me sentira assim na China, e tal sentimento permaneceu comigo. Não conseguia me esquecer da sensação de estar sendo observado a todo tempo, em tudo que fazia e fosse aonde fosse. Para ser mais exato, não era *alguém* que estava me observando; *todos* estavam me observando! Existia aquele estresse sutil, mas constante causado pela consciência de que se qualquer uma das reuniões, de alguma forma, fosse prejudicada, e meus anfitriões presos pelo simples fatos de estarem comigo. A preocupação com minha segurança não me apavorava muito. Eu simplesmente seria escoltado até o aeroporto mais próximo e enviado de volta para casa. Mas carregava comigo o pesado fardo da segurança dos irmãos.

****

Enfim começamos a ganhar velocidade e comecei a ver os topos das árvores. Apenas alguns poucos prédios ou luzes da cidade eram percebidos. Sabia que já não estávamos mais na cidade. Seguro de que ninguém ali dentro esperaria que eu ficasse deitado e fora da vista por dezoito horas, comecei a me sentar bem devagar para ver melhor onde estávamos. Se o motorista olhou alguma vez no retrovisor e me viu sentado, não ficou muito preocupado em dizer alguma coisa. E achei saber o porquê.

Ele fora extremamente cuidadoso ao dirigir em velocidade mínima pela cidade de elevada densidade populacional. Ali, dirigindo com muito mais velocidade sob a forte luz do dia, era muito improvável que alguém conseguisse enxergar pelo vidro com insulfilme e discernir minha etnia. Permaneci atento e preparado para me esconder a qualquer sinal de perigo. Finalmente, porém, relaxei um pouco. A melhora emocional foi imensa pelo simples fato de me sentar e realmente poder ver o que acontecia do lado de fora e de dentro da van.

Infelizmente, não foi tão confortável como esperara. Ao olhar para fora da janela, descobri uma distinção cultural um tanto perturbadora. Tive a impressão de que o conceito chinês de espaço pessoal é praticamente o mesmo nas estradas e nas calçadas lotadas de pedestres e no esmagamento das multidões nos comércios. Contanto que não fossem empurrados ou tocados por alguém, os chineses pareciam acreditar que tinham espaço mais que suficiente.

Nas estradas, a ideia era a mesma. Eu não observara antes, mas estávamos numa estrada de duas vias com fluxo estável de trânsito nas duas direções a mais de 100 km/h. Todas as vezes que passávamos por outra van ou mesmo por outro caminhão, os retrovisores laterais ficavam a mililitros de distância. Meus companheiros, inclusive o motorista, continuavam o papo e as risadas. Pareciam nem perceber aquilo que para mim era a experiência mais horripilante da minha vida numa estrada. Voltar a deitar e ficar fora de vista parecia a opção mais segura. Talvez não fosse mais segura, mas a sensação era.

Pouco tempo depois, notei que o veículo começou a acelerar. Levantei a cabeça para espiar pela janela traseira e vi que estávamos numa estrada interestadual de quatro faixas, estilo americana. A velocidade estaria, no mínimo, a 140 km/h. A estrada parecia nova, suave e segura. Comecei a me acalmar e pensei em, quem sabe, dormir um pouco. Contudo, antes de começar adormecer, de repente o carro deu uma guinada tão violenta que precisei agarrar o banco da frente para não cair e sair rolando pelo chão. Nem sequer dei uma espiada no que acontecera. Concluí ser melhor nem saber.

Quando senti outra guinada, mais ou menos um minuto depois, sentei-me bem ereto para olhar pela janela traseira da van e ver que acabávamos de desviar de uma carroça de duas rodas puxada por um jumento, lotada de grandes pilhas de algum tipo de produto; um fazendeiro vestido com roupa tradicional camponesa a conduzia.

O motorista riu e falou tão rápido quanto a velocidade da van, que parecia ser a mesma da expansão das igrejas domésticas.

Por fim, saímos da "via expressa" e entramos numa estrada menor de interior. Depois do anoitecer, seguimos por longos quilômetros em estrada de chão até estacionarmos atrás de um sobrado, escondidos da vista da estrada, numa fazenda. O motorista justificou:

— Alguns amigos nos deixaram passar a noite aqui. Amanhã de manhã daremos continuidade à viagem e chegaremos ao destino antes de escurecer.

Uma mulher de meia-idade, que parecia aguardar as visitas, abriu a porta, recebeu-nos e serviu chá. Em seguida nos acompanhou ao andar de cima na melhor e de longe a maior casa que visitara desde quando chegara à China.

Na manhã seguinte, pouco antes do amanhecer, deslizei devagarinho da cama, em silêncio e sem demora me lavei e me vesti para o dia. Tentei fazer tudo antes dos outros acordarem. Na ponta dos pés desci as escadas até a cozinha. A luz do dia foi suficiente para ver um homem uniformizado do outro lado do cômodo. Ambos ficamos paralisados. Não tinha a menor noção de que uniforme seria aquele, mas sua postura era semelhante à de alguém de grande autoridade. Em pé, parado, encarei-o. Seu olhar pareceu atravessar meu corpo, mas o foco centrava-se em algo atrás de mim. Era como se eu nem mesmo estivesse ali. E não gostaria mesmo de estar.

Ninguém pronunciou uma só palavra ou se apresentou. Ele abruptamente se virou e correu, pegou algo da bancada e desapareceu saindo pela porta da cozinha. Meu coração continuou disparado e os joelhos ainda tremiam bem depois de ter ouvido o barulho do motor do carro e o ruído do cascalho enquanto um veículo pesado, bem devagar, seguia em direção à rua diante da propriedade.

Quando o motorista da van veio para a cozinha, alguns minutos depois, contei a ele sobre o recente ocorrido e perguntei se sabia quem era aquele homem. Em vez de responder à minha pergunta, disse que deveriam ter me alertado para não descer as escadas sozinho cedo pela manhã. Pedi desculpas. Deixei claro não ter intenção de provocar qualquer risco a ele e aos outros. O homem, porém, parecia mais preocupado com o sujeito com quem deparara.

Ele começou a explicar porque o oficial escolhera não falar comigo ou nem mesmo notar minha presença e olhar para mim. Se por acaso fosse interrogado, ele poderia ser sincero e dizer que nunca encontrara, falara ou nem mesmo vira alguém na casa naquela manhã.

– Ele é um bom amigo e colaborador do movimento da igreja doméstica – comentou o motorista. – Sabemos que estamos seguros aqui, pois o governo jamais imaginaria que um militar de tão alta patente fosse cristão. Porém, ele e sua família se expõem a enormes riscos permitindo que usemos sua residência como lugar seguro.

****

O *segundo* dia de nossa jornada foi parecido com o primeiro. A única diferença foi que, ao passarmos por uma grande cidade em plena luz do dia, vimos muitos turistas nas calçadas, razão pela qual meus companheiros concluíram não ter perigo eu acompanhá-los num restaurante para almoçar.

Estava tão exausto que até consegui dormir de verdade em um dado momento da tarde. Só fui acordar quase ao entardecer, quando senti o movimento da van mudar. Sentei-me e vi que estávamos numa longa estrada de terra de uma única trilha. Árvores verdes exuberantes próximas umas das outras em ambos os lados, os galhos, de vez em quando, formando um dossel acima, quase bloqueando a vista do céu. Após 6 ou 8 km de nada mais além de árvores, de repente entramos numa pequena clareira de uma fazenda dividida em dezenas de campos aglomerados ao redor da área construída. Uma cerca pintada de cal com três metros de altura circulava o local.

A van seguiu acompanhando a pista em meio aos campos. Ao nos aproximarmos da estrutura, um portão enferrujado e velho começou a abrir e o motorista parou numa moradia rural chinesa típica daquela região. Não era exatamente uma *casa* de fazenda, mas uma residência de "cômodos" individuais construídos ao longo e ao redor das paredes internas da construção. Observando mais de perto, vi que as paredes eram rústicas, eficientes barreiras protetoras feitas de rocha e pedra. A cada poucos passos, longos postes de madeira afundavam-se firmemente no solo para ajudar a fixar a cerca, e toda estrutura era de estuque. O lugar não inspirava a sensação de estar fazendo algo ilegal, proibido, protegido dentro de um complexo murado de segurança máxima na Somália. A sensação era de se estar num lugar seguro e aconchegante. Estávamos em casa.

Como previsto, David Chen já estava lá para me receber. Ele e mais quase 170 amigos mais chegados da igreja doméstica! Estavam sentados ou em pé em pequenos grupos no quintal da fazenda, conversando e observando com curiosidade nossa chegada.

Depois de me apresentar para alguns líderes do movimento, David nos acompanhou para interpretar o rápido passeio requisitado pelos anfitriões. O complexo anexo talvez abrangesse um e ¼ de hectare de chão batido e mato pisado. Na parte externa, havia uma cozinha aberta e vários outros cômodos individuais, que não eram interligados, exigindo que a pessoa saísse para o quintal da fazenda para ir até outro cômodo.

Olhei para o tamanho os pequenos cômodos e rapidamente inspecionei o pátio cheio de gente. Perguntei:

– Onde todo esse pessoal vai dormir?

Um dos guias respondeu, enquanto David traduzia:

– Aqui fora mesmo, onde estão sentados e em pé.

Meus anfitriões devem ter notado a surpresa estampada em meu rosto, pois logo me garantiram:

– Mas o senhor vai dormir aqui neste quarto, e enquanto estivermos reunidos e treinando as pessoas aqui fora no quintal, pode fazer suas entrevistas no mesmo cômodo.

Levaram-me até um dos cômodos da parte interna e me mostraram onde eu ficaria. O quarto, apesar de minúsculo, era confortável.

– Agora venha conosco – falaram. – Vamos apresentá-lo aos três líderes mais velhos que dividirão o quarto com o senhor.

Ainda bem que eram só três.

****

David Chen tinha me falado que aquela igreja doméstica em especial era uma das maiores e mais diversificadas do país. Muitas de suas congregações e líderes, como aqueles que estavam na van comigo, eram da cidade, estudados e comparativamente sofisticados no sentido atual do mundo, ou, pelo menos, para o padrão chinês.

Ao mesmo tempo, uma grande porcentagem desse movimento regional se espalhara e brotara em lugares tão provinciais e remotos que grande parte do século XX ainda não tinha chegado ali. Alguns dos líderes nas áreas mais rurais tinham pouco conhecimento do mundo lá fora.

Diante da explanação de David, eu de alguma forma estava preparado para os olhares curiosos durante a refeição naquela noite. Mas tive uma grande surpresa após o jantar quando fui, formalmente, apresentado ao grupo. Um dos pastores locais ergueu a mão para fazer uma pergunta:

– As pessoas em outros países também conhecem a Jesus, ou ele ainda só é conhecido na China?

Nunca haviam me feito tal pergunta antes, e eu nem mesmo considerara tal possibilidade. Por longos segundos organizei meus pensamentos a fim de saber por onde começar a resposta. Então, com a ajuda de David como intérprete, disse ao grupo que milhões de americanos e até mesmo mais pessoas em outros países conheciam e seguiam a Jesus. Logo depois, contei ao grupo que muitos cristãos de outras partes do mundo também sabiam da existência deles, os cristãos das igrejas domésticas. Disse que muitos irmãos pelo mundo oravam por eles e por suas igrejas.

– Opa! Espere um pouco aí! – começaram a falar em voz alta.

Não conseguiam acreditar no que estavam ouvindo. A reação de um homem foi esta:

– O senhor está dizendo que as pessoas no seu país sabem que cremos em Jesus? Está falando que sabem que alguns de nós sofremos em razão da fé? Quer dizer que não se esqueceram da gente e oram também por nós?

E eu respondi:

– Pois é claro, sempre amamos vocês. Nunca nos esquecemos de vocês... Temos orado por vocês há muito tempo.

Foi um momento sagrado quando os cristãos ali presentes se deram conta de que eram conhecidos, lembrados e levantados em oração por muitos cristãos ao redor do mundo.

****

Uma das jovens mulheres do grupo indagou:

– Como Jesus é conhecido em outros países, os cristãos de lá também são perseguidos como nós?

Compartilhei a experiência dos cristãos em dois países perseguidos e sob potente opressão islâmica. O grupo inteiro de líderes das igrejas domésticas presentes naquele quintal de fazenda ficou num silêncio anormal. Apenas alguns minutos atrás estavam aplaudindo, gritando e fazendo perguntas. E então sobreveio total silêncio, todos estáticos e sem expressão.

Tentei animar o grupo contando as histórias de alguns cristãos de origem muçulmana dos quais éramos bem próximos, pessoas que demonstravam sua fé inspiradora em circunstâncias mais opressoras. Mesmo assim, nenhum movimento ou perguntas. Depois de contar muitas daquelas histórias, eu mesmo me senti meio morto.

Baixei a voz e disse a David:

– Chega. Terminei. Estou esgotado. Não tenho mais nada para falar hoje à noite!

Saí do pequeno tablado no meio do complexo e fui para meu quarto dormir.

Às seis da manhã do outro dia, acordei com a gritaria vindo do lado de fora. A primeira coisa que pensei foi: *A polícia chegou*.

Quando meus olhos se ajustaram à claridade, vi não haver nenhum policial ali no terreno. Vi os líderes e evangelistas da igreja doméstica espalhados pelo quintal, sentados ou deitados no chão, chorando, gritando histericamente (pelo menos parecia). Muitos puxavam os cabelos ou agarravam suas roupas.

Identifiquei meu amigo David do outro lado e corri em sua direção. Queria saber o que estava ocorrendo, e então lhe perguntei:

– O que está acontecendo? – David me pediu que ficasse quieto e ouvisse. – Você sabe que não falo uma palavra em chinês; o que quer dizer com "ouvir"?

Mais uma vez insistiu:

– Fique quieto, Nik!

Antes de reclamar de novo, ele pegou no meu braço e começou a andar entre as pessoas que choravam e gritavam. Calado, comecei a ouvir e entender os nomes dos países muçulmanos que comentara com eles na noite anterior. Pois bem. Os nomes eram repetidos diversas vezes nas orações ardentes e aflitas.

Quando David parou e se virou para me olhar, lágrimas jorravam de seus olhos. Ele disse:

— Ficaram tão tocados com o que compartilhou ontem à noite sobre os cristãos que são *de fato* perseguidos que fizeram um voto diante de Deus: levantariam uma hora mais cedo todas as manhãs para orar por aqueles irmãos de origem muçulmana de _____ e _____ (e mencionou o nome dos dois países[*]) até Jesus ser conhecido em todos os países.

Naquele momento, entendi o motivo pelo qual o número de cristãos chineses aumentara de algumas centenas para milhares, talvez centenas de milhares!

---

[*] Até hoje, mais de uma década depois, por motivo de segurança, não posso nomear tais países específicos. Caso o sistema de segurança regular lesse isso, sem mencionar o Al-Qaeda ou outros jihadistas, procurariam cristãos ali ou usariam meu registro como desculpa para matar as pessoas contra as quais se opõem.

VINTE E OITO

Preparando para a perseguição

Grande parte dos meus encontros com os cristãos e a maioria das entrevistas realizadas na China eram individuais. Sabendo da política do governo comunista e da prática incansável e brutal de perseguição aos cristãos fiéis, e sabendo dos desafios de segurança que enfrentaria naquela viagem, nunca, em meus sonhos mais arrojados, imaginei que teria uma oportunidade como a que presenciara.

Mais de 170 líderes das igrejas domésticas juntos num só lugar. E todos dispostos a se sentarem e conversarem comigo. O entusiasmo era enorme!

Por mais estranho que pareça, as oportunidades oferecidas por aquela reunião de gente eram, talvez, ainda mais entusiasmantes para outros participantes do que para mim. Ao planejar a viagem, David Chen havia me informado que os cristãos nas igrejas domésticas de todo país tinham muitas regras severas quando assunto era segurança. Durante décadas de opressão, aprenderam que normalmente evitariam chamar atenção se nunca se encontrassem em grupos com mais de trinta pessoas, e se os encontros não durassem mais de três dias. Portanto, dava para entender por que as congregações locais se reuniam regularmente, mas em horários diferentes no decorrer da semana. Também dava para entender por que o corpo local se subdividia em grupos de quinze quando o número crescia para trinta ou mais. Os limites de "Trinta pessoas e três dias" eram respeitados da forma mais severa possível. Grupos maiores ou reuniões mais longas geravam riscos muito maiores de serem descobertos.

Claro, tinha dado minha palavra a David de que, com maior prazer, agiria de acordo com os parâmetros de segurança que ele e seus contatos nacionais achassem necessários. Foi quando ele me disse que já estava agendada a ajuda para liderar uma conferência de líderes das igrejas domésticas. Ele supôs ser essa a melhor e mais segura oportunidade de estarmos juntos com um grupo maior de cristãos no mesmo lugar, no mesmo instante. A ideia parecia tão promissora que disse estar disposto a contribuir com boa parte da minha força-tarefa patrocinando o custo de alimentação e transporte para a conferência.

No entanto, só bem mais tarde fiquei sabendo que o prospecto inesperado daqueles recursos adicionais motivou os organizadores da conferência a planejarem um evento mais longo, que duraria uma semana. Naturalmente seguiriam as mais restritas precauções de segurança (tais como marcar um encontro numa fazenda isolada). Mas também decidiram que seria uma oportunidade sem precedente para treinamento, ensinamento e encorajamento. Concordaram valer a pena o risco. De acordo com David, nunca antes tantos líderes se reuniram para treinamento, culto e comunhão na história do movimento daquela igreja doméstica. Senti-me privilegiado por simplesmente fazer parte disso. Estava ansioso para dar início às entrevistas em meu primeiro dia completo na conferência.

Quando a sessão de treinamento do grande grupo se iniciou no quintal da fazenda naquela manhã, retirei-me para "meu quarto" com oito líderes do movimento. Sabiam que as entrevistas seriam individuais, mas os outros queriam se sentar e ouvi-las também. Para mim não havia problemas.

****

As *primeiras* três histórias de vida e fé que ouvi naquele quarto pela manhã me revigoraram. O pesquisador dentro de mim acordou. Estava mais inspirado pessoal e espiritualmente do que em qualquer outra entrevista até o momento. Cada um dos três homens já fora condenado à prisão pelo menos uma vez. Cada um enfrentara e vencera sérios desafios enquanto sofria severamente por sua fé. Contudo, os três estavam muito mais interessados em relembrar as maneiras como viram o poder de Deus agindo em sua igreja doméstica. Deus concedera um crescimento espetacular ao movimento, e era sobre isso que mais queriam falar. O número de cristãos subiu de centenas para milhões.

Enquanto os ouvia naquela manhã, senti a importância espiritual do que estava acontecendo na China. Os cristãos espalhados pelo mundo praticamente desconheciam a história, que representava algo sem precedentes. Aqueles líderes nasceram num contexto de opressão, e assim viveram a vida toda. No entanto, eles e seus colegas do lado de fora no quintal testemunharam o maior despertar espiritual conhecido na história do mundo, pelo qual eles tinham sido parcialmente responsáveis. Deus estava usando os corajosos e fiéis seguidores de Cristo, e muitos outros como eles, para espalhar as Boas-Novas do Evangelho para mais longe, mais rápido e para mais pessoas do que nunca antes na história da humanidade. O crescimento da igreja durante os cinquenta anos do governo comunista na China foi ainda maior se comparado ao crescimento vivido na igreja nos primeiros séculos depois de Cristo.

Para alguns de nós, esse mover maravilhoso do Espírito Santo na China ocorrera quando já existíamos, e, provavelmente, nem mesmo estávamos cientes.

Cada entrevista, sempre animadora, reveladora e instrutiva, durava cerca de três horas, e mesmo assim não era tempo suficiente. Odiava encerrá-las. Ao mesmo tempo, mal conseguia esperar para ouvir o próximo. As histórias eram fantásticas, quase inacreditáveis.

Tal como na antiga URSS, era como se as páginas da Bíblia se abrissem e os santos do Antigo Testamento mais uma vez estivessem caminhando pela terra. E, do nada, lá estava eu no meio deles.

Mesmo absorto pelas histórias de cada um, não pude deixar de me perguntar: *O que farei depois de ouvir tantos testemunhos maravilhosos do poder de Deus?* Meu coração doía pela Somália. *A Somália precisa disso* – orei em silêncio. *Como a Somália precisa da fé fervorosa como a deles aqui! Oh, Somália, Somália, como eu queria reunir os seus filhos como a galinha reúne os seus pintainhos!*

Quase no final daquele dia, tive um tremendo choque! Foram nove longas horas de três entrevistas incríveis. Os líderes que ouviram as primeiras conversaram entre si. Um deles me informou em um inglês muito simples:

– Sentimos muito, Dr. Ripken, mas decidimos que não faremos mais entrevistas assim.

Meu coração quase parou. Fiquei consternado.

– Mas – comecei a me queixar – não podem fazer isso Tenho aprendido tanto com vocês.

Fiquei sem palavras. Comecei a pensar no que falara ou tivera feito para ofendê-los, em qual teria sido a gafe cultural que cometera.

– Perdoem-me – disse, pensando ser melhor começar desculpando-me do que discutindo. – Mas as histórias que acabamos de ouvir são muito inspiradoras e importantes. Sem dúvida existem outros aqui na conferência com os quais eu poderia conversar. – Não estava disposto a aceitar a decisão com facilidade. Simplesmente não podia deixar tal oportunidade passar.

O porta-voz chinês sorriu e virou para falar com David Chen, que havia interpretado todas as entrevistas para mim, o tempo todo. David sorriu de volta para o porta-voz, depois para mim e traduziu:

– Ele disse que você não entende. Acreditam que as entrevistas são excelentes. Disseram estar aprendendo tanto com elas, tantos detalhes e experiências de histórias das quais nunca ouviram falar antes. Acreditam poderem se beneficiar com elas, e sugeriram realizar as restantes do lado de fora do alojamento diante de todo o grupo. Se as entrevistas forem feitas lá fora, todos poderão ouvi-las.

Eles me acompanharam até o lado de fora e pediram que me sentasse no pequeno tablado. Um dos líderes explicou ao grupo um pouco mais sobre meu objetivo na viagem, e acrescentou como foram inspiradoras e informativas as entrevistas feitas o dia todo. Falou que decidiram ser importante para todos ali presentes ouvirem as próximas entrevistas. (David sussurrou a tradução para mim.)

Para a minha primeira entrevista em público, o líder chamou dois irmãos recém-indicados para assumirem liderança após receber a liberdade da sentença padrão de três anos de prisão por "crimes religiosos".

No quarto silencioso, tinha acabado de realizar três entrevistas maravilhosas, e cada uma me lembrara de uma situação do livro de Atos. Agora, diante de 170 testemunhas, me peguei falando com dois homens difíceis de compreender. Até o momento, ficara impressionado com a sabedoria e a maturidade das pessoas com as quais já tinha falado. Porém, minha primeira impressão daqueles dois foi menos positiva. Não demonstravam maturidade espiritual. Em minha opinião, eram os cristãos mais superficiais que encontrara na China.

Tenho vergonha de admitir agora, mas fui precipitado ao julgá-los espiritualmente desajustados. Pareciam saber muito pouco sobre quem era Jesus. Depois de ter falado com o homem por quase dez minutos, comecei a pensar numa maneira de finalizar a entrevista. O fato de ela estar acontecendo em público piorava a situação, que se tornava cada vez mais humilhante. Finalmente, depois de algumas poucas perguntas irrelevantes, os acompanhei para fora do tablado. Serpenteando por entre a multidão, sentaram-se juntos debaixo de uma árvore no canto afastado do complexo.

Recebi então um irmão e uma irmã (ele era pastor, e ela, evangelista) para entrevistar. Graças a Deus, a entrevista fluiu bem melhor, mas as histórias não chegaram ao nível de qualquer outra relatada no quartinho particular. Não estava satisfeito com o jeito como as coisas estavam acontecendo.

Já completava quinze horas de exaustivo trabalho. Quando acabei de entrevistar a irmã e o irmão, sentia-me pronto para encerrar meu dia. Simplesmente precisava descansar. Fiz meus agradecimentos finais e comecei a sair do tablado. Ao seguir em direção a meu quarto, um dos líderes saltou e perguntou:
— Onde o senhor está indo, Dr. Ripken?
Olhei para o tradutor com incerteza e respondi:
— Bem, acho que para lugar nenhum ainda.
O homem que me interrompera continuou:
— O senhor já conseguiu tantas informações sobre nós. Agora é a sua vez. Queremos ser ensinados pelo *senhor*!
— O que poderia ensinar? — perguntei.
O homem respondeu:
— Bem, o senhor já fez seminário, certo? — Concordei com um movimento de cabeça. Ele continuou: — O senhor tem viajado o mundo inteiro para falar com as pessoas sobre perseguição, certo?
Mais uma vez, balancei a cabeça.
— Bem, talvez possa nos ensinar o seguinte: temos 170 líderes aqui. A maioria é formada por evangelistas e implantadores de igrejas. Aqui também estão alguns pastores locais. Apenas cerca de 40% dos presentes já foram presos e encarcerados em razão da fé. Isso significa que 60% aqui ainda serão presos. Poderia, por favor, compartilhar como nos preparamos para a prisão? O que precisamos deixar pronto para sermos presos por causa da fé?

Sempre me considerei uma pessoa bem formada. Estudei por anos e sou um tanto versado. Porém, nunca fizera um curso de preparação para prisão. Na verdade, nunca ouvira falar de tal tipo de curso. Em silêncio, orei com certo desespero: *Senhor, apenas alguns minutos atrás estava irritado com a maneira como as entrevistas estavam acontecendo. Por favor, perdoe-me. Preciso muito da sua manifestação. Senhor, não tenho nada para ensinar a eles sobre tal assunto, a não ser que o Senhor me dê as palavras.*

Voltei para o tablado e simplesmente comecei a contar para a assembleia de líderes da igreja doméstica as histórias que o Senhor me fez lembrar naquele momento, um pequeno exemplo dos testemunhos dos irmãos com quem me encontrara na Rússia, na Ucrânia, por todo o Leste Europeu e em outras partes da China. Contei a história de outro encontro secreto, a conferência histórica em Moscou nos anos de 1950, e o que aprendera com os cristãos que escondiam em seus corações a palavra de Deus. Contei sobre Dmitri e seus dezessete anos de prisão, como ele escrevia tudo que havia memorizado da Bíblia como oferta a Jesus e como entoava canções do coração ao Senhor em louvor e adoração todas as manhãs.

Ao relembrar as histórias, observei os semblantes dos líderes. Ouviam minhas palavras com profunda atenção. Senti o Espírito Santo movendo-se e trabalhando naquele quintal. Deu para perceber que os líderes estavam sugando os princípios bíblicos das histórias.

Depois, no meio da última história que estava contando, ouvi um barulho, uma agitação; olhei em minha volta e, no canto afastado, vi um movimento.

Eram aqueles dois irmãos que tentara entrevistar. Estavam em pé e balançando os braços para cima. Não pude nem imaginar o que faziam. Tentei ignorá-los, na esperança de ninguém perceber a comoção. Mas eles correram para frente e, desviando da multidão, conseguiram chegar até o tablado. Tentei em vão achar algum jeito de não deixá-los subir. Quando chegaram mais perto, porém, pude perceber que estavam chorando. No mesmo instante, afastei-me e dei-lhes passagem. Quando subiram, tremiam e soluçavam. Falaram aos presentes:

– Escutem este homem! Escutem este homem! As histórias são verdadeiras! Só pode florescer na perseguição aquilo que você leva consigo.

Em seguida, abriram seus corações com os irmãos e as irmãs sentados diante deles. O que falaram soou como confissão:

– Vocês nos honraram e nos fizeram líderes só por termos sido presos pelas autoridades e ali ficamos por três anos. No entanto, nunca nos perguntaram sobre a nossa história. Sabemos que a maioria aqui, quando foi presa, compartilhou a fé, pregou a palavra de Deus e conquistou centenas e talvez milhares para Jesus. Iniciaram igrejas, e começaram o movimento que se espalhou para fora das grades. Deus os usou de forma poderosa. No entanto, quando fomos presos, mal sabíamos quem era Jesus! Não sabíamos como orar! Não conhecíamos a Bíblia! Não conhecíamos muitas canções da fé. Precisávamos confessar isso hoje e implorar-lhes o perdão. Durante três anos presos, não compartilhamos a fé com uma única pessoa. Escondemos nossa fé. Mesmo assim, quando saímos de lá, tornamo-nos líderes só pelo simples fato de já ter passado pela prisão. A verdade é que decepcionamos Jesus na prisão. Podem nos perdoar? Vocês precisam ouvir este homem! Ouçam este homem! O que está ensinando é verdade: só pode florescer na prisão aquilo que você levou consigo. Só pode florescer na perseguição aquilo que se leva consigo.

Dali em diante, nada mais eu poderia acrescentar. Em silêncio, pedi a Deus perdão. A entrevista com os dois me chateara. Sem dúvida, Deus tinha um propósito em trazê-los ali, diante de todos.

****

Embora estivesse espiritualmente animado e radicalmente mudado por todas aquelas experiências e aprendizados, minha carcaça humana sentia-se exaurida das quatro exaustivas semanas cruzando a China antes de ter chegado àquela conferência. Já estivera em aviões, trens, ônibus e viajando em veículos clandestinos. Tinha sido contrabandeado pelas fronteiras provinciais e escondido em casas seguras. Em muitas manhãs, levantei-me antes do amanhecer e fiquei acordado até meia-noite fazendo entrevistas.

Estava exausto. Mesmo assim, sabia ter em minhas mãos uma oportunidade sagrada. De algum modo, consegui realizar várias boas e sólidas entrevistas antes do jantar no dia seguinte. Naquele momento, os líderes da conferência me informaram que, como estavam passando o dia todo fazendo entrevistas comigo, precisariam realizar o treinamento originalmente planejado naquela noite. Pediram a David e a mim para liderarmos estudos bíblicos nas noites seguintes da conferência. David escolheu as cartas de Paulo aos Romanos; eu, o Evangelho de Lucas.

Foi uma honra solene ensinar as histórias dos Evangelhos e as lições da palavra de Deus para aqueles líderes corajosos e fiéis. A vida e o ministério de cada um já estavam me inspirando e ensinando tanto! Porém, ainda mais solene e comovente foi a cena que presenciaria mais adiante naquela semana.

Cedo numa manhã fui surpreendido ao sair do meu quarto e ver um pequeno grupo de homens andando por entre toda a assembleia de líderes que lotavam o pátio. De longe pude observar que estavam rasgando alguns livros em pedaços e entregando páginas avulsas aos que se sentavam no chão. Ao me aproximar, fiquei chocado. O livro sendo rasgado era a Bíblia.

Ao perceber minha reação, David Chen correu para explicar:
— Apenas sete entre todos os líderes da igreja doméstica nesta conferência possuem um exemplar da Bíblia. Alguns ontem à noite decidiram que no final da conferência cada líder levaria para casa em sua cidade, vilarejo ou fazenda pelo menos um livro da Bíblia. Então, é isso que estamos fazendo, ou seja, perguntando a cada líder quais livros da Bíblia ainda não puderam ensinar, e cada um receberá pelo menos um.

Podia imaginar a alegria daqueles que receberam a porção bíblica do Livro de Gênesis, dos Salmos ou do Evangelho de João. Mas fiquei com um pouco de pena dos líderes que receberam uma pequena porção como Filemom.

****

Não apenas fui inspirado, mas também profundamente convencido pela fé e pelos exemplos de vida dos líderes chineses da igreja. Até hoje, quinze anos mais tarde, lembro-me de toda a viagem, principalmente daquela semana, como um dos pontos mais decisivos na minha vida espiritual, pessoal e profissional.

    Senti que a conferência naquela semana mudaria minha vida e meu trabalho para sempre. Porém, nem a conferência e nem minhas aventuras na China haviam chegado ao fim.

VINTE E NOVE

Repreendido por Deus

Cerca de 10% dos presentes na conferência eram mulheres. Intrigou-me a presença delas. Sabia que todos os líderes da igreja doméstica estavam se expondo a enorme risco, mas fiquei me questionando sobre as mulheres dispostas a se arriscar. E, mais ainda, como se tornaram líderes de grupos? Não via a hora de ter oportunidade de ouvi-las. Como conheceram a Jesus? Como foi que chegaram ao cargo de liderança?

Minhas entrevistas diante do grande grupo continuaram. Histórias maravilhosas eram ouvidas por todos ali reunidos. Entre os intervalos do ajuntamento do grande grupo, portanto, fazia questão de passar tempo com um grupo menor que se reunira durante as refeições e intervalos. Não demorou muito para descobrir que todas as líderes eram mulheres fortes, maduras espiritualmente e muito articuladas sobre sua fé. As mulheres eram, em particular, evangelistas impetuosas. Seus ossos queimavam com o fogo do Espírito Santo. Tive a impressão de que seriam capazes de testemunhar sobre Jesus por três horas sem pausa para respirar. A paixão e o entusiasmo de cada uma eram extraordinários.

Soube que as mulheres na conferência haviam implantado igrejas naquela e nas províncias circunvizinhas. Quando perguntei qual seriam os maiores desafios enfrentados pelos líderes e pastores das igrejas domésticas, alegaram não possuírem tais títulos.

— Todas as mulheres desta conferência são evangelistas e implantadoras de igrejas.

Comecei a entender muito mais sobre o significado daqueles títulos. Até naquele momento, eu entendera que ser líder ou pastor de uma igreja doméstica seria o papel mais perigoso. Após ouvir as mulheres, no entanto, comecei a duvidar.

Baseado em suas histórias, ser evangelista ou implantador de igreja era uma responsabilidade ainda mais perigosa no movimento da igreja doméstica do que liderar uma congregação local. Assumir o papel de evangelista ou implementadora de igreja requeria testemunhar para descrentes. Era perigo constante interagir com pessoas e decidir se elas eram ou não de confiança. Aquelas evangelistas confiavam na liderança do Espírito de Deus na hora de decidir confiar ou não em alguém. Eram intensas no compartilhar da fé, mas sabiam do tamanho do risco envolvido.

Perguntei-lhes como tinham se tornado evangelistas e implantadoras de igreja, ao que responderam:

– Ah, é senso comum!

– O que querem dizer? – perguntei.

– Quando as igrejas são implantadas, os líderes são, quase sempre, aprisionados – explicaram –; quando esses líderes não estão por perto, outras pessoas começam a liderar. Às vezes elas também são presas. No entanto, sempre alguém se levanta para realizar o papel de líder. Simplesmente fazemos aquilo para o que fomos treinadas: compartilhar a palavra de Deus. Quando as pessoas recebem a mensagem, novas igrejas se iniciam. Acreditamos ser assim que Deus faz sua Igreja crescer.

A clareza e a simplicidade da estratégia me admiraram, e também o compromisso daquelas mulheres, que não tinham o menor interesse em títulos, cargos e estrutura formal. Compromissavam-se em compartilhar a história de Jesus, e nada mais tinha valor para elas.

Naquele momento, pensei em tantas denominações americanas envolvidas em conflitos sobre autoridade e liderança. As irmãs chinesas entendiam que a única coisa importante era compartilhar Jesus. Tive certeza de que, se houvesse algum dia desentendimento sobre os papéis da liderança nas igrejas domésticas da China, a discussão seria sobre quem se aventuraria com mais rapidez e intensidade a se expor ao mundo hostil para compartilhar o Evangelho com o perdido e ganhar pessoas para Jesus. Essas mulheres, em particular, pareciam não ter tempo ou a inclinação para debater responsabilidades ou títulos dentro da igreja.

****

No final daquela semana, ao terminar a última sessão de entrevistas e das histórias diante da plateia, meu coração transbordou de gratidão por tudo que ouvira e aprendera com os líderes da igreja doméstica. Apesar das diferenças culturais e das jornadas de fé, brotara em mim profunda unidade espiritual e consciência de sermos um. Quis abrir meu coração para eles a fim de expressar meu respeito e minha admiração.

O que gostaria de dizer aos líderes das igrejas domésticas era algo do tipo: "Como poderíamos trabalhar juntos? Como poderíamos continuar a aprender uns com os outros? Como eu, e outros na igreja ocidental, poderíamos caminhar lado a lado com vocês e talvez até mesmo ministrar e fazer missão juntos?".

Era isso que queria perguntar. Era isso que deveria perguntar. Era esse meu objetivo. Porém, indisposto e privado do sono, já exausto, disse apenas:

— Como posso ajudá-los?

Eu sabia como entenderiam tais palavras logo depois que atravessaram meus lábios. Sabia muito bem a repercussão provocada por esse tipo de palavras. Meus ouvintes entenderam a pergunta como se estivessem recebendo proposta de ajuda financeira. E, como já era de se esperar, um dos líderes já tinha uma sugestão de como poderiam usar o dinheiro que acreditavam lhes estar sendo oferecido.

— Dr. Ripken — começou o homem. — No presente momento, quatrocentos líderes estão presos; suas famílias sofrem. Muitas não têm recursos financeiros para pagar estudos, aluguel, alimentação, ou vestimenta. Não têm nada. Agora que já ouviu nossas histórias, talvez possa voltar para o seu país e contar ao seu povo sobre nós. Quando fizer, talvez consiga uma oferta para nos ajudar a cuidar das pobres famílias que sofrem enquanto maridos e pais estão presos.

O pedido era justo. Depois de tudo que ouvira e vira, eu me senti inspirado para dizer que estava pronto para fazer daquele pedido a missão da minha vida. Estava pronto para lhes garantir que contaria as histórias dos líderes comprometidos aonde quer que fosse. Sem dúvida não existiam pessoas mais necessitadas e dignas no mundo. Sem dúvida não havia causa mais nobre para comissionar a igreja ocidental a sustentar as igrejas perseguidas. Claro que me comprometeria em ajudá-los a cuidar das famílias em dificuldades dos irmãos chineses que tinham se sacrificado tanto pelo Senhor.

Olhei para aquele grupo, para os irmãos corajosos, totalmente pronto para prometer-lhes o sustento quando voltasse para os Estados Unidos, onde decerto contaria suas histórias.

Porém, quando abri minha boca, não emiti uma só palavra.

Pela segunda vez comecei a falar, com a intenção de prometer que faria tudo a meu alcance para tornar a causa deles a minha, mas, quando abri minha boca, nada saiu.

Pela terceira vez tentei falar. De novo, sem palavras.

Por algum motivo, de repente, fiquei impossibilitado de falar. Nada parecido acontecera antes comigo. O Espírito Santo me deixara mudo.

Naquele momento, fiz uma oração silenciosa: *Senhor, fale. Seu servo quer ouvir.*

E Deus me deu uma mensagem para compartilhar com os líderes da igreja doméstica.

Reconheci a voz de Deus, pois não foi a primeira vez que a ouvira. Sabendo qual mensagem deveria compartilhar, em silêncio reclamei com Deus. Tentei argumentar com Ele por que tal mensagem em específico seria errada. No mesmo instante, fui direcionado a transmitir a tal mensagem.

Olhando para os líderes que haviam se tornado bons amigos meus, perguntei:

— Quantos cristãos fazem parte do movimento da igreja doméstica? — A pergunta soou um pouco estranha. Já tínhamos trabalhado com os números várias e repetidas vezes. Com muita paciência, um dos líderes respondeu:

— Como já tínhamos compartilhado com o senhor, somos 10 milhões no movimento.

— Estamos juntos há tão pouco tempo aqui — comecei a falar bem devagar. — Ninguém aqui me conhece *de verdade*! E entendo não ter nenhuma autoridade sobre a vida de vocês ou das suas igrejas! Não sou seu pastor. Não sou um dos líderes... Sei não ter nenhum direito Nenhuma autoridade de fato para dizer isto — continuei. — Mas sinto ter recebido uma palavra vinda de Deus agora mesmo... E ela me impediu de dizer aquilo que havia passado pela minha cabeça. Agora sinto que Deus quer falar algo diferente. Se estiver certo no que estou sentindo, e se, de fato, for mesmo a palavra de Deus, então devem prestar muita atenção e com muito zelo.

Pausei, respirei fundo para ganhar mais coragem e segui em frente:

— Se 10 milhões de cristãos não podem cuidar de 400 famílias, teriam o direito de se intitularem família do corpo de Cristo, ou até mesmo de seguidores de Jesus?

As palavras não causaram qualquer reação. Olhei os 170 semblantes paralisados olhando para mim num silêncio frio e cortante.

Não tinha mais nada a dizer. Minha esperança era não receber mais nenhuma palavra vinda de Deus.

Fiquei sem saber como agir em seguida, então me retirei para os fundos do pequeno tablado. Tive medo de ter ofendido as pessoas a quem já havia começado a amar.

Caí sentado no banco e ali permaneci sozinho. Alguns minutos se foram. Meu solidário amigo David me ofereceu apoio moral ao se aproximar e sentar-se ao meu lado.

Não tinha ideia de quantos minutos tinham passado. Para mim, parecia uma eternidade. Então, escutei uma mulher chorando. Depois, muitos também começaram a chorar. No final, todo o grupo estava chorando. A choradeira durou talvez trinta minutos. Por fim, um dos líderes se levantou. Enxugou as lágrimas. Vindo em minha direção, ficou em pé bem na minha frente, em cima do tablado, e dirigiu-me a palavra:

– Dr. Ripken, o senhor está certo. Quando voltar para casa, o senhor e sua esposa devem continuar a fazer aquilo que Deus determinou que fizessem. E aqui continuaremos a fazer aquilo que Deus nos determinou a fazer. Estava certíssimo ao dizer: "se 10 milhões não podem cuidar de 400 famílias, logo não temos o direito de nos chamar seguidores de Jesus ou dizer fazer parte de sua igreja". Certíssimo. Aceitamos tal palavra vinda de Deus. Agora, volte para casa e faça o seu trabalho; ficaremos aqui para fazer o nosso. Cuidaremos das 400 famílias!

O fechamento foi gracioso. Os líderes da igreja doméstica não rejeitaram o mensageiro, nem mesmo sua mensagem. Receberam as duras palavras como vindas de Deus. Reagiram ao desafio, voltaram a assumir o compromisso de cuidar daqueles que sofriam.

****

Meus dias na China, assim como no Leste Europeu, não me permitiram ter muito tempo para refletir sobre os acontecimentos diários, sobre aquilo que estava aprendendo ou vivenciando. Sobreviver a cada dia já era esforço suficiente. Como conseguiria organizar e compreender tudo que via? Será que algum dia entenderia?

Prevendo tal dificuldade em pequena escala, tínhamos reservado algumas horas extras no planejamento para uma pequena pausa durante a viagem numa cidade que exibe um dos pontos turísticos mais famosos da China, lugar que sempre desejei visitar. Quando finalmente cheguei lá, estava exausto demais para passear. Tudo que queria era descansar.

Aquela pausa me permitiu ficar quieto por um tempo e consegui começar a compreender todas as anotações enigmáticas feitas por mim desde minha estada em Hong Kong. Foi uma bênção ter um breve momento para processar minhas experiências, identificar padrões de base e reavaliar minhas observações iniciais, e então começar a ligar os pontos entre pessoas e lugares diferentes onde já estivera.

Já havia identificado diversas diferenças culturais importantes, algumas pequenas, outras gigantescas, entre os cristãos e as igrejas no Leste Europeu e as que visitei na China. Na verdade, tais diferenças já eram esperadas. Além das óbvias, entretanto, percebi algumas intangíveis no modo de agir, as quais quase não consegui identificar ou articular. Nem sequer ousaria me intrometer em algo que estivesse ocorrendo ali.

A fidelidade inabalável dos cristãos que enfrentaram décadas de opressão na antiga URSS me servira de inspiração. O sofrimento sob o governo comunista ainda gerava consequências duras em muitos dos sobreviventes. Mesmo depois de muitos anos, mantinham-se desconfiados, fracos e profundamente machucados. A dor do sofrimento ainda era bem real mesmo passados dez anos da queda do comunismo. Em contrapartida, havia algo sobre os cristãos chineses que conhecera mais adiante, naquele mesmo ano de 1998. Por incrível que pareça, eram animados e leves, quase tão leves que podiam flutuar.

Os cristãos chineses ainda viviam sob o peso da ameaça real de serem encarcerados em função do exercício da fé. Tal ameaça exigia vigilância constante e meticulosa atenção às precauções de segurança. Todas as vezes que se reuniam para cultuar ou para se encontrar com um cristão estrangeiro como eu colocavam-se em situações de grandes riscos. Mesmo assim, os cristãos chineses expressavam *júbilo constante* em meio às severas restrições em que viviam. Nunca os vi negarem ou minimizarem o perigo. Nunca agiram como se não ele existisse. Estavam dolorosamente conscientes da realidade. Mesmo assim, exibiam alegria inegável e irrepreensível.

Tinha visto a mesma alegria estampada no rosto do pastor Chang agachado no canto, cantarolando e sorrindo enquanto me ouvia entrevistar os jovens dos quais ele havia sido mentor. Eu sentira a mesma alegria no espírito entusiasmado e cheio de vida dos universitários que conhecera em Pequim. Aqueles jovens não somente *aceitaram* o custo em potencial do compromisso com Cristo, mas também *abraçaram* aquilo que consideravam ser a *aventura* de seguir Jesus. Ouvia a alegria ecoar das vozes das mulheres evangelistas ao expressarem a gratidão a Deus pelo chamado e ministério. Observava a alegria encenada por aqueles três pastores amigos que conseguiam rir e me fazerem rir da tortura que haviam enfrentado.

****

Lembrei-me da explicação dos primeiros chineses que encontrara no sul do país sobre a motivação principal do governo em perseguir cristãos. Os comunistas não eram contra ou nem mesmo se importavam com os ensinamentos de Jesus aos seus seguidores. Na verdade, nem se preocupavam com a crença dos cristãos. A preocupação deles era bem diferente. Qualquer compromisso com algo ou alguém além do Estado era considerado séria ameaça à autoridade e ao controle exercido pelo governo. Preocupavam mais com a filiação política e entendiam com clareza a ameaça de quem declarava o senhorio de Cristo, que não poderia ser dividido com o Estado ou com qualquer outro governo.

No final da minha estada na China, meu entendimento ampliou-se ainda mais. E seria ainda maior depois de conhecer e entrevistar ainda mais outro grupo de líderes (representando outro movimento importante da igreja doméstica) em minha última parada na China.

Perguntei quando e como os oprimidos poderiam, de fato, ameaçar o opressor totalitário. Em resposta a tal cenário, falaram o seguinte:

– A polícia de segurança com frequência assedia os cristãos donos da propriedade onde se reúne a igreja doméstica. Ela diz: "Parem de fazer as reuniões! Se não pararem, sua casa será confiscada e terão a rua como residência". Então, a resposta do dono da casa provavelmente é esta: "Quer minha casa? Minha fazenda? Sim? Então precisa falar com Jesus, pois esta propriedade entreguei a ele". A polícia de segurança fica sem reação diante de tal resposta. Então, responde: "Não dá para ir até Jesus, mas sem dúvida dá para pegá-lo! Quando arrancarmos a propriedade das suas mãos, você e sua família não terão para onde ir!". Em seguida os cristãos da igreja doméstica declaram: "Logo estaremos livres para confiar que Deus nos dará abrigo e também o pão de cada dia".

E o diálogo se desenvolvia mais ou menos assim:
– Se continuarem assim vamos açoitá-los! – diriam os perseguidores.
– Logo estaremos livres para confiar que Jesus nos curará.
– Então colocaremos vocês na cadeia! – diriam os policias em tom de ameaça.

Neste momento, a resposta dos cristãos é quase previsível:
– Em breve teremos liberdade de pregar as Boas-Novas de Jesus aos cativos, que serão libertos. Teremos liberdade para implantar igrejas dentro da cadeia.
– Se tentarem fazer isso, mataremos vocês! – as autoridades frustradas jurariam.

E, em total coerência, os cristãos responderiam:
– Logo livres estaremos para morar no céu, para sempre ao lado de Jesus.

****

Na minha viagem de volta para casa saindo do Leste Europeu, dentro do avião me perguntara: *Estaria o poder da ressurreição descrito no Novo Testamento disponível e seria ainda real para os cristãos do mundo de hoje?*

Saí da China convencido de que sim! Aprendera com milhares de irmãos chineses que viviam o poder da ressurreição. Pude ouvir isso em suas palavras, sentir em seus espíritos e presenciar incríveis evidências desse poder na vida e nos ministérios de tantas pessoas ainda perseguidas em todo o país.

Profissionalmente, queria entender melhor o poder da ressurreição. Pessoalmente, queria vivê-lo.

TRINTA

Sonhos e visões

Com o parecer da equipe Força-Tarefa da Perseguição e baseados nas pesquisas, Ruth e eu tínhamos desenvolvido uma lista de objetivos de 45 países onde acreditávamos que encontraríamos número significativo de cristãos sob perseguição. Quando terminamos de elaborar um itinerário para minhas duas primeiras viagens naquele verão e início do outono de 1998, havíamos delineado o que parecia ser um planejamento lógico para abranger o restante do mundo.

Depois das viagens à Rússia, ao Leste Europeu e à China, o plano era viajar para o Sudeste Asiático e, em seguida, para o subcontinente indiano e países circunvizinhos, depois para a Ásia Central e finalmente voltar para onde tudo começou, em lugares dominados pelo Islã – Golfo Persa, Oriente Médio, Chifre da África e todo norte da África.

Quando as circunstâncias se tornaram propícias e os contatos se encaixaram para agendar mais uma última parada antes de deixar a China, aproveitei a oportunidade para passar alguns dias numa grande e severa nação islâmica. O plano original seria visitar os países muçulmanos no ano seguinte, mas a oportunidade surgiu e a encaramos como uma porta aberta.

Durante minha estada ali, um cristão de origem muçulmana, 43 anos de idade, não sei como ficou sabendo por boatos que um ocidental viera a seu país com intuito de descobrir como os muçulmanos estavam encontrando Jesus e quais os desafios que os convertidos enfrentavam ao viverem a fé em lugares hostis. Ainda não tenho ideia de como ele soube da minha chegada e de onde eu estaria. Descobri que Pramana viajara 29 horas para me encontrar. Ele vivera toda sua vida numa região remota, tropical e rural do país de terceiro mundo. Nunca antes andara de ônibus. Nunca nem mesmo viajara numa estrada pavimentada. No entanto, de alguma maneira, me encontrou em uma das maiores cidades do país.

Ali chegando, de modo bem direto anunciou:

– Ouvi sobre o que tem feito. O senhor também precisa ouvir a minha história.

O homem nascera numa etnia de 24 milhões de pessoas. Em seu grupo étnico havia apenas 3 seguidores conhecidos de Cristo e nenhuma igreja. A única religião que praticara na vida ou conhecera desde a infância fora um tipo de islamismo popular. Pramana sabia o Alcorão mecanicamente. Não podia, na prática, falar árabe, por isso (como comunicador oral de uma cultura oral), simplesmente memorizava as palavras do livro como se fossem parte de uma fórmula mágica. Conhecia a história de Maomé, claro. Porém, nunca ouvira falar de um homem chamado Jesus, nunca conhecera um cristão e não tinha noção do que seria uma Bíblia.

– Cinco anos atrás – começou a contar –, minha vida foi destruída. Minha esposa e eu não parávamos de brigar, e já estávamos prontos para o divórcio. Meus filhos eram desrespeitosos. Meus animais nem cresciam nem se reproduziam. Minhas plantações morriam no campo. Por isso, fui até o imã da mesquita mais próxima para pedir ajuda – prosseguiu Pramana.

O imã, que também trabalhava como espiritualista local, lhe disse:

– Tudo bem, filho, veja o que precisa fazer: Vá e compre uma galinha branca. Traga-a para mim e a sacrificarei em seu favor. Depois, volte para o seu vilarejo para meditar e jejuar por três dias e três noites. No terceiro dia, receberá a resposta para todos os problemas que está enfrentando com sua esposa, filhos, animais e plantação.

Pramana seguiu exatamente a orientação. Voltou para o vilarejo. Meditou, jejuou e esperou. Depois, compartilhou:

– Jamais esquecerei que, no terceiro dia, a voz sem corpo falou comigo depois da meia-noite. Aquela voz disse: "Encontre Jesus; encontre o Evangelho".

O muçulmano não tinha a menor ideia do que acabara de ouvir. Não sabia se *Jesus* era uma fruta, uma pedra ou uma árvore. Pramana me disse que a voz sem corpo também falou:

– Saia da cama, vá até a montanha, depois até a costa da _____ (cidade à qual nunca fora antes). Quando chegar à cidade ao amanhecer, verá dois homens; pergunte-lhes onde fica a rua _____. Eles lhe informarão. Suba e desça aquela rua e procure este número, bata à porta. Quando ela se abrir, explique à pessoa o motivo da sua visita.

Pramana não sabia da opção de desobedecer ao Espírito Santo. Simplesmente julgou ser obrigado a obedecer às instruções recebidas. Portanto, lá foi ele. Nem ao menos contou a sua esposa que estava saindo, muito menos aonde estava indo. Na verdade, partiu por duas semanas inteiras. Durante aquele período, a família não fazia ideia de seu paradeiro.

Pramana simplesmente saiu da cama, atravessou a montanha, desceu até a costa e chegou à cidade específica ao amanhecer do dia seguinte. Viu dois homens, que lhe explicaram onde ficava a rua procurada. Andou por ela até encontrar uma construção com o número correto. Bateu à porta. Pouco tempo depois, um cavalheiro abriu a porta e perguntou:

– Como posso ajudá-lo?

O jovem declarou:

– Vim encontrar Jesus. Vim encontrar o Evangelho!

Num relampejar, a mão do ancião emergiu do corredor escuro, agarrou o jovem pela camisa e o arrastou para o apartamento, batendo com força a porta. E só então largou o jovem e bradou:

– Seus muçulmanos terríveis! Acham que sou tolo de cair numa armadilha tão óbvia como essa?

O viajante assustado e confuso retrucou:

– Não sei se o senhor é ou não tolo. Acabei de conhecê-lo. Mas vou lhe explicar o motivo da minha visita.

Então, Pramana contou ao ancião a motivação de chegar até ali naquele dia.

O Espírito Santo do Deus vivo guiara o jovem muçulmano em sonho, visão e obediência até a residência de um dos três cristãos de um grupo de 24 milhões de pessoas. Impressionado, o senhor explanou o Evangelho àquele jovem muçulmano e o levou a Cristo. Nas duas semanas subsequentes, o ancião instruiu o convertido na nova fé.

Isso acontecera cinco anos atrás. E então Pramana fizera outra viagem com o objetivo de me encontrar e contar sua incrível história. Viajara 29 horas para compartilhar como sua vida mudara desde que encontrara Jesus. Já recebera bênçãos e enfrentara atribulações nos últimos cinco anos, mas eram claras as fantásticas mudanças ocorridas em sua vida.

Aluguei um cômodo para ele no mesmo grande hotel onde estava hospedado. Passamos os próximos três dias realizando uma das mais incríveis entrevistas já feitas. Tentamos encorajá-lo e ele, sem dúvida, nos encorajou. Ficamos profundamente tocados por sua genuína e crescente fé. Foi maravilhoso ouvir como a fé daquele homem crescera num mundo tão hostil, onde quase não existia oportunidade para comunhão com outros seguidores de Cristo.

****

Mesmo antes de passar um tempo com Pramana e alguns irmãos de outros grupos do país, já estava inebriado com a enorme massa de dados brutos que coletara na China, os quais continham nomes, lugares, datas, lembranças, imagens, histórias, fitas, anotações, informações, fotografias, pensamentos, detalhes e observações, sem contar os sentimentos em meu coração. No avião de volta para casa, perguntei-me se seria capaz de selecionar e entender tudo que vira e ouvira até então.

Mesmo naquela época (outono de 1998), dentro de mim havia a convicção crescente de que as lições mais importantes a serem aprendidas em minha peregrinação em curso adviriam não dos fatos e detalhes, mas das histórias. Sabia que ouviria histórias poderosas nas minhas próximas viagens, e sabia já ter ouvido muitas narrativas que me causaram profundas mudanças.

Até o momento, as histórias tinham sido bem pessoais e dialogavam comigo. Histórias tão poderosas que começaram a restaurar a esperança numa alma cansada, desgastada pelos anos vivendo como ovelha em meio aos lobos, num mundo marcado por morte, destruição, engano e dúvida.

****

Ao voltar para casa, mais uma vez me ajuntei a Ruth e aos alunos da universidade. Juntos fizemos uma análise pós-ação e tentamos entender tudo que eu presenciara. Já nos relacionávamos com os estudantes há mais de um ano e, portanto, faziam parte da família.

Nossa igreja local, a faculdade da comunidade e nossa própria família eram as ferramentas e as bênçãos usadas por Deus para aos poucos curar nossas feridas decorrentes da Somália e da morte de Tim. Muito mais a forma como os alunos nos receberam em sua vida, abraçando-nos, acolhendo-nos, amando-nos e tornando-se "igreja" conosco, nos salvou.

Os momentos mais preciosos eram quando simplesmente nos reuníamos e abríamos nossos corações. Falávamos sobre nossa vida e orávamos. Compartilhávamos nossas histórias, e convidávamos os alunos a compartilharem as deles. Semanas após semanas, eles nos davam o privilégio de falar abertamente sobre o que o Senhor realizava em nós. Deleitávamo-nos também ao ouvir sobre o que Deus estava realizando na vida de cada um deles.

Durante o primeiro ano no campus, compartilhamos muitas histórias e respondemos a muitas perguntas sobre o tempo que estivemos na África. Falamos sobre a fome espiritual que encontramos entre o povo em Malawi. Falamos sobre os desafios que enfrentamos trabalhando sob o *apartheid* na África do Sul.

Também, claro, falamos dos sofrimentos que presenciamos na seca, na fome e na violência da guerra civil na Somália. Compartilhamos sem reservas a dor no velório do Tim.

Em virtude da profundidade do nosso relacionamento, era mais que natural, durante o segundo ano ali, compartilhar minhas experiências e as histórias dos cristãos que conhecera durante minhas viagens pelo mundo.

Compartilhar as histórias com uma audiência tão atenciosa me permitiu analisar a pós-ação, solidificando as lembranças em minha mente. Mais ainda, contar as histórias aos alunos me ajudou a processar e analisar minhas experiências. Conforme falava com eles e conseguia articular tudo que vira e ouvira, descobria preciosidades muito mais profundas nas histórias. Além disso, tive certeza do impacto em potencial que elas causariam em muitos.

A reunião semanal em minha casa não demorou muito para ficar famosa no campus. Os alunos começaram a convidar seus amigos. Com o passar do tempo, cerca de noventa deles já frequentavam minha casa. Arrastávamos os móveis da enorme sala, e cada centímetro do chão era preenchido por alguém. Eu contava as histórias e depois, juntos, falávamos sobre as implicações e aplicações.

Falei aos alunos sobre os diferentes cristãos chineses que conhecera. Falei sobre o crescimento sem precedentes do movimento da igreja doméstica na China, onde o corpo de Cristo crescera mais rápido e se espalhara mais ainda por outras regiões e gerações, mesmo sob a opressão comunista, se comparado a qualquer era pós-morte e ressurreição de Cristo.

Contei-lhes a história de Pramana, que ouviu a voz do Espírito Santo dizendo-lhe: "Encontre Jesus; encontre o Evangelho". Quando falei sobre a obediência de Pramana à voz que o instruíra a ir para determinada cidade, rua e número específicos, e como ele encontrara o homem que o levaria a um conhecimento mais aprofundado de Jesus, muitos dos meus ouvintes não demoraram para comparar o fato à história de

Saulo de Tarso indo ao encontro de Ananias para instruí-lo nos ensinamentos de Jesus (Atos 9).

Tal comparação me ofereceu a chance de confessar algo aos alunos. Refleti sobre o tema recorrente na minha vida. Tal pensamento despontara quando eu era aluno naquele mesmo campus. E ressurgira quando estava no seminário. O mesmo pensamento esteve lá quando servi como pastor. E ainda estava lá quando fui privilegiado de sair em missões para levar o amor e os ensinamentos de Jesus pelo mundo. Em todos os cenários citados, eu estudara e ensinara a Bíblia. Sempre acreditei nas histórias bíblicas referentes a Deus falando ao povo por meio de sonhos e visões. Eu sabia que Deus tinha feito tais coisas. Na verdade, tinha absoluta certeza. *O problema era que sempre enxergara a palavra de Deus, principalmente o Antigo Testamento, como um livro sagrado de histórias. Para mim, tratava-se de um registro antigo dos feitos de Deus no passado.*

Acredito ser esse o motivo pelo qual as recentes entrevistas afetavam o íntimo do meu ser. As experiências de vida dos cristãos perseguidos me convenciam profundamente. Diante de tudo que ouvira, não tinha como evitar a seguinte conclusão: Deus, claramente, realizava hoje tudo que realizara na Bíblia! As evidências eram convincentes. Pelo menos entre as pessoas que o seguiam com fidelidade nos lugares mais severos do mundo, Deus ainda realizava o que sempre fizera desde o princípio.

Curiosamente, os lugares que eu visitara eram muito parecidos com "os lugares do Antigo Testamento". Neles, muitos não sabiam nada sobre Jesus. Nunca tiveram a oportunidade de ver ou conviver com o corpo de Cristo em ação entre eles.

Mesmo assim, de alguma maneira, Deus se fazia conhecido a pessoas como Pramana, que estava a sua procura! O crescimento explosivo da comunidade cristã descrita no Novo Testamento estava refletido na China e em tantos outros lugares hostis.

Eu, com toda franqueza, admiti ao grupo de comunhão para missões que, após testemunhar o horror de tanta maldade na

Somália, às vezes não sabia ao certo se Deus realmente entendia a natureza da dor do ser humano nos dias de hoje. Estaria Ele ciente daquela dor? Poderia fazer algo a respeito dela? Não sabia ao certo se as histórias da Bíblia as quais eu amava apenas faziam parte da História.

Naquele período especificamente, eu precisava ter a confiança renovada. Precisava ter certeza de que Deus conhecia a situação dos somalis no mundo. Queria acreditar que Ele poderia fazer algo em relação à dor daquele povo. Ansiava com desespero ter a certeza de que Ele não era apenas um Deus do passado, um Deus que viveu e agiu lá e pronto, mas que era um Deus ainda demonstrando seu poder e amor aqui e agora.

As histórias que ouvira me salvaram. Deus verdadeiramente está presente neste mundo despedaçado. Ele está trabalhando. Está fazendo o que sempre fez. E, por meio das histórias, minha esperança e fé começaram a se reacender.

****

Outra conclusão importante que desenvolvemos com o grupo de comunhão para missões foi sobre perseguição. Para mim, tornou-se óbvio que os cristãos em situações diferentes enxergavam a perseguição de formas bem distintas. Por exemplo, o modo como os cristãos americanos entendem a perseguição é completamente diferente da maneira como os irmãos chineses, em contextos da igreja doméstica, entendem. A sugestão de que aprisionamento em consequência da fé equivale ao aprendizado no seminário, por exemplo, é uma ideia alarmante para a maioria dos irmãos americanos. Mas isso se baseia numa verdade crucial. Os cristãos chineses aprenderam algo que Jesus abertamente ensinou: a perseguição, na verdade, pode mudar a fé de alguém. Antes de vivenciá-la, a fé de uma pessoa pode ser de uma maneira. Depois dela, junto com o sofrimento resultante, entretanto, tal fé será totalmente diferente. Na verdade, após a perseguição, o cristão talvez nem pareça ser a mesma pessoa. E, curiosamente, a mudança pode ser celebrada.

Isso não deveria nos surpreender. Ao recordarmos as histórias dos discípulos no Novo Testamento, podemos ver a transformação de vida e fé de cada um. Num momento, formam um grupo de medrosos e trêmulos prontos para correr e esconder-se. No Pentecoste, porém, observamos um grupo diferente. De repente, estão cheios de coragem, sem medo de se expor publicamente, e dispostos a sofrer em nome do Senhor. *O ponto de partida entre o medo paralisante e a nova coragem libertadora é a ressurreição de Jesus.* Num certo sentido, a mudança aconteceu muito rápido. Num curto período, os primeiros discípulos de Jesus se transformaram em pessoas completamente diferentes.

Nas histórias das entrevistas, eu ouvia o mesmo tipo de fé do primeiro século. Cristãos que provaram a perseguição e resistiram a ela viram sua fé se fortalecer, aprofundar e amadurecer. Eles foram transformados.

Na época, eu ainda não sabia disso, mas não demoraria muito para descobrir mais evidências que validaram tal verdade.

****

A *próxima* etapa da minha peregrinação foi uma viagem cuidadosamente planejada para o Sudeste Asiático.

Nunca me esquecerei da primeira parada em meu itinerário, quando andei e conversei com um cristão local pelas ruas de uma grande cidade do país. Como já acontecera inúmeras vezes antes, as histórias inspiradoras vinham tão carregadas de detalhes que simplesmente comecei a perder o foco e cair no sono ao tentar absorver tudo.

Depois de um tempo, percebi que meu companheiro ainda estava falando e eu não tinha noção do quê. Pedi desculpas e confessei ao meu novo amigo que não estava conseguindo prestar atenção.

Ele respondeu:

– Tudo bem, Nik. Eu percebi. Mas não estava falando com você. Estava falando com Deus para saber como estamos e o que podemos fazer hoje.

Decidi ali mesmo querer conhecer Jesus daquele jeito. Decidi ali mesmo que queria andar com Jesus daquele jeito.

****

Na última manhã na nação do Sudeste Asiático, recebi um telefonema da pessoa agendada para a próxima entrevistada, a qual me informou:

– Acho que estão me seguindo, por isso não poderemos nos encontrar hoje.

Ao imaginar tamanha perda de oportunidade, meus anfitriões sugeriram seguirmos até o aeroporto internacional algumas horas mais cedo. Pegamos o carro e atravessamos a cidade até lá. De repente, o motorista começou a dirigir de maneira muito mais agressiva, serpenteando entre os labirintos das ruelas estreitas.

Fiquei apavorado. Não tinha ideia do que estava acontecendo.

Após alguns instantes o motorista esclareceu tudo:

– Desculpe, Dr. Ripken, mas hoje cedo ouvi falar que um dos líderes da igreja, um homem acostumado a fazer Jesus conhecido mesmo em perseguição, talvez tenha retornado antes do previsto de uma viagem entre os povos tribais na região montanhosa. Acabei de lembrar que não estamos muito longe de onde ele mora, por isso decidi mudar a rota até o apartamento dele para o senhor conhecê-lo, caso esteja em casa.

Não demorou muito e paramos, saímos do carro e subimos a escada raquítica de um antigo e dilapidado prédio de quatro andares. Antes mesmo de bater à porta, ela se abriu, e ali estava o homem a quem fomos visitar. Ele nos deu boas-vindas dizendo:

– O Espírito Santo me disse que viriam aqui esta amanhã.

E com certeza disse, pois, ao nos convidar para entrar em sua casa minúscula, vimos a mesa arrumada com quatro lugares. Sentamo-nos e tomamos juntos o café da manhã.

****

Até já perdi a conta de quantas vezes ouvi tal tipo de testemunho. Como aquele homem sabia que receberia quatro pessoas para o café da manhã? Se lhe perguntasse, e perguntei, sem demora responderia:

– O Senhor me avisou.

Sem dúvida Deus ainda está a todo vapor trabalhando no mundo. E sem dúvida ainda fala com quem anda com Ele. O homem tinha certeza de que chegaríamos; Deus tinha deixado claro isso. Sua reação? Já havia preparado o café da manhã para quatro.

Eu ansiava por esse tipo de relacionamento íntimo com Deus. Ansiava por orar daquela maneira.

TRINTA E UM

O homem mais corajoso do mundo

Antes mesmo de chegar à primeira parada em meu ponto de turismo planejado no Sudeste Asiático, recebi um e-mail de um médico europeu que morava e trabalhava na fronteira de dois países da Ásia Central, lugar que vivia sob grande grau de violência e instabilidade. As palavras usadas na mensagem eram discretas e escolhidas com muito cuidado. O texto dizia: "Dr. Ripken, fui informado de sua pesquisa por um amigo com quem trabalhei e conheci bem de perto alguns anos atrás na Somália. Creio que Deus gostaria que viesse a _____" (e mencionou a cidade fronteiriça).

Ruth já tinha agendado e comprado as passagens aéreas para uma viagem de agenda bem apertada. Respondi ao e-mail falando que meu itinerário incluía não somente o Vietnã e a Tailândia, mas também Camboja, Laos e Mianmar. Então expliquei mais: "Esses são os últimos países que planejei visitar este ano. Acredito que estarei na sua região no final do ano que vem, por isso, por favor, tenha paciência. Não me esquecerei de entrar em contato, com muita satisfação, quando chegar o momento".

Após outra parada para ver os campos de extermínios no Camboja (onde pouquíssimos cristãos sobreviveram ao reinado do terror do Khmer Vermelho), aterrissei em Bangkok. Dali, subi e fiquei um tempo com o grupo étnico carenes, residente no *Triângulo Dourado*, onde as fronteiras do Laos e da Tailândia se juntam. Em seguida, tentei viajar ao lugar antes conhecido como Birmânia (agora Mianmar). Muitos dias depois, voltei a Bangkok e recebi outro e-mail do mesmo médico, então mais insistente: "Acredito que o senhor precise vir agora".

Naquela ocasião, minha resposta foi pouco menos graciosa: "Sinto muito, mas *não irei* aí agora, só o ano que vem". Em seguida, parti para mais outro país previsto no itinerário. Pouco antes de chegar ao próximo destino, portanto, recebi um telefonema informando-me que todos os dezoito pastores agendados para entrevista tinham sido capturados e levados para a cadeia. Meu contato principal naquele país disse: "O momento não é propício para nos visitar, a não ser que queira ficar muito mais tempo do que planejado!". Queria muito visitar aquele país, mas não tinha a menor vontade de passar meu tempo na cadeia.

A estranha mudança de eventos me fez refletir. Mais ainda, pensei que talvez fosse algum sinal. Sem demora mudei os planos e voltei para Bangkok. Não sei dizer se fiquei mesmo surpreso ou não, mas recebi outro e-mail do mesmo doutor irritante e persistente.

Dessa vez, minha resposta foi mais direta e seca. Não queria ser indelicado, mas não tinha dúvidas sobre os planos que já fizera. Na prática, disse o seguinte: "Por favor, pare de pedir minha visita. Desta vez, não vou para esse país!". Alguns dias depois, preparei-me para sair de Bangkok e seguir para o próximo destino. No entanto, antes de chegar, recebi um telefonema de um contato interno, informando-me que os pastores agendados para conversar comigo tinham sofrido um acidente de automóvel. Muitos outros estavam doentes no hospital e muitos outros estavam sob vigilância pesada.

– Sinto muito – desculpou-se a voz –, mas no momento sua visita não é propícia. Entraremos em contato para informar-lhe quando for possível tentar mais uma vez.

Voltei mais uma vez para Bangkok, e lá fiquei assombrado ao ver mais um e-mail do médico europeu, que insistia com muita firmeza: "Acredito ser da vontade de Deus a sua vinda aqui, de verdade, e já".

Diante dos recentes acontecimentos, e das portas aparentemente fechadas, fiquei mais aberto a tal pedido. Baixei a guarda, engoli meu orgulho e liguei para o doutor. Após me apresentar, envergonhado admiti:

– Parece que não tenho mais nada a fazer nas próximas semanas. Acho que em breve estarei por aí.

Peguei um avião até a capital daquele país, depois viajei para uma cidade menor. Dali, peguei um pequeno avião que aterrissou numa pequena pista sem asfalto de uma cidadezinha fronteiriça. Logo que saí do avião, identifiquei o homem que, obviamente, era o médico. Ao seu lado estavam cinco homens com vestimentas muçulmanas, os quais também pareciam esperar meu voo na pista remota e deserta.

Depois de nos apresentarmos, perguntei ao médico:

– Quem são seus amigos?

– Não sabe quem são? – reagiu surpreso.

– Não. Não sabia nem quem o senhor era até meio minuto atrás – respondi.

– Bem, Dr. Ripken – retrucou olhando furtivamente por cima dos ombros –, se o senhor não conhece estes homens, e se eu também não os conheço, nossa segurança está em sério perigo. Eles me falaram que estão aqui a sua espera. Então – continuou abruptamente –, preciso deixá-lo agora. Aqui está o número do meu celular. Se tudo der certo, ligue que volto para buscá-lo.

No mesmo instante, virou-se e foi embora.

Fiquei atordoado e, quando dei por mim, já estava orando. Senti estar bem treinado para tomar cuidado em meio ao perigo, então de jeito nenhum sairia daquele lugar acompanhado daqueles cinco homens. Ao arrastar minha mala em direção ao pequeno terminal, já estava pensando quando seria o próximo voo para cair fora daquele lugar. Os homens me seguiram. Deram puxões em minha roupa para tentar me fazer parar. Fiz o máximo para ignorá-los. Enfim, um deles disse num inglês bem básico:

– Senhor, pare. Por favor, pare. Somos de Jesus.

Parei no mesmo instante e virei-me para ouvi-los. O rápido resumo soava verdadeiro. Contra toda minha lógica, mas sentindo a mão de Deus naquele encontro, saí com os cinco "novos" amigos anônimos até um cômodo que tinham alugado numa cidade próxima.

Quando chegamos lá, todos nos sentamos no chão de um apartamento sem móveis. Os homens simplesmente ficaram olhando-me e sorrindo, sem aparentar qualquer problema em assumir tal comportamento. Eu não tinha a menor ideia do que esperavam de mim. Resumidamente me apresentei, apesar de as palavras emitidas serem mais cautelosas do que de costume. Falei um pouco dos lugares que visitara, de minhas viagens pelo mundo, da pesquisa realizada e da razão pela qual desejava conversar com cristãos de diferentes países. Até mesmo tentei especular o porquê de ter chegado àquele pequeno canto do mundo.

Um dos homens, que sabia falar inglês, traduziu minha fala aos outros. Quando terminou, os cinco começaram a rir.

Fiquei confuso, queria saber o que estavam achando tão engraçado.

Sacudiram a cabeça, sorriram e falaram:

– Talvez pense que conheça o motivo da sua vinda aqui, mas queremos lhe expor a verdadeira razão.

Esboçaram rapidamente sua história. Cada um tivera sonhos ou visões por meio dos quais surgiram questões espirituais que desencadearam longa busca por respostas. Cada um encontrara, milagrosamente, uma cópia da Bíblia para estudar. Depois de a lerem inúmeras vezes, cada um, por conta própria, decidira seguir Jesus. Cada um foi rejeitado e deserdado da família. Mais tarde, precisaram fugir do país. Conseguiram cruzar a fronteira e chegar àquela cidadezinha fronteiriça. Não sei como se encontraram e descobriram que todos tinham a mesma fé recém--descoberta em Cristo.

Eles não sabiam muito bem o que fazer dali por diante, mas "naturalmente" começaram a se reunir da meia-noite até as três da manhã, na esperança de não serem vistos. Liam a palavra de Deus em secreto e tentavam se encorajar e apoiar.

Dois meses antes, contaram, tinham começado a fazer esta oração:

— Ó Deus, não sabemos como agir! Crescemos e fomos treinados como muçulmanos. Sabemos como ser muçulmanos num contexto muçulmano. Sabemos até como ser comunistas num contexto muçulmano. Mas não sabemos como seguir Jesus num contexto muçulmano. Por favor, envie alguém até nós. Alguém familiarizado com o assunto perseguição. Alguém que saiba o que outros cristãos estão fazendo; alguém capaz de nos encorajar e ensinar.

Calafrios percorriam minha coluna enquanto explicavam o que acontecera quando tinham se reunido naquele mesmo *cenáculo alugado* mais cedo no mesmo dia:

— À 1h30 de hoje, estávamos aqui orando quando o Espírito Santo nos disse que fôssemos até o aeroporto. O Espírito Santo nos falou para nos aproximarmos do primeiro homem branco que saísse do avião. O Espírito Santo nos falou que estava enviando aquele homem para responder a nossas questões. Por isso — falaram sorrindo para mim de novo — o senhor está aqui. Agora já pode fazer aquilo que Deus o chamou para fazer. Contudo, antes de começar a nos ensinar, temos mais uma pergunta: Onde o senhor estava e o que fez nos últimos dois meses?

Envergonhado, balancei a cabeça. E então confessei:

— Bem... Acho que estava em desobediência! Por semanas fiz de tudo para não estar aqui, de jeito nenhum. Por favor, perdoem-me!

Eles me perdoaram. E o tempo de ensino e aprendizagem foi maravilhoso. Ouvi os testemunhos de fé de cada um e fiz perguntas específicas sobre os detalhes de como e quando conheceram a Jesus e se tornaram seus discípulos.

Um dos homens contou:

— Sonhei com um livro azul. Fui impulsionado, consumido na verdade, pela mensagem do sonho. "Olhe para este livro", ouvia no sonho, "leia esta Bíblia!" Comecei a procurar uma em segredo, mas não consegui encontrá-la em nenhum lugar do meu país. Então, um dia, entrei numa livraria do Alcorão e vi uma vastidão de livros verdes alinhados nas paredes. Notei um de cor diferente numa estante nos fundos da loja, então fui até lá, puxei o volume grosso e, para minha surpresa, era uma Bíblia! Impressa em minha própria língua. Acredita? Comprei-a numa livraria islâmica! Levei-a para minha casa, e li cinco vezes. Foi assim que conheci Jesus.

O outro me disse:

– Sonhei em procurar Jesus, mas não sabia nem mesmo como ou onde procurá-lo. Então, um dia estava andando pelo comércio quando um homem que jamais vira antes veio em minha direção em meio à multidão e disse: "O Espírito Santo me mandou lhe entregar este livro". Ele me entregou uma Bíblia e desapareceu na multidão. Nunca mais o encontrei. Mas li a Bíblia três vezes, capa a capa, e foi assim que encontrei e comecei a seguir Jesus.

Cada um dos cinco homens me contou variações diferentes da mesma história. Cada um encontrara uma Bíblia de maneira fora do comum, milagrosa! Cada um tinha lido a história do Evangelho de Jesus. Cada um decidira segui-lo.

Após ouvir as histórias, eu me senti direcionado a abrir o livro de Atos. Com ponto de vista totalmente diferente, comecei a ler a história de Filipe e o eunuco etíope. Pela primeira vez em minha vida, ao ler aquela passagem, pensei: *Como um etíope, um eunuco, um homem de pele escura e estrangeiro tinha a cópia de um pergaminho com o livro de Isaías?*

Na era do Novo Testamento, até mesmo as cópias parciais das Escrituras eram escritas à mão em pergaminhos. Eram muito raras e muito caras. E mais, os judeus tinham regras e restrições severas sobre até mesmo a quem era permitido tocar as Sagradas Escrituras e onde elas podiam ser abertas e lidas.

Segundo consta, aquele oficial etíope não teria permissão para tocar numa cópia das Escrituras, ou abri-la ou lê-la ou possuí-la. Mesmo assim, Filipe encontra o homem etíope numa carruagem, numa estrada do deserto em Gaza lendo atentamente e tentando entender Isaías 53. Quando li a história naquela noite, o fato de o oficial etíope estar voltando para casa com uma cópia de uma porção da Bíblia judaica, subitamente, pareceu extraordinário e improvável.

Na verdade, era tão extraordinário e tão improvável que de impulso questionei: *Onde o homem conseguiu uma cópia da sua palavra?*

Em reposta, o Espírito Santo falou ao meu coração: *Tenho feito a mesma coisa há muito tempo. Se você levar minha palavra pelo mundo, farei com que ela caia nas mãos certas.*

Que parceria maravilhosa, milagrosa e misteriosa! Não temos pleno conhecimento sobre o que levou aquele oficial da rainha etíope a fazer uma peregrinação espiritual a Israel. Foi alguma coisa ou alguém (alguém?). Como aquele homem, milagrosamente, colocou suas mãos naquele fragmento da palavra de Deus? E por que estava ele ali naquele trecho da estrada do deserto, naquele exato momento, lendo aquela parte específica do capítulo de Isaías?

Precisei reconhecer não saber a resposta para nenhuma daquelas questões.

Mesmo assim, naquela ocasião, depois de estar entre irmãos perseguidos, tinha absoluta certeza de que Deus deve ter feito inúmeros pequenos milagres para acontecer aquele encontro entre o etíope e Filipe. No tempo maravilhoso de Deus, tal encontro ocorreu exatamente no lugar certo e na hora certa. Quase dois mil anos mais tarde, o mesmo aconteceu quando saí do avião e encontrei muçulmanos que milagrosamente tiveram um encontro com Jesus. Naquele dia, não tinha a menor pretensão de ser resposta de oração, mas tudo indica que fui.

Ler o livro de Atos naquela noite foi uma experiência diferente. Dois pensamentos permaneceram comigo: *Deus agia assim naquela época e ainda age hoje.* Caí em mim e vi que meu mundo não parecia mais tão diferente quanto o mundo lá da Bíblia.

Muitos, muitos anos após coletar histórias, consegui entender que os testemunhos contados pelos cinco novos amigos eram muito comuns. Repetidas vezes, com passar dos anos, cristãos de origem muçulmana de vários países e culturas compartilharam comigo como foram direcionados por sonhos e visões. Contaram sobre como encontraram Bíblias em circunstâncias fantásticas. Mencionaram ter lido a Bíblia dezenas de vezes. Ao lerem, disseram ter sido atraídos por Jesus. Compartilharam a decisão pessoal de seguir a Cristo. Em muitas das peregrinações para a fé existia um "Filipe" que apareceu milagrosamente na hora certa, no lugar certo, com as palavras certas que finalmente mostravam o caminho ao peregrino diretamente para Jesus.

****

Durante minha estada naquela parte do mundo, o doutor europeu me ajudou a agendar um punhado a mais de entrevistas. Alguns dos encontros ocorreram nas grandes cidades dos países circunvizinhos.

Certo homem concordou realizar a entrevista se fosse num lugar seguro, fora do olhar público, e nem mesmo eu poderia ver seu rosto ou tentar saber seu nome. Aceitei as condições. Havia aprendido a permitir aos irmãos em grandes riscos que definissem os parâmetros de segurança.

Segui as instruções e viajei para outra cidade. Ao encontrar o prédio destinado, subi três lances de escada, bati à porta e entrei numa sala pequena sem mobília. Vi apenas a silhueta do homem. Ele ficou em pé em sombra profunda atrás de um vaso de plantas bem no canto. Uma lâmpada sem luminária pendurada no teto se interpôs entre nós, a luz em meu rosto ofuscando ainda mais minha visão.

Aquelas eram as regras do jogo.

Não conseguia ver nada daquele homem, nada mesmo, mas podia ouvi-lo perfeitamente. Assim, fiz minhas anotações sem problemas. Ele me autorizou a gravar a entrevista. No entanto, mais uma vez insistiu para eu não tentar identificá-lo, descobrir onde morava ou usar seu nome verdadeiro.

Ouvi sua história por mais ou menos durante seis horas. Rapidamente cheguei à conclusão de ele ser o homem mais resistente que já conhecera em toda minha vida.

Durante as antigas invasões no seu país, liderou um esquadrão de quinze soldados engajados na expulsão dos invasores estrangeiros. Com bastante tranquilidade relembrou a experiência:

– Alegrou-me profundamente, em nome de Alá, quando em silêncio total, por trás de um soldado inimigo à noite, sem fazer barulho, cortei sua garganta e deixei o sangue escorrer pelas minhas mãos como uma oferta ao Deus Poderoso.

A narração era tão pormenorizada e, ao mesmo tempo, tão fria, que em dado momento quase sem intenção lhe perguntei:

– Quantas pessoas já matou?

– Parei de contar quando cheguei ao número cem – confessou. – Pessoas que matei sem ser na guerra.

O número me deixou perplexo. Ele continuou e disse que depois de um tempo começou a ter um sonho. O sonho se repetia a todo instante. Sonhava com marcas de sangue em suas mãos. Noites e noites, o mesmo sonho. Conforme o tempo passava, as marcas de sangue aumentavam de tamanho. Depois, começou a sonhar que sangue escorria e respingava de seus braços.

Bem no início percebeu que o sonho se relacionava ao sangue de todos a quem havia matado. Os sonhos eram tão reais e tão perturbadores e chegou a ter medo de pegar no sono.

– Eu realmente achava estar à beira da loucura – comentou. – Quando comecei a ver sangue acordado, fiquei ainda mais chateado. E pouco importava o quanto me esfregava ou lavava com areia ou pedra-pomes, nada tirava o sangue da minha pele. Logo me convenci de estar mesmo ficando completamente louco. Então, uma noite, o sonho foi diferente. Estava em pé e desesperançado olhando o sangue escorrer pelos meus braços. No sonho também vi um homem na minha frente. Estava vestido de branco, com uma cicatriz na cabeça. Também tinha cicatriz nas mãos, nos lados do corpo e nos pés. O homem marcado pelas cicatrizes disse: "Sou Jesus, o Messias, e posso limpar o sangue em você. Basta que me encontre e acredite em mim".

O sonho lhe disse para encontrar Jesus. Mesmo sem ideia de como o encontraria, começou a procurá-lo. Demorou mais de um ano para encontrar uma cópia das Escrituras. Demorou ainda mais para entender o que lia. Por vezes, encontrava pessoas que esclareciam suas dúvidas. E, finalmente, o homem confessou ter encontrado Jesus. Quando recebera Jesus em seu coração, contou o homem:

– Consegui me desfazer do sangue. Jesus transferiu aquele sangue para si.

Imediatamente aqueles sonhos cessaram.

Naquela época não tinha uma pessoa para guiá-lo nos ensinamentos bíblicos. Não havia igreja em seu país, não havia estudo bíblico. Sozinho, continuou a ler e estudar a Bíblia. E fez tudo que o Espírito Santo o orientava a fazer.

Tempos depois, começou a contrabandear Bíblias, trechos bíblicos, outros materiais cristãos e até mesmo o filme *Jesus* do outro lado da montanha, de outro país para o seu. Assim agiu por dois anos. Um dia, ao fazer a curva em uma das passagens das altas montanhas, ficou diante, numa trilha estreita, do esquadrão de quinze homens que liderara no passado. Os homens estavam de vigia para encontrar seu antigo comandante desde quando fora desertado e havia desaparecido. Era até mesmo conhecido como traidor do Islã.

Quando o encontraram, jogaram-no ao chão e começaram a bater nele. O plano era bater até matá-lo.

Naquele esquadrão de milicianos muçulmanos, porém, havia outro novo convertido a Cristo Jesus. Ninguém conhecia sua fé. Aquele homem falou com ousadia para alertar os outros:

– Parem! Vamos pensar um pouco! Talvez estejamos agindo com insensatez. Se matarmos o antigo comandante aqui e agora, talvez nunca descubramos para quem ele está trabalhando, quem são os traidores neste lado da fronteira, e do outro lado também. Vamos levá-lo para a cidade na encosta da montanha. Vou levá--lo para os curativos e mantê-lo prisioneiro. Quando estiver melhor para falar de novo, poderemos interrogá-lo, torturá-lo lentamente, caso necessário, até que nos fale aquilo que precisamos saber. Talvez consigamos algo importante se tivermos paciência e agirmos como se deve.

A sugestão foi convincente. Os outros julgaram o plano sensato e deixaram o antigo comandante nas mãos daquele cristão secreto e bom samaritano. O homem foi colocado em cima de um jumento e contrabandeado para fora da montanha. O bom samaritano fez curativos e salvou a vida do comandante, permitindo-lhe que contasse o trabalho que vinha fazendo.

Ao ouvir as histórias incríveis, tive certeza de que aquele homem era muito mais do que uma sombra e voz, mas assim já estava bom para mim.

No entanto, já havia entrevistado tantas pessoas que comecei a aprender a ouvir aquilo que elas não estavam dizendo e aquilo que não se sentiam à vontade para dizer. No final de quase seis horas ouvindo a história daquele homem, expressei meu respeito e apreço pela disponibilidade de falar comigo. Externei como tinha sido inspirado por seus testemunhos e louvava a Deus por tudo que o Senhor fizera nele e por intermédio dele. Comentei que, por causa de seu testemunho, minha fé jamais seria a mesma.

No mesmo instante, investiguei um pouco mais de sua história, dizendo:

— O senhor comentou ser casado, ter filhos, e disse que levara sua esposa e filhos até Jesus, inclusive os batizando. Minha pergunta é: Onde eles se encaixam em seu ministério? Não citou nada a respeito. Como colaboram? O que tem acontecido com sua família?

A reação do homem me surpreendeu. Ele saltou da escuridão e, do nada, ficou cara a cara comigo. Com as mãos cheias de cicatrizes, apertou meus ombros, os olhos negros furiosos cortando os meus como lasers. Não tive como evitar lembrar a pergunta que lhe fizera sobre quantos já havia assassinado.

Por longas horas ouvira sua história inspiradora. No entanto, naquele momento estava aterrorizado, pois me sacudia e exigia uma resposta:

– Como Deus tem coragem de fazer tais perguntas? Explique! Como tem coragem?

Acredito que foi aí que meu coração tenha voltado a bater. Comecei a entender que talvez ele estivesse chateado com Deus e não comigo. A situação ficou ainda mais clara quando o homem exclamou:

– Entreguei tudo para Ele! Meu corpo já foi despedaçado. Já fui preso. Já passei fome. Já fui torturado. Já fui largado para morrer! – Suas palavras lembravam as do apóstolo Paulo sobre tudo que já tinha sofrido a serviço de Cristo. – Estou sempre disposto a morrer por Jesus – alegou em agonia. – Mas sabe o que me causa medo quando vou dormir à noite? Sabe o que me mantém acordado? Sabe o que de fato me aterroriza? É saber que Deus pode pedir a minha esposa e filhos tudo aquilo que eu, de livre e espontânea vontade, estou disponível a oferecer e fazer por Ele. Como Ele pode pedir isso tudo? Explique-me! Como Deus tem coragem de pedir o mesmo para minha esposa e filhos?

Permaneci em silêncio por alguns instantes e orei a Deus rogando-lhe que me direcionasse a uma resposta.

– Irmão, minha esposa está segura em Kentucky – comecei. – Meus dois filhos vivos estudam e estão bem. – Então compartilhei com ele um pouco da história de Tim, pois já tínhamos conversado sobre o período que vivi na Somália. Então lhe disse: – Pessoalmente, não posso responder à sua pergunta. Mas gostaria de lhe fazer outra, que preciso fazer a mim mesmo: "Seria Jesus digno? Digno da sua vida? Digno da vida de sua esposa e filhos?".

Ele era, indubitavelmente, o homem mais corajoso do mundo que eu conhecera. E começou a soluçar aos prantos.

Envolveu-me com os braços, encaixou o rosto no meu ombro e chorou. Quando por fim parou, deu passos para trás e enxugou as lágrimas. Parecia estar furioso consigo mesmo por ter demonstrado tanta emoção.

Em seguida, olhou nos meus olhos mais uma vez, assentiu com a cabeça e declarou:

– Jesus é digno. Ele é digno da minha vida, da vida da minha esposa e da vida dos meus filhos! Preciso envolvê-los naquilo que Deus tem feito em mim!

Com essas palavras, o homem mais corajoso que conhecera se despediu. Virou-se e saiu da sala.*

---

* Meu encontro com esse homem aconteceu mais de doze anos atrás. A última notícia que recebi era que ele e a família ainda estavam realizando para o reino de Deus o trabalho que descrevera para mim, e continua sendo o homem mais corajoso que eu já conhecera na vida!

TRINTA E DOIS

Louvores do Coração

Ao voltar para casa, mais uma vez me maravilhei com o fato de as histórias serem semelhantes às do Novo Testamento. Ao compartilhá-las com minha família, com os alunos e com a Força-Tarefa da Perseguição, todos chegaram à mesma conclusão. Isso, por si só, foi uma maravilhosa confirmação. Compartilhar as histórias, quase sempre, provocava entusiásticas discussões sobre as implicações e aplicações a respeito de tudo que eu ouvira dos cristãos perseguidos.

Em especial, a história do "homem mais corajoso que eu já conhecera" pareceu ter tocado mais profundamente as pessoas. Naquele momento já chegara à outra conclusão sobre ele. Entendi que estava disposto a enfrentar grande sofrimento por sua fé por duas razões. Primeiro, entendeu a natureza da perseguição e a intenção dos perseguidores. Segundo, conhecia aquele por quem sofria. O homem não apenas conhecia Jesus, mas também estava convencido de Jesus ser digno de qualquer custo proveniente de sua fé. O mesmo se aplicava a muitos cristãos a quem eu conhecera pelo mundo, e, com certeza, se aplicava ao homem a quem acabara de entrevistar. Tais reflexões, repetidas vezes, causaram longas discussões sobre o custo da fé e até onde estaríamos dispostos a suportá-lo por Jesus.

****

Compartilhei inúmeras vezes como Deus usara o médico insistente para me ajudar a dar atenção a um compromisso realmente divino. Confessei minha vergonha pelos quatro e-mails objetivos para que conseguisse minha atenção. Senti-me envergonhado por ter sido tão difícil de me convencer a estar no lugar onde Deus, obviamente, gostaria que eu estivesse. Encontrara os cinco muçulmanos de forma milagrosa, num cantinho do mundo. Se tudo dependesse só de mim, teria perdido toda a aventura. Aqueles homens estavam em oração para Deus mandar alguém para ajudá-los, encorajá-los e ensiná-los. Eu fui a resposta à oração. Entristeço-me por ter lutado contra os propósitos de Deus. Na reunião em minha casa, discutimos sobre como seria possível reconhecer a direção de Deus, e como é fácil não prestarmos atenção ao que Ele pode estar fazendo. Celebramos a impactante criatividade de Deus para alcançar seus propósitos, mas também humildemente reconhecemos como somos incapazes de ouvir a sua orientação, ou simplesmente a ignoramos.

****

O *período* em casa foi rico e tranquilo, revelando-se um prazer compartilhar as histórias. Ao mesmo tempo, comecei a ficar cada dia mais ansioso para reiniciar minha jornada e então ouvir e coletar mais histórias até voltar para casa e compartilhá-las.

Nessa altura, estava certo de que teria muito mais histórias para ouvir e muito mais lições para extrair dos irmãos. Voltaria ao Sudeste da Ásia para visitar muitos países que não pude visitar antes. Visitaria culturas muçulmanas e hinduístas, especificamente. Mais adiante iria para Bangladesh e Paquistão. Em seguida, planejei chegar mais a fundo ao coração do Islã, visitando primeiro a Ásia Central e depois o Golfo e o Oriente Médio, e finalmente de volta para onde a jornada se iniciara para mim: no Norte e Leste da África.

****

Durante anos conhecemos tantas pessoas com tantas histórias que precisaria escrever outros livros para compartilhar tudo o que ouvimos e vimos. Em princípio, Ruth e eu tínhamos previsto que este trabalho exigiria dois anos de viagens. Agora já se tornara paixão para a vida toda. Quinze anos depois, ainda estamos aprendendo como identificar e articular as perguntas apropriadas aos cristãos perseguidos para que possam atuar como nossos mentores com mais eficiência.

****

A *direção* de Deus foi notória para tornar possível o encontro com os cinco cristãos do Sudeste Asiático. Somente o Senhor seria capaz de organizar aquele encontro. Os cinco já estavam orando e esperando há semanas que alguém aparecesse na remota fronteira da Ásia central onde estavam. Em retrospectiva, pude ver como a mão de Deus vinha guiando com cuidado o calendário anual do nosso projeto desde o princípio. Se tivéssemos iniciado a busca por respostas direto no mundo muçulmano, onde começamos a enfrentar nossos questionamentos, se tivéssemos iniciado a peregrinação de trás pra frente e ido primeiro ao mundo islâmico e depois para a China e a Rússia, acredito que a jornada implicaria perda de tempo e recursos. Talvez até fosse um desastre. O fato de iniciarmos de onde iniciamos e seguirmos um plano geral não foi resultado de nossa sábia estratégia (embora acreditasse ter sido na época), mas atividade clara do Espírito Santo. Deus não apenas organizou encontros com indivíduos específicos; Ele estava envolvido até mesmo na agenda elaborada por nós.

Se tivéssemos primeiro ido ao mundo muçulmano, o número relativamente pequeno de cristãos de origem muçulmana a quem tivemos acesso e entrevistamos em segurança talvez até nos desanimasse ainda mais. Sob a perspectiva de pesquisa, o tamanho da amostragem talvez fosse muito pequeno para chegar a quaisquer conclusões estatisticamente válidas ou para começar a identificar padrões e tendências significativas. Com apenas algumas entrevistas naquele contexto, seria quase impossível aprender qualquer lição útil e aplicável. Em compensação, começar pela Rússia e pelo Leste Europeu nos permitiu aprender o que ajudou e/ou dificultou a sobrevivência e o crescimento do corpo de Cristo submetido a décadas de perseguição. As entrevistas foram abundantes em número. Quase que imediatamente me vi falando com pessoas – muitas pessoas, na verdade – que floresceram em situações de perseguição. Meu período na China foi parecido. A explosão literal da fé por toda a China no movimento da igreja doméstica nos deu acesso a um imensurável número de irmãos que puderam falar sobre o que acontecera. Multidões de pessoas estavam ansiosas para testemunhar a fé que não apenas sobrevivera na perseguição, mas florescera *por causa* dela.

Com esse começo, finalmente estávamos preparados para entrar no mundo do islamismo. Naquele período, tínhamos identificado padrões e tendências importantes (positivas *e* negativas) que exigiam nossa atenção. Também descartamos, em grande quantidade, a primeira leva de perguntas para a pesquisa. Então simplesmente pedíamos aos cristãos que compartilhassem suas histórias. Ouvi-los por milhares de horas nos habilitou a ligarmos os pontos, enxergarmos padrões e extrairmos lições válidas para nós mesmos e para os cristãos ao redor do mundo.

Inicialmente, planejávamos elaborar o material de discipulado estilo ocidental para os irmãos que moravam e trabalhavam nos lugares mais opressores da terra. O resultado final foi diferente. Em vez de *elaborarmos um currículo*, os cristãos perseguidos nos ensinaram a como *seguir* Jesus, a como amar Jesus e a como andar com Ele todos os dias.

De certa forma, isso não era novidade. Entretanto, mais uma vez, fomos levados a um tipo de relacionamento com Jesus que é precisamente aquele encontrado no Novo Testamento. O relacionamento que ainda hoje pode mudar vidas.

****

Por muitos anos, uma organização religiosa operou uma clínica médica num grande país islâmico. A maioria da população local valorizava o fácil acesso a cuidados médicos de qualidade. Como regra, as pessoas simplesmente ignoravam a afiliação e formação religiosa dos funcionários. Importava-lhes a assistência médica recebida.

Contudo, alguns radicais muçulmanos se preocupavam com a crença religiosa. E o oponente militante mais declarado do Ministério da Saúde morava bem do outro lado da rua, em frente à entrada da clínica. Ele tinha uma loja naquela mesma área, a apenas algumas casas da mesquita local.

Todas as sextas-feiras o proprietário da loja, a quem chamaremos de Mahmoud, ficava em pé diante do estabelecimento e instigava a multidão muçulmana que afluía na rua para ir cultuar. Mais tarde, naquela mesquita, acusava os maldosos infiéis da clínica de cativarem, contaminarem ou cobrarem um valor exagerado dos bons muçulmanos. Ele amaldiçoava e condenava alguns funcionários da clínica pelo nome. Era um homem cheio de ira, e esta se derramava ao vomitar hostilidade a qualquer afiliado de tal clínica médica.

Posteriormente, Mahmoud desenvolveu um câncer incurável. Sua supersticiosa comunidade muçulmana, considerando a doença contagiosa, parou de frequentar a loja. O homem não somente estava doente e moribundo, mas também sem condições de alimentar e sustentar suas esposas e filhos. Os funcionários do hospital ouviram falar de seu triste sofrimento e muitos começaram a frequentar a loja no caminho de ida e volta ao trabalho.

Portanto, começaram a comprar no estabelecimento de seu maior opositor verbal. Conversavam com ele e perguntavam sobre a família. Sempre demonstravam se preocupar com sua saúde. Sempre faziam questão de informá-lo de que estavam orando por ele. Com o passar do tempo, começaram a cuidar dele, até mesmo lavando-lhe o corpo quando a necessidade apareceu. Enquanto os seguidores de Cristo demonstravam amor ao perseguidor e inimigo de longa data, o coração de pedra de Mahmoud começou a amolecer. Com o tempo, assumiu uma atitude de gratidão e amizade.

Em seus últimos dias, continuou a aceitar o cuidado médico profissional e misericordioso dos "maldosos infiéis". Confiou em seus antigos inimigos para ajudá-lo a morrer em paz, com dignidade. Antes de finalmente falecer, aos 57 anos, Mahmoud decidiu ser de Jesus.

A esposa mais nova dele, Aisha, se viu viúva aos 24 anos, com 4 filhos. Ela havia observado como os funcionários da clínica trataram o marido após amaldiçoá-los e ofendê-los verbalmente por tantos anos. Durante os últimos dias de Mahmoud, ela também se rendeu a Jesus. Após a morte do marido, Aisha se tornou testemunha confessa de sua nova fé e, talvez, a evangelista mais eficiente naquela região.

Sua família e amigos muçulmanos não conseguiam impedir seu testemunho. Com o tempo, as autoridades perceberam. Mesmo não tendo histórico de aprisionamento de mulheres no país, os policias finalmente a prenderam.

Ela foi repreendida e ameaçada com todos os tipos de castigos inimagináveis. Não foi jogada numa cela comum, mas num inacabado porão de chão batido, úmido, escuro na delegacia, sem luz nenhuma. Aranhas, insetos e ratos se mexiam e faziam barulho na escuridão.

Aterrorizada a ponto de desistir, ela nos contou que a intenção era gritar e dizer a Deus que não aguentava mais, mas, quando abriu a boca em protesto e desespero, uma melodia de louvor ecoou de sua alma.

Ela cantou.

Surpresa e fortalecida pelo som de sua própria voz, maravilhada com o sentimento renovado da presença de Deus bem ao seu lado, começou a cantar o louvor de adoração a Jesus cada vez mais alto. Enquanto cantava, percebeu que delegacia acima foi tomada por um estranho silêncio, cômodo por cômodo.

Mais tarde, naquela mesma noite, abriram o alçapão. A luz invadiu a escuridão do porão. O próprio chefe de polícia esticou o braço, tirou Aisha de lá e disse:

— Vou libertá-la e deixá-la ir para casa.

— Por favor, não! – protestou – Não pode fazer isso, já passa da meia-noite. Não posso ser vista sozinha nas ruas à noite.

Ele, claro, sabia ser contra a lei para uma mulher sair sozinha à noite. Aisha achou que era mais uma armadilha para culpá-la de mais encrenca.

– Você não está entendendo – o chefe disse. – Não precisa se preocupar. Eu mesmo irei escoltá-la até sua casa... com uma condição.

Aisha no mesmo instante suspeitou das intenções daquele homem. Mas, na verdade, ele não tinha nada de sinistro em mente.

O chefe de polícia, um dos homens mais poderosos da cidade, olhou para Aisha, com 24 anos de idade, balançou a cabeça perplexo e admitiu:

– Não entendo! Você não tem medo de nada! – Então suspirou e, mais uma vez, balançou a cabeça. – Minha esposa, filhas e todas as mulheres da minha família têm medo de tudo. Você, entretanto, nada teme. Agora, vou levá-la em segurança para sua casa. Três dias depois voltarei para buscá-la e levá-la para minha casa. Quero revelar a todos de minha família por que você não tem medo de nada. Ah, e quero que cante aquela canção.

****

Na verdade, tenho certeza de que Aisha sentiu medo. Ela, assim como muitos outros cristãos perseguidos, simplesmente se recusou a ser controlada por ele. Pela fé, encontrou uma maneira de vencer o medo.

Por já ter ouvido muitos testemunhos, pude, no mesmo instante, identificar e entender o papel importante daquela música e do louvor do coração na consolidação da fé da jovem muçulmana. Foi muito semelhante ao que já observara e ouvira de cristãos como Dmitri e Tavian em suas diferentes culturas. Também me lembrei do livro de Atos, da história de Paulo e Silas na prisão, quase dois mil anos atrás.

Na prisão, Paulo e Silas cantaram.

Ficou claro que uma fé vibrante como a de Aisha poderia criar raízes, sobreviver e florescer em condições hostis. Isso é certo. Reconhecer os fatores que já observara em muitos outros lugares na jornada de fé de Aisha foi fantástico e vital. Embora nunca tivesse ligado uma coisa com a outra antes, não tinha mais como ignorá-las. Cristãos perseguidos na Rússia, na China, no Leste Europeu e no Sudeste Asiático, e em todo o mundo islâmico, também na era bíblica contavam a mesma história, tomavam as mesmas atitudes para sobreviver e provavam da presença do mesmo Deus.

****

Em 1992, em um dos meus piores e mais escuros momentos na Somália, logo no início, durante minha primeira ou segunda viagem para Mogadíscio, estava andando na cidade tomada de crateras causadas por bombas com meus guardas somalis. O objetivo era analisar as redondezas do complexo onde morávamos, buscando conhecer as necessidades às quais talvez pudéssemos atender.

Mas as carências eram tantas que a análise parecia ridícula. As pessoas naquela vizinhança não tinham mais nada além de carências! Como começar a ajudar um lugar onde encontrei morte e destruição em todo canto e a cada movimento?

Conforme andava pelas ruas, senti a presença do mal como nunca antes. A presença era palpável e tangível. Meu coração parecia esmagado, sempre devagar e constante, espremendo toda a esperança de ajudar. Restaram-me somente desânimo e desespero.

Rompendo tamanha escuridão espiritual, algo inesperado aconteceu, um som ecoou no ar. Num primeiro momento, o ruído era confuso. Depois, chocante. Por fim, simplesmente maravilhoso. Destoava daquele cenário, mas era tão bem-vindo quanto o som de uma cachoeira no deserto.

Andando provavelmente no pior lugar da face da terra, ouvi o som de anjos cantando. Por um instante, pensei estar alucinado. Interrompi minha caminhada e, parado como morto, tentei discernir de onde o som saía. Os guardas também pararam. Dava para perceber que também haviam ouvido o mesmo som.

– Por aqui! – orientei mudando a direção.

A cantoria foi ficando cada vez mais alta. Na próxima esquina, escutei-a de novo, e mais uma vez viramos. Estávamos cada vez mais perto. Finalmente, paramos do lado de fora do portão de um pequeno complexo de onde parecia vir aquele som.

Bati com toda força no portão. Um guarda apareceu e tentou nos mandar embora. Insisti – e negociei. Por fim, permitiu que entrássemos e descobrimos um pequeno orfanato. Era um coral infantil reunido e cantando em alta voz sob a direção bem animada de uma jovem somali. Seu nome era Sophia.

Naquele dia eu nem imaginava, é claro, que Sophia, Ruth e eu teríamos muitos encontros surpreendentes e dividiríamos aventuras da fé, tristezas, alegrias e perdas em três países durante os próximos dez anos.

A primeira vez que estive naquele orfanato, Sophia já tinha perdido o emprego, a casa e sua família, em face do caos violento e da destruição que marcaram a longa e brutal guerra civil na Somália. Mesmo aqueles que compartilharam Jesus com ela, muitos anos antes, já tinham fugido do país. Fisicamente ela estava destroçada, exausta e inacreditavelmente magra para um pouco mais de um metro e meio de altura.

Porém, era evidente que dentro daquela pequena e frágil mulher existiam forças suficientes para juntar trinta órfãos naquela vizinhança destruída de Mogadíscio. Tamanha força de vontade parecia manter vivos os órfãos e fazê-los esperar a ajuda aparecer. Eles a olhavam, e ela esperava alguém para ser resposta à oração.

Naquele momento difícil, ela cantou. E também ensinou as crianças a cantarem.

Ao andar em sua direção, ela sussurrou:

– O senhor é de Jesus, não é? Orei para que aparecesse.

Mesmo antes de ela dizer que eu era de Jesus, já sabia ser Sophia uma cristã. Vislumbrei o amor de Deus brilhar em seus olhos e ouvi as canções das crianças. Pedia a ela que me contasse sua história. Para minha surpresa, descobri que aquela mulher feliz e sorridente tinha a típica história trágica de qualquer somali. Seu esposo fora assassinado durante a guerra civil, suas duas filhas pequenas tinham desaparecido meses atrás, levando-a a concluir que também estariam mortas.

Toda sua família havia morrido. Ela perdera todos seus entes amados. Mesmo assim tentava fazer diferença na vida dos órfãos que haviam perdido as famílias. Sophia era um farol de luz brilhando em tremenda escuridão.

Seus louvores do coração testemunhavam e ao mesmo tempo fortaleciam sua fé. As canções geravam alegria e esperança na alma dos órfãos. Suas canções também flutuavam pelas ruas de Mogadíscio e fortaleciam a determinação de um trabalhador de ajuda humanitária sobrecarregado e paralisado temporariamente pelo desespero.

Eu vinha inspecionando os lugares para avaliar as carências. Vinha tentando decifrar, pela lógica, por onde começar. Independente do que fôssemos realizar ou não na Somália, já sabia que ajudaríamos Sophia e seus órfãos. E assim fizemos.

Essa foi a primeira de muitas maneiras pelas quais nossas histórias de vida estariam interligadas. Muitos anos depois, fiquei sabendo e fui o portador de tão alegre notícia para Sophia: suas duas filhas ainda estavam vivas, num campo de refugiados somali na Etiópia.

No entanto, mais adiante, precisei consolar Sophia quando seus sogros a deixaram de coração partido ao impedirem-na, baseados na lei, de ter a guarda ou de até mesmo de ver as filhas de novo. Recorreram às disposições legais, pois recusavam que as netas fossem educadas por uma cristã *infiel*.

Depois de um tempo, celebramos o casamento de Sophia com outro somali cristão refugiado de um país circunvizinho. Tempos depois, usamos alguns contatos para salvar a vida dela e a de seu bebê recém-nascido num voo de emergência para receberem tratamento médico ainda em outro país. Isso aconteceu após médicos e enfermeiros da maternidade local a ameaçarem dizendo que deixariam Sophia e o bebê morrerem, pois não cuidariam de uma ex-muçulmana.

Não é maravilhoso saber que toda a interação e o envolvimento com a vida dessa mulher começou com uma canção?

****

Agora já devem ter percebido que eu, às vezes, sou muito lento para aprender. Não entendo por que precisaria de ainda mais outro exemplo para enfim entender a mensagem. No entanto, se precisava ou não, mais uma vez me lembraram do impacto e do poder das canções de fé.

Eu estava visitando outro país muçulmano no Oriente Médio, ouvindo a história de um cristão perseguido que fora aprisionado. Apesar de ser vigiado por turnos de guardas 24 horas todos os dias, o homem realizava devocionais em sua cela. Certa vez, dois guardas se aproximaram da cela alarmados e insistiram que parasse de cantar. Falaram:

– Pare de cantar antes que as canções nos convertam.

Fez-se claro que os carcereiros muçulmanos reconheceram o poder dos louvores do coração bem mais rápido do que eu, e não precisaram realizar centenas de entrevistas para chegarem a tal conclusão.

Quando finalmente liguei os pontos, comecei a entender o significado da música como um agente de fé, e reconheci sua presença e seu poder já ativos no mundo islâmico. Somente então vislumbrei algo que se tornou uma marcante e ainda maior lição de vida.

Sempre acreditei que Jesus não estava de brincadeira quando deu suas instruções finais aqui na terra aos discípulos. Sempre acreditei que ele realmente deseja que alcancemos o mundo com sua mensagem. Não tenho dúvida de que nos elegeu para ajudá-lo nesta nobre tarefa. Na verdade, minha dúvida crescente sobre se Deus estaria mesmo ativo em lugares como aquele foi um dos motivos do meu desânimo na Somália. E, então, lá estava a pergunta complementar que me assombrava: Se Deus não está em lugares como a Somália, o que Ele espera que seja feito lá em sua ausência?

Aos poucos, conforme minha peregrinação no mundo da perseguição progredia, comecei a entender que Deus pode trabalhar, mesmo sem nossa ajuda. Apesar de querê-la, de valorizá-la também e nos chamar para ajudá-lo a mudar o mundo, o Deus Todo-Poderoso jamais se torna incapaz, mesmo sem você e sem mim.

Também comecei a entender que o Deus onisciente sabe absolutamente tudo que acontece em seu mundo, até mesmo em lugares onde o mal parece livre. Até mesmo nos lugares de escuridão, o Deus onipresente, de algum modo, não está ausente sequer antes de decidirmos agir para ajudar.

É fundamental entender que Deus valoriza nossa ajuda. Mas é ainda mais fundamental lembrar que o Deus onipotente pode trabalhar com ou sem a nossa ajuda; o Deus onisciente não está de olhos fechados para o mal ativo no mundo, e o Deus onipresente está ali... estejamos ali ou não.

De fato, uma das lições mais emocionantes e encorajadoras que minha jornada vinha me ensinando era a de que Deus está sempre presente e sempre a trabalhar mesmo nos lugares mais hostis do mundo. Entendi que Ele já estava trabalhando na Somália muito antes de Ruth e eu chegarmos lá. Em vez de pensarmos que estamos sozinhos e que precisamos começar algo do zero num país repleto de lobos ferozes, uma estratégia muito melhor e bem mais eficaz para realizar a grande comissão, principalmente nos lugares mais difíceis e mais desencorajadores do mundo, seria aprendermos o que Deus já vem fazendo e está fazendo, unindo-nos a Ele e, juntos, elaborarmos o que fazer dali em diante.

Ao descobrirmos o que Deus já está realizando para se revelar, tudo que nos resta fazer é mostrá-lo aos outros.

Tal pensamento renovou minha esperança. E comecei a pensar se já não era tempo de voltar a cantar.

TRINTA E TRÊS

E se ele estiver vivo?

Ao longo de uma década e meia, Ruth e eu conduzimos, gravamos, documentamos e analisamos mais de 700 entrevistas individuais pormenorizadas com cristãos de 72 países onde os seguidores de Jesus vêm sendo perseguidos ou/e estão sendo perseguidos em razão da fé. O número de entrevistas ainda cresce a cada mês.

****

Ruth e eu trabalhamos juntos nesta jornada desde o início. Nossa vida e trabalho há muito tempo tem sido parte de uma grande aventura compartilhada que não começou nem terminou na Somália. Nossa peregrinação para e através da perseguição sempre tem sido (e agora mais do que nunca) uma jornada compartilhada de descobertas que nos tem levado para lugares e partes do mundo onde jamais imaginávamos estar. Temos também provado experiências espirituais profundas e elevadas cuja existência nem sequer conhecíamos.

Ruth viveu e vive cada viagem ao meu lado nesta aventura, mesmo quando viajava sozinho. Sempre foi minha primeira e completa analista pós-guerra quando eu voltava para casa. Foi minha mais valiosa equipe crítica desde o planejamento até os relatos de cada viagem. Também transcreveu milhares de horas de entrevistas gravadas e me ajudou a organizar e analisar as descobertas.

De uns tempos para cá, Ruth está presente e participa de muitas entrevistas, inclusive já realizou muitas em lugares e circunstâncias onde costumes e culturas locais me impediram de realizar. Por exemplo, ela pode falar com mulheres proibidas pela lei islâmica do país de serem entrevistadas por mim.

Não nos reunimos mais com o grupo maravilhoso de noventa estudantes de faculdade (sessenta deles já saíram para espalhar a luz e o amor de Jesus aos perdidos em alguns dos lugares mais tenebrosos do mundo). Porém, desenvolvemos laços familiares ainda maiores com a família de Deus em todo o mundo. Eu sempre acreditei ter nessa família enorme número de membros, porém, com as entrevistas, deparei com muito mais membros cuja existência me era desconhecida.

****

Ruth e eu sempre compartilhamos as histórias que ouvimos e tudo que aprendemos para ajudar a igreja ocidental e muitas congregações a compreenderem uma nova perspectiva, e talvez mais bíblica, dos sofrimentos e das perseguições existentes em nossa fé. Sempre compartilhamos mostrando a relação entre o sofrimento e a perseguição com a nossa fé.

Temos urgência que nossos irmãos em Cristo do ocidente entendam que o maior inimigo da fé hoje não é o comunismo, o budismo, o hinduísmo, o ateísmo ou mesmo o islã. Nosso maior inimigo é a perdição. A perdição é a terrível inimiga contra quem Jesus comissionou seus discípulos a derrotar com a estratégia de guerra explicada detalhadamente por ele em Mateus 28:18-20. Jesus adereçou a mesma inimiga quando abertamente esclareceu o propósito de sua vinda a terra: "Eu vim para buscar e salvar o que estava perdido".

Nossa esperança é que todos os cristãos do mundo se acheguem ao coração de Deus e, quando ouvirem a palavra "muçulmano", não a relacionem aos piratas somalis, ou aos homens-bomba, ou aos jihadistas violentos ou nem mesmo aos terroristas, mas, sim, que possam ver e pensar em cada indivíduo muçulmano como alguém perdido e amado por Deus. Precisamos ver cada muçulmano como alguém por quem Cristo deu a vida.

Não há nada mais gratificante para nós do que usar os exemplos, as histórias e as experiências de um grupo de irmãos perseguidos e compartilhar a sabedoria espiritual deles com outro grupo de seguidores de Cristo oprimidos num lugar diferente. Imagine o impacto ao dizer aos irmãos de origem muçulmana que os líderes de 10 milhões de irmãos chineses estão convocando seu povo para levantar bem cedo, todos os dias, com o objetivo de orar por seus irmãos em países islâmicos que *de fato* são perseguidos por servirem a Jesus! Quando compartilhamos tal incrível notícia com os irmãos de origem muçulmana, eles choraram. Clamaram ao Senhor em alta voz:

– Oh, Deus! Permita-nos viver até que um dia viajemos à China para agradecer aos irmãos que não nos esquecem e oram por nós todas as manhãs.

****

Muitos de nós, que nos empenhamos para seguir Jesus no mundo atual, já desejamos presenciar, de primeira mão, as aventuras espirituais e a fé do poder da ressurreição capaz de mudar o mundo vividas pelos cristãos do Novo Testamento. Eu creio que isso é possível ainda hoje sem a necessidade de uma máquina do tempo. Precisamos apenas olhar e ouvir os irmãos fiéis a Cristo da atualidade nos lugares mais difíceis do mundo.

Quando Ruth e eu partimos para a África com os meninos, há quase trinta anos, eu era um jovem fazendeiro ingênuo de Kentucky, o qual acreditava que Deus estava nos enviando ao mundo numa grande aventura para falar às pessoas quem era Jesus e explanar toda essência da Bíblia. Hoje em dia, entendo que Deus nos permitiu sair pelo mundo para *nós* descobrirmos quem era Jesus na vida de pessoas que verdadeiramente o conhecem e praticam a palavra dele.

Eu aprendi muito mais do que ensinei.

Na atual circunstância, entendo que, quando Ruth e eu iniciamos a peregrinação no mundo perseguido há quinze anos, fazíamos as perguntas erradas e buscávamos respostas erradas também. O que descobrimos – com a graça de Deus e com a ajuda de centenas de amigos fiéis – não foi uma estratégia, um método ou um planejamento, e sim uma pessoa. *Encontramos Jesus, e descobrimos que Jesus está vivo, bem vivo e em boa forma no século XXI. Jesus é revelado na vida, nas palavras e na fé da ressurreição dos cristãos perseguidos.*

Esses irmãos não somente vivem *por* Jesus, eles vivem *com* Jesus todos os dias. Eles me ensinaram também uma perspectiva inteiramente nova sobre a perseguição. Já há décadas muitos irmãos ocidentais se preocuparam em *resgatar* seus irmãos e irmãs espirituais espalhados pelo mundo, os quais sofrem, pois escolheram seguir a Jesus. No entanto, nossa peregrinação nas igrejas domésticas onde há perseguição nos convenceu de que Deus provavelmente quer *usá-los* para *nos* resgatar dos efeitos de uma fé ocidental débil, e muitas vezes espiritualmente fatal e impotente.

****

Assim como vários outros americanos, eu enfrentei muito pouca, ou nenhuma, perseguição por minha fé. Em consequência de minha história, tive dificuldades para lidar com a realidade da opressão espiritual. No início, meus questionamentos refletiam muito minha própria experiência.

Na maioria das vezes, busquei entender o *porquê*.

Por que existe tanta perseguição aos discípulos de Jesus ao redor do globo terrestre?

Por que os cristãos em outros países são expulsos de suas casas, deserdados, açoitados, presos e até mesmo mortos?

Por que uma jovem que se converteu a Jesus, vinda do islã, é dada em casamento a um homem trinta anos mais velho com o intuito de calar seu testemunho e limitar sua influência?

Repetidamente busquei saber o *porquê*.

Muitas vezes, ao pensarmos nesses tipos de perguntas, acreditamos já saber as respostas. As repostas podem ser, por exemplo: "as pessoas que moram nesses lugares são incultas. As pessoas que infligem tal tipo de dor nos cristãos são simplesmente ignorantes. A ignorância fomenta a perseguição".

Outra resposta poderia ser: "a solução seria um governo melhor. Se, pelo menos, adotassem o modelo democrático do ocidente, garantiriam direitos humanos e civis, logo, a perseguição seria contra a lei e cessaria".

Outra resposta seria: "se as pessoas fossem mais tolerantes, todos poderíamos conviver em paz. Maior tolerância cessaria a perseguição".

Porém, nenhuma das respostas sugeridas sequer se aproxima da real causa da perseguição em relação à fé cristã. Após quase vinte anos em contato próximo com o mundo perseguido e de conversa com centenas de irmãos que sofrem por sua fé, podemos dizer, sem sombra de dúvida, que a causa principal da "perseguição religiosa" no mundo hoje é: *pessoas se rendendo e vivendo para Jesus.*

Pense sobre as implicações dessa verdade...

Por décadas, a igreja ocidental foi ensinada a orar e a trabalhar em prol do fim da perseguição dos irmãos ao redor do mundo. Engajamos nossas congregações, denominações e até mesmo os governos para denunciar e pressionar regimes de opressão em países hostis com o intuito de dar fim à discriminação. Às vezes até mesmo exigimos a punição dos perseguidores.

Parece que nos esquecemos do alerta do próprio Jesus quando afirmou que o mundo rejeitaria e maltrataria seus fiéis seguidores assim como fez com ele. Seria essa a única resposta de oração do Deus todo-poderoso? Colocar um fim à perseguição dos cristãos? Seria tal resposta uma maneira de impedir as pessoas de aceitar Cristo como Senhor e Salvador? Se as pessoas parassem de aceitar Cristo como Senhor e Salvador... a perseguição cessaria no mesmo instante. Orando assim, mesmo sem saber, estaríamos pedindo às pessoas que não se convertessem a Cristo!

Ruth e eu nunca conhecemos um cristão perseguido com maturidade cristã pedir para orar pelo fim da perseguição. Nunca ouvimos tal pedido. Contudo, os cristãos perseguidos nos pedem que oremos "para que continuem fiéis e obedientes *dentro da perseguição e sofrimento*".

Tal oração é radicalmente diferente.

Por que milhões de seguidores de Cristo, verdadeiros praticantes da fé no mundo, vivem em contextos em que a perseguição é lei? A primeira e mais básica resposta é: tais pessoas entregaram a vida a Jesus. A segunda resposta é: Decidiram dentro do coração não guardar Jesus apenas para si. Depois de encontrar a fé em Cristo, são tomados por tamanha paixão e precisam compartilhar as Boas-Novas de seu amor sacrificial e perdão com os familiares, amigos e vizinhos. Ao fazerem isso, tais irmãos escolhem ser perseguidos.

Isso significa, para a grande maioria dos cristãos, que a perseguição pode ser evitada. Se alguém deixar Jesus de lado, não o buscar ou não o seguir, logo a perseguição não acontecerá. Além disso, se alguém se tornar seguidor de Jesus, é bem provável que a perseguição não aconteça se a fé for mantida em segredo e para si. Se alguém mantiver a fé em silêncio, a chance de ser perseguido é bem pequena.

Logo, se o objetivo é reduzir a perseguição, a tarefa pode ser alcançada com muita facilidade. Primeiro, simplesmente deixe Jesus de lado. Segundo, caso o encontre, não o compartilhe com ninguém. A perseguição cessa imediatamente onde não há fé nem testemunha.

Logo, a perseguição existe porque as pessoas não param de encontrar Jesus, e depois se recusam a mantê-lo só para si.

Cristãos perseguidos nos ensinaram outra verdade valiosa: A liberdade para crer e testemunhar não está relacionada ao governo ou sistema político. A liberdade para crer e testemunhar não tem qualquer relação com os direitos civis e políticos cujo exercício pode ou não estar presente.

Esta é uma das mais importantes lições que aprendemos com os irmãos perseguidos: Eles (e eu e você) são livres para compartilhar Jesus hoje em seus países: Somália, Paquistão ou China, assim como você e eu somos livres para compartilhá-lo nos Estados

Unidos ou em qualquer país democrático do Ocidente. Não é uma questão de liberdade política, é simplesmente uma questão de obediência. O preço da obediência pode ser diferente em lugares diferentes, mas é *sempre* possível obedecer ao chamado de Cristo para fazer discípulos. Cada cristão, em qualquer lugar, tem *sempre* a opção de escolha.

A última instrução de Jesus a seus discípulos dizia que fossem testemunhas a todos os povos. Ele não limitou a missão aos ocidentais, democratas ou países "livres". O mandamento foi abrangente. Embora não tenha sido uma sugestão, ou recomendação, ou mesmo uma opinião, foi um mandamento para todos os seus: compartilhar sua mensagem com todos os povos.

Fiéis à palavra, os cristãos perseguidos nos lembram de sermos todos igualmente livres e responsáveis por compartilhar Jesus em todos os cantos do mundo. A questão nunca é "Sou livre para fazer isso?", mas, sim: "Serei obediente?". Cristãos no mundo perseguido já decidiram a resposta para tal pergunta crucial.

Talvez, alguns de nós ainda não tenham resolvido a questão. A pergunta a que devemos responder é se temos ou não coragem de arcar com as consequências de, em obediência, praticar a liberdade de sermos sal e luz a todos os povos, onde quer que estejam. As consequências de nossa obediência podem ser sofrimento e perseguição. Mesmo assim, somos livres para obedecer. Inúmeras vezes, os cristãos perseguidos demonstraram o poder da fé firme e destemida. Inúmeras vezes, obedeceram. Eles prontamente aceitaram as consequências da obediência. Até mesmo nos lugares mais repressivos, esses cristãos entenderam que estão livres por completo para obedecer a Jesus.

No entanto, muitos de nós não vivemos em regimes repressivos. Nosso maior medo em compartilhar a fé pode ser um leve constrangimento, ou medo de rejeição.

Na verdade, talvez pensemos não ser tão importante nos preocuparmos com cristãos perseguidos em outros países. A resposta para tal questão é simples: quando nos importamos com irmãos perseguidos, nos identificamos com eles.

Não há muito tempo, Ruth e eu fizemos parte de uma equipe de ação que ministrava aos trabalhadores de um país muçulmano depois de três colegas serem martirizados por um militante fundamentalista. Foi compreensível o fato de ser um período de tristeza, carregado de emoção e cheio de desafios espirituais. Mesmo assim, a maioria dos que estavam presentes naqueles dias teve as lembranças marcadas pela *alegria*. Claro, havia tristeza profunda, muito profunda, mas a alegria era inconfundível. Durante aquele período, tivemos unidade sobrenatural e divina. Esses servos, em sua morte, fizeram parceria com nosso mestre e com sua cruz. Cada um carregou a própria cruz por amor a Jesus e seu testemunho.

Durante o período de lamento, aprendemos uma lição espiritual muito importante: antes de entender por completo o significado da ressurreição, é preciso testemunhar e vivenciar a cruz. Se passarmos a vida toda com medo do sofrimento, tão avesso ao sacrifício, a ponto de até evitar o risco da perseguição ou crucificação, então talvez nunca descobriremos a verdadeira maravilha, alegria e poder da ressurreição na fé. Ironicamente, evitar sofrimento talvez seja aquilo que nos impede de fazer parceria mais profunda com Jesus ressurreto.

****

Em todo o mundo, encontramos discípulos comprometidos com Jesus os quais confiam até mesmo em seus ensinamentos mais duros. Eles entendem que qualquer um que deseje salvar a própria vida deve, em primeiro lugar, estar disposto a perdê-la.

Estão dispostos a enfrentar tal risco, pois acreditam, por fim, que o bem *derrotará* o mal. O amor, finalmente, superará o ódio, e a vida vencerá a morte para sempre pelo poder da fé na ressurreição. Eles sabem que o capítulo final da maior história jamais ouvida já foi escrito. E sabem que, no final, por toda eternidade, Deus cumprirá sua vontade.

Enquanto isso, aqui e agora, a verdadeira batalha continua. Essa é a mesma batalha espiritual mencionada pelo apóstolo

Paulo. Os cristãos do primeiro século entenderam Paulo quando descreveu sobre o combate épico: "não é contra carne e sangue, mas contra poderes e autoridades, contra dominadores deste mundo de trevas, contra forças espirituais do mal nas regiões celestiais" (Efésios 6:12). Cristãos perseguidos nos dias de hoje entendem muito bem tal batalha.

Na verdade, todos no mundo atual que dizem seguir a Cristo fazem parte dessa batalha. Cristãos fiéis que pagam o preço com dor e debaixo de perseguição verdadeiramente entendem o ponto crucial e o custo da fé. O testemunho, a vida e o exemplo de cada um devem nos inspirar e instruir. A vivência de cada um revela o que está em jogo, e a experiência revela muito sobre o mal e seu poder.

Cristãos que entendem o motivo pelo qual sofrem pela fé nos ajudam a reconhecer e entender as táticas do inimigo e sua meta final. O pior de Satanás, o cerne do mal e a perseguição em sua essência não buscam abertamente matar de fome, açoitar, prender, torturar ou assassinar os seguidores de Jesus. A estratégia de Satanás é mais simples e mais diabólica do que isso tudo. Qual é o intuito primordial de Satanás? É muito simples: negar ao mundo o acesso a Jesus!

O maior desejo de Satanás é que as pessoas deste planeta deixem Jesus de lado. O desejo de Satanás é que viremos as costas para Jesus, ou que nem mesmo o encontremos. Se ele não tiver sucesso, seu desejo é manter os cristãos calados, diminuir ou silenciar nosso testemunho, e nos impedir de levar outros até Cristo.

Simples assim.

Uma vez entendida a natureza da batalha espiritual e a estratégia do inimigo, vemos claramente o papel que os cristãos foram chamados a cumprir. Também percebemos a importância de nossas escolhas em relação ao testemunho, à fidelidade e à obediência.

No início de cada dia, escolhemos. É simplesmente questão de similaridade. Iremos nos identificar com os cristãos perseguidos ou com seus perseguidores?

Tal escolha é feita quando decidimos compartilhar Jesus com outros ou guardá-lo para nós mesmos.

Nós nos identificamos como cristãos quando nos posicionamos com os irmãos perseguidos e seguimos os exemplos deles. Ou nos identificamos com os perseguidores quando não testemunhamos Jesus com a família, os amigos, ou inimigos. Aqueles que se dizem seguidores de Cristo, mas não testemunham sobre ele, na verdade fazem parceria com o Talibã, com o regime brutal que governa a Coreia do Norte, com a polícia secreta na China comunista, e com os somalis e saudi-arábicos do mundo. Cristãos que não partilham a própria fé ajudam e incentivam o objetivo principal de Satanás, o de negar a outros acesso a Jesus. Nosso silêncio nos torna cúmplices.

Quando Ruth e eu falamos, ensinamos e compartilhamos com as igrejas ocidentais, sempre nos perguntam se acreditamos que a perseguição chegará aos EUA.

Minha resposta é bem direta e digo com muita sinceridade:

– Por que Satanás nos acordaria, sendo que já conseguiu nos calar? Por que Satanás se preocuparia conosco se já atingimos seu objetivo? Ele mesmo concluirá ser melhor nos deixar dormir.

Nosso problema não é apenas falta de preocupação, e também não é falta de interesse ou informação. Estamos cientes dos acontecimentos pelo mundo. Sem dúvidas, diante dos fatos relatados neste livro, sabemos dos sacrifícios que são realizados em virtude da fé. Temos mais informações sobre a saúde e o paradeiro de outros membros do corpo de Cristo nos dias atuais do que em qualquer outro período na história.

Ser grato pela abençoada circunstância na qual vivemos não é suficiente. Nem mesmo é suficiente se esforçar para nos lembrar dos irmãos perseguidos ao redor do mundo e orar por eles. Nem mesmo é suficiente nos identificarmos com outras partes do corpo de Cristo ao redor do mundo.

Basicamente, o problema é a ênfase e o foco. Em vez de reconhecermos, pensarmos, lembrarmos, orarmos, nos identificarmos e focarmos no *sofrimento* dos irmãos ao redor do mundo, nos sentimos melhor ao mudar o foco. Resumindo: melhor seria se nos perguntássemos se somos ou não obedientes a Jesus. Ele está pedindo, esperando e ordenando que compartilhemos sua pessoa por onde passarmos hoje. Ele está nos ordenando a fazer isso em qualquer lugar em que estejamos hoje.

É apenas questão de obediência. Se ele é nosso Senhor, logo o obedeceremos. Se não o obedecemos, logo ele não é nosso Senhor.

Talvez a pergunta não deva ser: "Por que outros são perseguidos?", mas, sim, "Por que não somos?".

Não consigo me esquecer das palavras de meu amigo Stoyan. Ele entendeu tanto a batalha espiritual sendo travada quanto as consequências das decisões a serem tomadas. Ele disse:

– Considero motivo de muita alegria ter sofrido em meu país, para você ser livre para testemunhar no seu.

Em seguida, ergueu a voz e disse:

– NUNCA ABRA MÃO EM LIBERDADE DAQUILO QUE NUNCA ABRIMOS MÃO EM PERSEGUIÇÃO – E ESTE É O NOSSO TESTEMUNHO DO PODER DA RESSURREIÇÃO EM JESUS CRISTO!

Stoyan tomara tal decisão há muito tempo. A questão já estava resolvida.

Você e eu tomamos tal decisão todas as manhãs: colocarei minha liberdade em prática para testemunhar Jesus hoje ou ficarei calado?

TRINTA E QUATRO

É tudo milagre...
E a jornada se inicia

Eu já confessei ter iniciado o trabalho da minha vida com muita ingenuidade acreditando que Deus enviava Ruth e eu pelo mundo numa grande aventura para falar aos perdidos sobre Jesus e ensiná-los como se aplica a Bíblia na própria vida. Agora entendo que Deus me permitiu ir pelo mundo para descobrir quem Jesus realmente era e como a Bíblia se aplica em minha vida. Ele queria que eu aprendesse tal lição com pessoas que o conheciam bem melhor do que eu, pessoas cuja rotina é praticar os ensinamentos dele.

Os indivíduos que encontrei nessa jornada, em sua grande maioria, não apenas se tornaram meus mentores e amigos na fé, mas também meus heróis espirituais cujos exemplos de vida me fazem sentir pequeno e me inspiram. Nenhuma outra parte do corpo de Cristo, em nenhum outro país, me fez sentir tão insignificante, tão inspirado e tão bem ensinado como com os cristãos do movimento da igreja doméstica que conheci na China.

A igreja doméstica rural era tão resguardada e isolada que alguns líderes me perguntaram se Jesus já teria sido pregado fora da China. Queriam saber se as pessoas de outros países conheciam e cultuavam Jesus.

Houve algo a mais nessa interação cujo relato não compartilhei antes.

Informei aos cristãos chineses que existiam centenas de milhares de cristãos espalhados pelo mundo. Falei sobre a existência de cristãos em quase todos os países da terra. Ao ouvirem a informação, eles começaram a aplaudir com entusiasmo e gritar em louvor a Deus.

Depois perguntaram sobre meu país. Contei que nos Estados Unidos havia dezenas de milhões de cristãos comprometidos que se reuniam para cultuar em milhares de grandes e pequenas congregações, em cada cidade, município e vilarejo espalhados no país. Ao ouvirem isso, os líderes aplaudiram de alegria e choraram de felicidade celebrando a graça concedida por Deus aos irmãos americanos. Depois, entusiasmados, jorraram outras perguntas para cima de mim: Como as pessoas ouviram falar de Jesus no meu país? Já tínhamos Bíblias nos EUA? Como era o culto? Onde os pastores eram treinados? As perguntas pareciam não ter fim.

Tentei descrever como era a prática do cristianismo dentro da cultura do meu país. Eles se maravilharam com tudo que eu lhes dizia.

Não por muito tempo...

Logo depois, a atmosfera festiva passou a mudar lenta e sutilmente. Primeiro notei uma pessoa muito quieta que começou a chorar. As lágrimas não eram de alegria. Ele parecia muito triste e até mesmo aflito. Em seguida, outros reagiram da mesma forma.

Suspeitei ter falado algo ofensivo para a cultura local e perguntei qual seria o problema.

Um pastor chinês visivelmente aflito confessou:

– Estamos tentando entender por que Deus ama os irmãos americanos a ponto de abençoá-los mais do que a nós? Por que Deus faz tantas maravilhas por vocês?

A pergunta me deixou atônito, desolado, horrorizado e apavorado.

No mesmo instante, lembrei meus amigos das muitas histórias de milagres que os cristãos chineses haviam compartilhado comigo, sobre a graça de Deus na vida de cada um. Eles já tinham me contado a respeito da provisão amorosa de coragem e força na prisão. Já haviam falado sobre a constante proteção contra as autoridades. Já tinham compartilhado tantas histórias inspiradoras de respostas de oração. Também já haviam contado sobre as maneiras sobrenaturais pelas quais Deus os guiara com sonhos e visões. Citei a explosão histórica sem precedentes da fé por intermédio do movimento da igreja doméstica que ganhara pelo menos 100 milhões de chineses para Cristo apesar de cinquenta anos de opressão sob as garras de um governo comunista.

Relembrei também as histórias incríveis de cura que ouvira entre eles. Confessei como gostaria de ver alguém ressuscitar dentre os mortos. Frisei aos meus amigos chineses que todos os acontecimentos eram provas inegáveis e miraculosas da presença e do poder de Deus. Comuniquei-lhes que os acontecimentos eram evidências incontestáveis da graça maravilhosa e do amor abundante de Deus pela China e por seu povo.

Meus amigos ouviram minhas palavras e explicação. E então, depois, eles é que foram meus professores. Veja o que disseram:

– Dr. Ripken, o senhor viu como nos encontramos em secreto aqui. Contamos como nossas igrejas mudam de fazenda em fazenda, de casa em casa, quase sempre à noite. Porém, o senhor nos contou que os pastores podem pregar o Evangelho em público no seu país e que os cristãos americanos são livres para cultuar onde e quando desejam. O senhor presenciou os líderes aqui rasgarem a Bíblia aos pedaços para que assim cada pastor líder pudesse levar, pelo menos, uma porção da palavra e compartilhá-la com os seus. Porém, o senhor nos contou que tem sete versões diferentes da Bíblia numa estante do seu escritório. E mais, o senhor possui muitos livros cristãos e com frequência lê revistas e jornais cristãos. Nenhum de nós aqui já teve o próprio hinário ou apostila para o coral acompanhar o louvor. No entanto, o senhor nos contou que suas igrejas possuem hinários para todos, e que é possível comprá-los em livrarias ou encomendá-los aos montes em editoras. E nos contou também que canções cristãs podem ser ouvidas em várias estações de rádio e programas de televisão. O senhor descreveu como as pessoas em seu país, até mesmo os não cristãos, celebram o nascimento de Jesus num feriado nacional. E também nos contou que algumas igrejas encenam o nascimento de Jesus para entreter o público. Nós já contamos sobre tantos líderes que foram aprisionados, e lá na prisão é o lugar onde os pastores aprendem as lições teológicas mais importantes. Mas o senhor nos contou que nos EUA existem escolas com treinamento especial só para alunos cristãos. Sim, o senhor nos ouviu falar sobre como oramos pelos doentes que são milagrosamente curados. No entanto, talvez apenas um em milhares dará qualquer crédito a Deus ou terá um encontro com Jesus como consequência. Contudo, o senhor nos contou que os cristãos em seu país podem até mesmo escolher médicos cristãos ou hospitais cristãos se quiserem. Então, responda, Dr. Ripken, diante disso tudo, quais poderiam ser considerados maiores milagres?

Quando me fizeram tal pergunta, foi a minha vez de cair aos pratos. Naquele momento, comecei a perceber o quanto não valorizo o que tenho. No mesmo instante, percebi como permitira tantas bênçãos se tornarem *comuns*, coisas que seriam consideradas milagrosas aos olhos de milhões de irmãos perseguidos.

A verdade é que essas coisas que não valorizamos são milagres!

Os irmãos da igreja chinesa me ensinaram isso. Seus ensinamentos corretivos me deram um novo olhar para ver e valorizar o poder milagroso de Deus ainda presente e ativo no nosso mundo atual. No decurso de minha longa jornada, meus irmãos chineses, e outros irmãos perseguidos de todo mundo, me devolveram a igreja, meu culto, minha Bíblia, minha fé e muito mais.

Agora...

Eu nunca mais celebrei a ceia do Senhor sem me lembrar da última ceia em Ugadíssimo com os meus quatro amigos somalis que logo em seguida foram martirizados. Nunca participo do pão e do vinho sem a consciência de que não estou ceando apenas para mim mesmo, mas pelos meus irmãos e irmãs espalhados pelo mundo, os quais não têm acesso, ou talvez nunca mais poderão ter, ao corpo e sangue do Senhor num culto de Santa Ceia.

Todas as vezes em que abro meu hinário, lembro-me de Tavian, daquele santo ancião cantor, sentado numa cela escrevendo e compondo mais de seiscentas canções de louvor e adoração que hoje em dia são entoadas todas as semanas nas igrejas de todo seu país.

Quando cultuo aos domingos de manhã nas congregações americanas e ficamos em pé para erguermos juntos a voz e o espírito no louvor congregacional, lembro-me de um dos países mais hostis do mundo. Irmãos naquele país se reúnem em secreto em grupos de três, quatro ou cinco em horários diferentes cada semana para compartilhar, cultuar e "cantar" seus louvores favoritos articulando os lábios sem emitir o som das palavras para evitar que os vizinhos os denunciem à polícia secreta.

Em algumas ocasiões, quando me emociono com uma canção em especial, um solo no momento do ofertório, ou um hino inspirador do coral, lembro-me de Aisha, de sua voz corajosa ecoando alto de um calabouço escuro debaixo da delegacia de sua cidade, ou me lembro do grande coral de 1500 presidiários em pé em posição de sentido, com os braços estendidos, voltados para o leste enquanto cantavam para Dmitri seu louvor do coração.

Quando estico os braços para pegar uma das Bíblias na estante de livros do meu escritório e paro para decidir qual versão seria melhor para a passagem e o propósito que tenho em mente, lembro-me dos pastores chineses da igreja doméstica, cada um retornando da conferência clandestina para casa agarrando bem apertado um punhadinho de papéis soltos. Suas pregações serão elaboradas naquelas poucas páginas até receberem outra porção da palavra.

Eu também me lembro do congresso de jovem em Moscou, cinquenta anos atrás, onde os jovens cristãos reproduziram os quatro evangelhos inteiros de cor.

Lembro-me das centenas de irmãos que entrevistara, os quais podiam, sem vacilar e rapidamente, citar para mim "seus versículos" ou passagens bíblicas que serviam de conforto e fortaleza para sobreviverem e manterem a fé viva e vibrante nos longos anos de sofrimento e perseguição.

****

A *família* Ripken saiu da Somália destruída, desencorajada e derrotada. Após a morte de Tim em Nairóbi, fizemos as malas e voltamos para a terra natal com os rabos entre as pernas; não tínhamos nada além de algumas malas, um pequeno contêiner cheio de pertences terrenos, e um barco pesado e carregado de feridas emocionais e questionamentos espirituais para mostrar depois de uma década e meia vivendo e trabalhando no exterior.

Quinze anos depois, estou certo de que, se Ruth e eu ficássemos em Kentucky, com nossa antiga faculdade, amigos e familiares, em algum momento encontraríamos cura e restauração da esperança. Talvez. Sinceramente teríamos renovado uma esperança menor e uma cura sem profundidade. No entanto, tudo aconteceu de modo muito diferente. As pessoas que conhecemos durante a peregrinação entre os irmãos perseguidos não somente nos deram um novo e maior entendimento a respeito *do que fomos chamados a fazer*, mas nos ensinaram também *quem* somos chamados para *ser*.

Além disso, os exemplos vividos por eles, bem como as histórias contadas, não apenas restauraram nossa esperança e curaram nossas feridas, mas também transformaram nossa perspectiva de mundo, redirecionaram nossa carreira, ressuscitaram nossa fé e mudaram nossa vida. Para sempre.

****

Samira é uma das cristãs mais fortes e corajosas vindas do islã que Ruth e eu já conhecemos. Jovem, solteira, bem instruída, Samira entregou a vida a Jesus após uma sequência de sonhos e visões. Ela encontrara uma Bíblia milagrosamente e começara a ler. Ela discutira seus questionamentos e assuntos da fé com um imã conservador. No decorrer da peregrinação guiada por Deus, Samira entregou seu coração a Cristo.

Quando conheci Samira, ela já tinha sido forçada a fugir de sua terra natal e trabalhava para as Nações Unidas como defensora dos direitos das mulheres nos campos de refugiados na fronteira entre dois países da Ásia Central. Primeiro ela me surpreendeu ao entrar na sala de entrevista coberta da cabeça aos pés com a roupa tradicional mais conservadora estilo xaria chique. Surpreendi-me mais ainda quando ela fechou a porta e no mesmo instante começou a descamar sua vestimenta tradicional muçulmana. Primeiro removeu o hijab que lhe cobria a cabeça e o rosto. Depois, removeu a escura e esvoaçante burca que envolvia e cobria o restante de si. Momentos depois, ela sentou-se do outro lado da mesa, em minha frente, com um sorriso amigável e semelhante a uma jovem ocidental bonita e moderna com roupas casuais, blusa colorida, porém modesta, com um par de jeans americano. Era essa roupa que usava debaixo da burca.

A transformação fora tão repentina, tão por inteiro, tão deslumbrante e o melhor jeito, talvez o único, de descrever o momento seja: foi como assistir a uma borboleta saindo do casulo.

Proficiente em inglês, Samira explicou sobre seu trabalho atual com as Nações Unidas. Sua função era representar mulheres que sofreram estupro pela milícia do Talibá. Os líderes da milícia queriam matar Samira por sua fé em Cristo e por sua luta em culpá-los na Corte Internacional da Justiça da ONU. Ela, sozinha, já ganhara mais de trinta mulheres para Jesus, batizara todas e agora as ensinava a serem discípulas de Cristo. Ela fizera tudo sob circunstâncias quase desprovidas de homens cristãos aptos para lhe oferecerem proteção.

Ouvir a história de peregrinação espiritual daquela mulher me deixou boquiaberto. Deus, visivelmente, usava aquela mulher de forma poderosa.

Quando eu e ela nos conhecemos, os superiores de Samira já tentavam extraditá-la para os Estados Unidos – *para seu próprio bem*. Implorei a ela que ficasse com o próprio povo, pois não conseguia ver como Deus substituiria essa jovem de fé num lugar tão tenebroso e difícil.

Contudo, a engrenagem lenta e irreversível da diplomacia internacional já estava em movimento. Samira foi expurgada da Ásia Central e colocada num avião às pressas para a região centro-oeste dos Estados Unidos, onde começou a construir vida nova.

Quando voltei para casa, contei a Ruth tudo sobre aquela mulher incrível. Conseguimos arranjar passagem de avião para ela viajar de seu novo lar e nos visitar em Kentucky.

Ela passou uma semana conosco. Levamos Samira numa igreja de porte médio na região central de Kentucky para que acompanhasse o culto matinal de domingo. Não sabíamos, mas o culto daquela manhã era de batismo, e uma família inteira estava marcada para se batizar – mãe, pai e os dois filhos seriam batizados.

Enquanto o batismo acontecia, e com essa jovem de origem muçulmana sentada entre Ruth e mim no banco da igreja, percebi Samira começar a ficar inquieta, a mexer e se remexer, e a balançar o corpo para a frente e para trás sentada. Achei se tratar de crise do pânico. Aproximei-me de seu rosto e bem baixinho sussurrei perguntando se ela estava bem.

Samira agarrou a manga do meu casaco e sussurrou com muito ímpeto em meu ouvido:

– Não consigo acreditar! Não consigo acreditar de ter vivido para ver pessoas sendo batizadas em público. Uma família inteira! No mesmo dia! Não tem ninguém atirando neles, ninguém ameaçando eles, ninguém vai preso, ninguém será torturado, e ninguém será assassinado. E estão sendo batizados à vontade e livres! *Em família*! Nunca imaginei ser possível para Deus realizar momentos assim! Nunca pensei ser possível viver para presenciar um milagre como este!

Ao voltar a olhar para o tanque batismal na frente da igreja, o sorriso não saía do meu rosto. Alguns segundos depois, notei Samira lançando um olhar contemplativo em toda igreja, ela parecia confusa e um pouco incomodada. Quando viu que eu estava olhando, inclinou-se para mim e perguntou em um sussurro:

– Por que as pessoas não estão em pé?

– O que você quer dizer? – sussurrei de volta.

– Por que essas pessoas não estão em pé, celebrando, felizes, batendo palmas diante de tamanho milagre de Deus? Acho que vou explodir de alegria! Vou começara a gritar!

Eu quase gargalhei em voz alta:

– Grita, irmã! Eu grito junto com você!

Durante um ou dois minutos, parecia mesmo que gritaria, mas não gritou. Nem eu.

No entanto, Ruth e eu passamos o resto do culto com lágrimas nos olhos ao dividir a atenção entre a família sendo batizada e o semblante extasiante de nossa amiga Samira, essa cristã de origem muçulmana de um dos lugares mais difíceis do planeta foi quem nos chamou atenção para apreciar o milagre do momento.

Realmente, *tudo* é milagre!

Irmãos perseguidos em países ao redor do mundo descobriram por si mesmos e me lembraram: *Não há ninguém igual a Jesus! E nada se compara ao poder da fé da ressurreição!*

****

Viajando pelo mundo nessa longa peregrinação entre os irmãos perseguidos, Ruth e eu temos sido privilegiados de sentar aos pés de muitos irmãos fiéis a Cristo. Sentamos aos pés de Samira, Tavian, Dmitri, Stoyan, Aisha, Pramana, o pastor idoso Chang e muitos outros mais. Ouvimos suas fantásticas histórias. É como se a Bíblia se escancarasse diante de nossos olhos e os personagens começassem a jorrar para fora das páginas.

Agora me vejo perguntando humildemente a Deus algo bem diferente daquilo a que buscava responder no início de minha jornada.

Minha pergunta agora é:

Senhor, e agora, o que fazer com tudo isso? O Senhor era muito mais manso – e minha fé muito mais confortável – quando eu estudei suas antigas Escrituras e apenas as deixei ali no passado. Permitir sua presença, seu poder ressurreto, sua glória e sua Palavra no presente muda tudo! Faz das Boas-Novas do Evangelho maravilhosas novas para o mundo de hoje!

Então, Senhor, o que devo fazer com a fé da ressurreição? O que o Senhor espera que eu faça daqui em diante?

****

Para a família Ripken, a aventura continua...

Gostaria de se juntar a nós? Gostaria de saber por onde começar?

Comece seguindo as instruções da voz do Espírito Santo. A voz que falou com Pramana numa visão à meia-noite: "Encontre Jesus. Encontre o Evangelho".

Ao assim fazer, saiba o que inúmeros cristãos de todas as origens religiosas nos fizeram lembrar: "Não há ninguém igual a Jesus. Ninguém mais oferece a fé como a dele!"

Não tenha medo do custo ou se preocupe com o risco. Não se esqueça do que o homem mais corajoso que já conheci me disse: "Jesus é digno! Digno de tudo!".

Inicie sua própria jornada espiritual. Descubra por si a incrível paz e o poder que você também pode vivenciar ao viver pela fé da ressurreição. Sua vida não será mais a mesma e seu mundo virará de cabeça para baixo.

Parece loucura, eu sei. Mas posso lhe garantir, não é.

É simplesmente... a insanidade de Deus.

Agradecimentos

Há muitas pessoas a quem devo agradecer por fazerem deste livro que você tem em mãos uma realidade. Ruth e eu sonhamos durante anos sobre como poderíamos efetivamente compartilhar o que Jesus fez em nossa vida e na vida de todos aqueles que nos tocaram profundamente. Gostaria de poder citar cada pessoa pelo nome e agradecer por serem parte vital deste ministério. É muito doloroso não poder compartilhar os nomes reais de pessoas cujas vidas são destacadas ao longo deste livro, mas agradeço diretamente as contribuições que cada uma fez para nossa vida e para este livro. Se eu revelasse seus nomes, por suas palavras, os colocaria em mais perigo. De qualquer maneira, eles não querem que nos concentremos neles. Querem nossos olhos em seu Salvador. Também há os nossos colegas que viveram este livro e ainda estão na linha de frente da perseguição, vivendo cada um para Jesus como se este dia fosse o último. Vocês sabem quem são e sabem que temos uma dívida que nunca poderemos pagar.

Sem o amor, o encorajamento e a ajuda muito profissional da Yates and Yates, este livro provavelmente não estaria em suas mãos. Ao contar todas as histórias, ao ver página por página ganhar vida, eu sempre podia ouvir Sealey Yates dizendo: "É tudo sobre Jesus, Nik. É tudo sobre Jesus".

Um agradecimento especial deve ser para a nossa família de missão, que nos enviou, nos aconselhou e nos amou em momentos realmente maravilhosos e muito difíceis. Além disso, queremos enviar nosso amor a esse rebanho maravilhoso, invasor, amoroso e estrondoso de estudantes universitários que foram enviados por Deus quando mais precisamos deles. Vocês vão mudar o mundo. A tia Ruth também manda seu amor.

Aos nossos grandes amigos em Yates and Yates, B & H Publishing Group e LifeWay, nós agradecemos mais profundamente por permitirem que os crentes em perseguição, por meio deste livro, tenham uma voz mais ampla. Sua ajuda profissional e conselhos só são excedidos pela sua alegria e pela sua fé.

FONTE: Adobe Garamond Pro

#Ágape nas redes sociais

www.agape.com.br